俄罗斯新北极政策研究

张娜·著

时事出版社
北京

目 录

引 言 ……………………………………………………… （1）
    第一节　研究背景 ……………………………………… （1）
    第二节　国内外俄罗斯北极政策研究现状 …………… （3）
    第三节　研究问题与研究框架 ………………………… （23）

第一章　俄罗斯新北极政策的形成背景 ……………… （28）
    第一节　北极地区的自然环境变化及影响 …………… （29）
    第二节　北极各行为体的北极政策变化及行动 ……… （36）
    第三节　域外各行为体的北极政策变化与实践 ……… （55）
    本章小结 ………………………………………………… （65）

第二章　阐释视角下的俄罗斯新北极政策分析 ……… （68）
    第一节　俄罗斯北极政策文件解读 …………………… （68）
    第二节　俄罗斯北极经济发展研究 …………………… （76）
    第三节　俄罗斯北极军事建设分析 …………………… （83）
    第四节　俄罗斯北极政策的话语权研究 ……………… （101）
    本章小结 ………………………………………………… （107）

第三章　比较视角下的俄罗斯新北极政策分析 ……… （109）
    第一节　北极各行为体的北极安全战略比较 ………… （110）
    第二节　北极各行为体的地区军事潜力比较 ………… （126）
    第三节　北极各行为体的地区军事行动比较 ………… （141）
    第四节　俄罗斯与西方媒体关于北极的叙事比较 …… （153）
    本章小结 ………………………………………………… （155）

第四章　俄罗斯实施新北极政策的战略考量 ………………（158）
　　第一节　全球层面：争取未来国际格局中的有利地位 ……（158）
　　第二节　地区层面：争夺地区事务主导权 …………………（167）
　　第三节　国家层面：以攻为守　保障国家安全 ……………（181）
　　第四节　个人层面：强人政治与大国抱负 …………………（198）
　　本章小结 ………………………………………………………（201）

第五章　俄罗斯新北极政策的影响及前景 …………………（204）
　　第一节　对北极国家的影响 …………………………………（204）
　　第二节　对北极域外国家的影响及应对 ……………………（208）
　　第三节　前景分析 ……………………………………………（211）
　　本章小结 ………………………………………………………（212）

参考文献 ………………………………………………………（215）

附　录 …………………………………………………………（241）
　　附录一　《2035 年前俄罗斯联邦北极地区国家政策
　　　　　　基础》 ……………………………………………（241）
　　附录二　《2035 年前俄罗斯联邦北极地区发展及国家
　　　　　　安全保障战略》 …………………………………（251）

引 言

第一节 研究背景

长久以来,北极被大片冰雪覆盖,让人想到的只有寒冷,似乎远离国际政治的纷争。进入 21 世纪后,随着全球气候持续变暖,该地区逐渐成为国际政治的焦点之一。

北极地区蕴藏丰富的资源,据估算,北极蕴藏着 900 亿桶石油和 47 万亿立方米天然气。这里不仅拥有铜镍矿、铂铜矿等多种金属资源,还蕴藏着稀有矿藏和稀有金属,可以算作是地球上为数不多的暂时未开垦的宝地。冰雪消融的加剧使资源可利用性不断提高。其次,气候变暖使北极水路逐渐畅通,航道价值逐渐显现。穿越北极东北航道相比传统的苏伊士运河航线可缩短 1/3 航程,可为船舶通行节约大量的燃料和维护费用。[1] 此外,北极地区还是地球上最理想的潜射弹道导弹发射区以及瞰制北半球的战略"制高点"[2],冷战时期美苏军队在该地区的二元对峙使北极的战略意义凸显。空权论和海权论更是增加了北极地区的地缘政治敏感性。一言以蔽之,北极地区具有重要的能源、航道和军事价值,且战略意义不断增加。

在北极圈外拥有领土的 8 个国家是北极地区的核心利益国,包括俄罗斯、美国、加拿大、挪威、丹麦(格陵兰岛自治区)、冰岛、瑞典和芬兰,称作北极八国。随着全球气候变化加剧,极地位置的特殊性与北极战略价值的显现,域外国家对该地区的兴趣也与日俱增。中国、日

---

[1] Georle Soroka, "The Political Economy of Russian's Teimagined Arctic," Arctic Yearbook, 2016, pp. 359 – 388.

[2] 岳来群、杨丽丽、赵越:《关于北极地区油气资源的战略性思考》,《中国国土资源经济》,2008 年第 11 期,第 12—13 页。

本、印度等国已于 2013 年成为该地区最有影响力的国际组织——北极理事会的正式观察员，英国、德国、法国等欧洲国家也在努力加入，全球最大的军事组织——北大西洋公约组织（以下简称北约）也不断扩大其在该地区的存在。北极问题的政治化、国际化已成为现实。

俄罗斯是北极领土和海域面积最大的国家，该国约 18% 的国土面积和 70% 的大陆海岸线位于北极。俄罗斯北极地区居住人口约 250 万，占俄罗斯人口总数的 2%，却创造了约 11% 的国民生产总值和 22% 的出口总量。[①] 俄罗斯对北极地区的占领可以上溯到 16 世纪沙皇时期，而在 17 世纪俄罗斯的海军冒险家白令发现了"白令海峡"。长期以来，北极是俄罗斯的资源宝库和地缘政治筹码，在俄罗斯的社会经济与政治军事方面发挥着举足轻重的作用。进入 21 世纪后，随着西方对原苏联东欧部分的逐渐挤压，俄罗斯与以美国为首的西方国家关系日趋紧张，新时期的北极对俄罗斯的政治、经济、军事等战略意义逐步上升。

当前，北极各国对其在北极的权益仍有争议，争议的焦点为北极地区的领土与领海主权、海洋专属经济区划界、大陆架划界以及北极航道等问题。但是，从当前国际法来看，北极地区尚未形成完整的、被世人公认的条约体系。该地区的主要法律基础为《联合国海洋法公约》以及《北极搜救协定》《北极海洋石油污染预防与应对合作协议》等解决某一具体问题的法规。这些法规对环境保护、地方合作能起到一定作用，但对于地区安全保障仍存在局限性，不具有法律约束力。所以说，丰富的资源、重要的战略意义与匮乏的法律基础是北极争端的主要起源。为了保障本国在北极地区的权益，北极国家在该地区采取了不同的行动，主要包括加强法律建设、增加边界防御、扩大国际合作、深化区域治理等。虽然各国采取的方法各有不同，但基本在现有法律的框架内执行。

近年来，俄罗斯的北极行动受到其他国家的质疑。2007 年，俄罗斯科考队在北极点附近的北冰洋底插上了钛合金制造的俄罗斯国旗，此举被外界认为俄罗斯在北极有宣誓主权之心，引起了全世界的关注。此后，俄罗斯不断加大对北极地区的关注，不仅陆续出台了一系列的北极政策文件，多次向联合国大陆架界线委员会申请对部分有争议的大陆架

---

① "Российские владения в Арктике. История и проблемы международно-правового статуса," ТАСС, 9 апр. 2019, https：//tass.ru/info/6312329？ysclid = lrx0g6u6xt347345265.

的主权权利，并且不断在北极增大军事部署和军事活动力度，维修和重建军事设施，频繁举行军事演习。同时，其他北极国家纷纷采取措施予以应对。它们不仅陆续出台了各国的北极政策文件，增加或升级北极防务，同时在俄罗斯边界多次举行联合军事演习。在地球上最寒冷的地方，安全局势不断升温。

需要指出的是，在北极国家中，除俄罗斯外，其他国家都是传统意义上的西方国家，且大部分为北约成员国。2022年5月18日，在俄罗斯开展乌克兰特别军事行动近3个月之后，芬兰和瑞典两个原本中立的国家也正式申请加入北约。于是，伴随地区安全局势的升温，北极地区很可能会形成一方是俄罗斯，而另一方是"整个"西方的"两极"地缘政治模式。随着特朗普政府执政后退出包括《中导条约》在内的一系列重要国际条约，美苏时期形成的战略平衡逐渐被打破。北极作为俄罗斯的战略基地，成为其制衡美国的重要地缘空间。所以，俄罗斯的北极态度与举动直接影响到整个地区，甚至整个世界的安全局势。因此，对俄罗斯北极政策的研究具有重要的理论价值与现实意义。

第二节　国内外俄罗斯北极政策研究现状

一、对俄罗斯北极政策的研究

俄罗斯作为北极唯一非北约成员国，在推行其北极战略时显得相对高调，这引来学术界对其北极安全政策的激烈讨论。关于俄罗斯北极利益、俄罗斯北极（北方）政策的学术成果已非常丰富。学者以历史、近代、现代为研究时间，从俄罗斯的北极开发、北极对俄罗斯的意义、俄罗斯北极战略的诉求等多方面进行了研究。

（一）有关俄罗斯开发利用北极的历史研究

有学者指出，北方地图上的俄罗斯名称表明，俄罗斯人是北极开发的先驱。[1] 从俄罗斯民族性格来看，俄罗斯与北极地区的联系在历史上

---

[1] Половинкин В. Н., "Роль Арктики в новых геополитических и геоэкономических условиях," http://www.proatom.ru/modules.php? name=News&file=article&sid=5355.

一直都很密切，国际社会也普遍将俄罗斯称作"北极熊"。北极地区对俄罗斯国家而言，是一种身份象征。① 哈佛大学政治学家乔治·索罗卡赞同这种观点，他认为北极对俄罗斯人来说是伟大的前沿、敢于冒险的地方、领土宏伟的象征、丰富的资源地，是向世界展示本国先进军事和科技能力的地方。北极为俄罗斯实现亚太战略提供了重要场所及外交资源。② 伊万诺夫则表示，对于俄罗斯来说，北极地区不仅仅是一个地区，它既能证明俄罗斯的过去和现在，也是俄罗斯未来发展的关键所在。③

巴罗温金等认为，最早对俄罗斯北方的作用和意义进行系统研究的是政治家和历史学家谢苗科维奇。谢苗科维奇在19世纪末就已经意识到俄罗斯的北极地区正吸引越来越多的关注，他表示，一方面它的科研价值增加，对此俄罗斯非常欢迎。而另一方面是西方的邻居，如英国、德国、挪威正在关注俄罗斯在本地区的实际利益。④ 北极占据俄罗斯1/3的领土，形状狭长，气候条件极端。就人口和工业发展水平而言，俄罗斯北极地区也远远超过其他北极国家。在数量指标方面的优势无可争议——空间、人口、产品总量、自然资源潜力。但质量指标的滞后同样无可争辩——人均总产值和可支配收入低、财政潜力小、社会和经济发展的智力支撑程度弱。与其他国家相比，俄罗斯实现高水平的发展要困难得多。⑤

部分学者研究了苏联时期和两次世界大战期间俄罗斯的北极政策。他们指出，19世纪上半叶北极对俄罗斯的地缘政治意义不断增长，在两次世界大战中达到顶峰。⑥ 由于盟国通过北冰洋给予支持，俄罗斯破

---

① 张新平、胡楠：《安全复合体理论视阈下的北极安全分析》，《世界经济与政治》，2013年第9期，第125—144页。

② Georle Soroka, "The Political Economy of Russian's Teimagined Arctic," Arctic Yearbook, 2016, pp. 359-388.

③ Иванов Г. В., "Национальная безопасность России в Арктике: проблемы и решения," Вестник МГТУ, том.18, NO.3, 2015 г., С. 401-406.

④ Половинкин В. Н., Фомичев А. Б., "Значение северного и арктического регионов в новых геополитических и геоэкономических условиях," Арктика: экология и экономика, NO.3, 2013, С. 58-63.

⑤ Селин В. С., Башмакова Е. П., "О государственной стратегии России в Арктике," ЭКО, NO.2, 2013, С. 97-113.

⑥ Зубков К. И., "Российская Арктика в геостратегии двух мировых войн," Сборник: Внешнеполитические интересы России: история и современность, 2017, С. 77-87.

冰船队在一战期间明显得到强化,1916—1917年,白海已有265艘俄罗斯舰船。[1] 1928年苏联开始执行第一个国民经济发展五年计划,苏联第一份政府的北极科学研究计划也进入五年计划框架内。[2] 同时,二战前苏联在北极的领土政策是俄罗斯历史上北极领土政策的开始。[3] 有学者认为,北极战场对二战的胜利发挥了独特作用,对苏联北极地区的发展产生深远影响。作为当时唯一一个北极地区跨部门的管理机构,北方海上总局的历史经验非常重要,并且在所有北极国家中也是独一无二的。[4] 二战的意义之一在于,苏联领导人对北极地区在全球对抗中地缘战略意义的认识急剧增加以及苏维埃国家越来越多地关注其北极边界的防御。[5] 史密特认为,苏联时期的北极工作获得成功的主要原因在于其计划性,而不是随机派遣的探险。国家为北极提供大量支持,不仅是资金方面,还有破冰船、飞机、广播电台等。在北极开展研究工作的保障之一就是科学工作与北极经济发展之间的密切联系。[6] 北方海航道开发中的"苏联模式"和集中一切力量办大事的"举国体制"是苏联时期北方海航道得以快速开发并取得成就的关键原因。同时,苏联经过多年的国内讨论得出结论,要想拥有对北极的主权就必须拥有自己的军舰、航空舰队和具有现代化设施的国际港口,并且在极地要有居民、科考站和港口城市。[7]

(二)有关俄罗斯北极政策文件的研究

对俄罗斯北极政策的研究,学者主要从相关文件的解读入手,如

---

[1] Зубков К. И., "Российская Арктика в геостратегии двух мировых войн," Сборник: Внешнеполитические интересы России: история и современность, 2017, С. 77 – 87.

[2] 徐广淼:《二战前苏联的北极政策论析》,《武汉大学学报(人文科学版)》,2015年第3期,第123—129页。

[3] Зубков К. И., "Российская Арктика в геостратегии двух мировых войн," Сборник: Внешнеполитические интересы России: история и современность, 2017, С. 77 – 87.

[4] 徐广淼:《浅论二战时期苏联的北极战场》,《史学集刊》,2018年第6期,第21—30页。

[5] Зубков К. И., "Российская Арктика в геостратегии двух мировых войн," Сборник: Внешнеполитические интересы России: история и современность, 2017, С. 77 – 87.

[6] Шмидт О. Ю., "Исследование арктики в советском союзе," Доклады советской делегации на международном географическом конгрессе в варшаве: Издание научно-исследовательского института большого советского атласа мира при цике СССР, Типогр, Нко им. Клима ворошилова, 1934.

[7] 徐广淼:《二战前苏联的北极政策论析》,《武汉大学学报(人文科学版)》,2015年第3期,第123—129页。

2020年前后的俄罗斯联邦北极地区国家政策基础（以下简称2020年前后俄北极政策基础）、《2020年前俄罗斯联邦北极地区发展和国家安全保障战略》（以下简称《2020年前俄北极战略》）等针对北极地区的政策以及其他与北极地区相关的法律文件，如《俄罗斯联邦国家安全战略》《俄罗斯联邦海洋学说》（以下简称《海洋学说》）《俄罗斯联邦海军活动政策原则》。巴罗温金和弗米科夫认为，俄罗斯开始重视北极是从2002年的《俄联邦北极地区稳定发展构想》，对北极地区引起更多关注的原因之一是2009年美国提出的新国家安全战略中提到了北方海航道的重要性，以及随后北约对该地区的战略重要性发表了声明。[1]

这一点与中国学者略有不同，中国学者对俄罗斯的北极政策研究一般从2008年的文件解读开始，他们解读文件后普遍认为，俄罗斯的北极利益主要包括四个方面：军事安全利益、经济利益、航道利益及社会生态利益。[2] 郭培清等对俄罗斯北极地区文件以及其他涉及北极地区文件进行梳理后得出，北极地区环境保护原则、国家安全原则和社会经济发展原则是俄罗斯北极政策价值和精神的集中体现，是促进俄罗斯北极政策内容协调一以贯之之根本保障。[3] 刘新华认为俄罗斯在北极具有的战略意义包括丰富的自然资源、具有战略意义的航道以及利用北极地区的军事价值，寻求战略纵深。争夺北冰洋、扩大生存空间、寻求战略纵深和争取更大的回旋余地成为俄罗斯维护国家安全及回应北约东扩的重要途径。俄罗斯有许多重要的战略核设施位于北极地区。如果控制了北极地区，那么，俄罗斯的战略核力量对其他大国的战略威慑成本最低而

---

[1] Половинкин В. Н., Фомичев А. Б., "Значение северного и арктического регионов в новых геополитических и геоэкономических условиях," Арктика: экология и экономика, NO. 3, 2013, C. 58 – 63.

[2] 钱宗祺：《俄罗斯北极治理的政治经济诉求》，《东北亚学刊》，2014年第3期，第16—22页；王琦、石莉、万芳芳：《浅析俄罗斯北极战略中的关键因素》，《极地研究》，2013年第2期，第75—83页；Селин В. С., Башмакова Е. П., "О государственной стратегии России в Арктике," ЭКО, NO. 2, 2013, C. 97 – 113; "Национальные интересы России и экономика морских коммуникаций в Арктике, Материалы," 2014, C. 11 – 16; Морозов Ю. В., "Стратегия ведущих государств мира в Арктике в XXI веке и вызовы национальным интересам России в регионе.," Национальные интересы: приоритеты и безопасность, 2013, т. 9, NO. 45 (234), C. 37 – 52.

[3] 郭培清、曹圆：《俄罗斯联邦北极政策的基本原则分析》，《中国海洋大学学报（社会科学版）》，2016年第2期，第8—17页。

效率最高，俄罗斯战略威慑的有效性将会极大增强。① 季莫申科对于俄罗斯发展北方海航道给予了略有不同的解释。除了普遍认为的北方海航道是摩尔曼斯克与符拉迪沃斯托克（海参崴）之间最短的距离外，季莫申科还认为，与苏伊士运河通道相比，通过北方海航道可以完全沿着国家边界通行以形成一个全球运输网络，其影响几乎遍及整个国家，而并不依赖于某一时期的国际关系。② 肖洋认为，俄罗斯将建设"北极能源走廊"提升到国家战略层面，不仅是对资源利益的追逐，更是出于抢占全球能源格局制高点的考虑，这显然是俄罗斯在面临西方制裁和国际能源价格下滑等不利情况下，仍然加大北极东北航道沿线基础设施和能源勘探的根本动力。③ 钱宗旗对俄罗斯北极治理的政治经济诉求进行了研究，他认为俄罗斯的北极治理诉求主要包括四个方面：加强北极军事部署，应对美欧战略挤压；扩大北极海域主权权利，实现北极利益最大化；掌握北极能源开发升级，保障能源安全；打造北冰洋贸易新航线。④ 左凤荣和刘建通过对俄罗斯海洋战略的法律文件梳理揭示了北极在俄罗斯海洋战略中分量的加重，并认为主要原因是北冰洋冰面消融有利于克服以往俄罗斯太平洋舰队和北方舰队被分割的不利局面，以及提升北极航道的商用价值潜力和加强对世界政治经济格局的影响。⑤

纵然近几年俄罗斯推出了一系列关于北极的政策文件，但对于其北极战略实施的有效性，学界却持有不同观点。陆俊元认为，俄罗斯在推行其北极战略时显得相对高调，近几年来俄罗斯均有所作为，并取得一些成效：不仅强化了对北极地区的地缘战略控制能力，建立对北极地区多层次地缘政治空间的控制权，还推动北极"资源战略基地"建设以及努力把控"北方海航道"交通枢纽，博取地缘战略主导权，通过科学法律领域积极扩展俄罗斯北极利益空间。⑥ 而塞林等却认为，在对北

---

① 刘新华：《试析俄罗斯的北极战略》，《东北亚论坛》，2009年第6期，第63—69页。

② Тимошенко А. И.，"Российская региональная политика в Арктике в XX - XXI вв.: проблемы стратегической преемственности," Арктика и Север，2011，NO. 11，C. 1 - 13.

③ 肖洋：《俄罗斯的北极战略与中俄北极合作》，《当代世界》，2015年第11期，第71—74页。

④ 钱宗祺：《俄罗斯北极治理的政治经济诉求》，《东北亚学刊》，2014年第3期，第16—22页。

⑤ 左凤荣、刘建：《俄罗斯海洋战略的新变化》，《当代世界与社会主义》，2017年第1期，第132—138页。

⑥ 陆俊元：《近几年来俄罗斯北极战略举措分析》，《极地研究》，2015年第3期，第298—306页。

极地区发展的立法支持方面，俄罗斯联邦明显落后于其他北极国家。1992—2012年俄罗斯关于北极地区的法律文件事实上约束力非常弱或完全不适应北极地区，2013年才从领导人言辞和众多国家宣言转变为实际行动。重要的原因在于俄罗斯社会中对北极的作用、价值和优先发展方向有两种截然不同的态度，俄罗斯北极模式共识的缺乏是制约北极作为该国战略资源基地以及创新和文明之地的极大阻碍。[①] 王琦等也表达了相似观点，他通过对俄罗斯北极相关政策对比指出，由于俄罗斯政府没有努力实施其2001年的计划，所以其中一些目标至今没有实现。不同时期俄罗斯对待北极事务所采取的态度并不一致。[②] 克拉夫丘克认为，俄罗斯需要在该地区采取灵活平衡的国家政策，旨在加强北极国家之间的信任。与此同时，俄罗斯不应忘记采取旨在确保本国在北极地区国家安全的措施。其中优先国家任务之一是建立和维持北极部队的构成，维持该区域现有的力量平衡，还应该集中精力恢复军事部门之间的合作，以确保各方武装部队活动的相互透明，包括通过各种监测团相互交流和建立特别的军备控制区域制度。若俄罗斯采取上述措施，将大大加强北极地区的安全并增加北极国家之间的信任。[③]

（三）有关俄罗斯北极安全政策的研究

整体来看，国内外以俄罗斯北极安全政策为研究主题的学术成果并不多。一个有趣的现象是，用"俄罗斯北极军事（或安全）政策"等内容作为关键词或主题进行搜索，俄文文献的研究成果非常有限，而出现更多的是美国（或加拿大、挪威）的军事政策（或战略）对俄罗斯北极政策（或权益）的影响。中文文献同样凤毛麟角，其中相关的有国防科技大学孙迁杰的硕士论文——《俄罗斯北极安全战略研究》。该论文用新古典现实主义理论对俄罗斯北极安全战略进行了研究，分析了俄罗斯北极安全战略的国际体系诱因、国内政治变量、决策、实施和本质等。他指出，俄罗斯北极安全战略是基于地缘和军事优势的"地缘威

[①] Селин В. С., Башмакова Е. П., "О государственной стратегии России в Арктике," ЭКО, NO. 2, 2013, С. 97–113.

[②] 王琦、石莉、万芳芳：《浅析俄罗斯北极战略中的关键因素》，《极地研究》，2013年第2期，第75—83页。

[③] Кравчук А. А., "Милитаризация Арктики: Наращивание Военного Потенциала Ключевыми Игроками Региона," Стратегическая стабильность, 2015, NO. 4, С. 43–53.

慑型"战略，俄罗斯北极安全战略会加剧周边军事化并将俄美北极地缘博弈升级。① 马建光等学者的成果同样具有代表性，他们对俄罗斯北极安全战略、北极地缘政治博弈中俄罗斯的威慑战略、俄罗斯军事学说特点等进行了分析梳理。英文文献中相关文章则更多，学者对于俄罗斯北极的军事战略、俄罗斯北极战略中的冲突与合作进行了较为深入的分析。

如上文所说，国际主流舆论对俄罗斯在北极的军事行为及相关政策存在不同理解。首先，对俄罗斯在北极地区的主张有两组对立观点，即扩张还是防御、冲突还是合作。目前，每种观点都有学者支持。其次，地缘政治与地缘经济在俄罗斯北极政策中均有着举足轻重的作用，学界关于两种利益对北极军事政策的影响及相互关系也有不同观点。最后，乌克兰事件成为人们对于俄罗斯在北极军事方面加大"马力"的主要猜想，但乌克兰危机后北极国际合作的延续与其他地区的"剑拔弩张"又形成鲜明对比。对此，学界也展开了广泛的讨论。以上内容均与本书的研究密切相关，将在下文具体展开论述。

1. 地缘政治博弈——大国政治的回归

学者对俄罗斯的北极行动的动机给予了不同解释。部分学者认为，随着俄罗斯在北极地区军事行动的不断增多，其具有明显的地缘政治目的。这种叙述宣称，俄罗斯对北极的态度是沙文主义，因为国家对其在国际体系中的地位不满意。俄罗斯在军事上单方面采取侵略行动，以实现其在北极地区的国家利益。② 凯尔·吉尔斯和马克·史密斯认为巩固其大国地位的愿望是推动俄罗斯在北极地区军事集结的主要因素。③ 而大国地位的定义之一就是一个国家在全球范围内通过军事、经济和外交力量施加影响的能力。④ 美国战略与国际问题研究中心高级副总裁希瑟·康利在《新冰幕：俄罗斯战略挺进北极地区》报告中指出，近年

---

① 孙迁杰：《俄罗斯北极安全战略研究》，国防科学技术大学硕士论文，2016年。

② Borgerson S. Arctic Meltdown, "The Economic and Security Implications of Global Warming," *Foreign Affairs*, 2008, Vol. 87, No. 2, pp. 63–77; "Cohen A. from Russian Competition to Natural Resources Access: Recasting U. S.," Arctic Policy, The Heritage Foundation Backgrounder, 2010 (2421).

③ Giles K., Smith M., "Russia and the Arctic: The Last Dash North," Shrivenham: Defence Academy of the United Kingdom, 2007.

④ Baldwin D., *Power and International Relations in Handbook of International Relations* (second Edition), London: SAGE Publications, 2012.

来俄罗斯的政策发生巨大变化,转为更加注重安全态势。俄罗斯正在北极地区、北大西洋和太平洋建设反介入/区域拒止力量,其军队要重建在该地区的军事存在,恢复冷战结束前的状态,美国对此必须高度关注。[1] 美国传统基金会旗下的戴维斯国家安全和外交政策研究所副研究员丹尼尔·科奇什则从俄罗斯历史中得出,俄罗斯惯于利用军事资产来保护其在世界其他地区的领土。俄罗斯愿意将一大部分力量放在北极明显表明其想要确保它在那里的地位。[2] 马建光、程群等中国学者认为俄罗斯在北极的政策具有明显的强国地位回归意图。马建光等通过对比俄罗斯海洋战略的变化得出,俄罗斯由维护国家安全和恢复国内经济转为维护战略空间安全和服务国家发展战略,并致力于谋求地缘政治博弈的优势和海洋强国地位的回归。[3] 程群认为,俄罗斯北极战略的实质就是谋求地缘政治大战略,通过占领部分北极地区,弥补因失去欧洲势力范围造成的遗憾,同时希望控制北冰洋,进而控制世界经济新走廊,在军事上可以从东西两个方向威慑欧美。[4] 塞林和巴什马科娃也直言,俄罗斯的北极政策导致了这样一个事实,即在过去几年中,俄罗斯不仅大幅度恢复其在北极地区失去的地位,而且还为未来在该地区的快速扩张奠定基础。[5] 与其他任何一个北极国家相比,俄罗斯早已准备好应对冲突。俄罗斯拥有40艘破冰船,包括4艘核动力破冰船(舰队是在北极地区进行任何军事和民用建设的保障),而其他所有北极国家的破冰船总量不到30艘。[6] 俄罗斯在北极地区的军事基地也比其他任何国家都多,包括16个深水港口、13个配备有S-400导弹系统的机场,以及配

---

[1] Heather A. Conley, Caroline Rohloff, "The New Ice Curtain: Russia's Strategic Reach to the Arctic," Center for Strategic & International Studies, Sep. 2015, p. 135.

[2] Heather A. Conley, Caroline Rohloff, "The New Ice Curtain: Russia's Strategic Reach to the Arctic," Center for Strategic & International Studies, Sep. 2015, p. 135.

[3] 马建光、孙迁杰:《俄罗斯海洋战略嬗变及其对地缘政治的影响探析——基于新旧两版〈俄联邦海洋学说〉的对比》,《太平洋学报》,2015年第1期,第20—30页。

[4] 程群:《浅议俄罗斯的北极战略及其影响》,《俄罗斯中亚东欧研究》,2010年第1期,第76—84页。

[5] Селин В. С., Башмакова Е. П., "О государственной стратегии России в Арктике," ЭКО, NO. 2, 2013, С. 97–113.

[6] Bob Reiss, "Why Putin's Russia is Beating the US in the Race to Control the Arctic," Newsweek, Mar. 2017, http://www.newsweek.com/why-russia-beating-us-race-control-arctic-560670.

备核弹的战斗机。① 此外，俄罗斯长期以来一直在训练服务北极地区军事建设的部队，包括8万名陆军、海军、飞行员以及特种作战小组。②

部分学者用威慑理论来解释俄罗斯的安全战略。孙迁杰和马建光认为，俄罗斯在北极地缘政治博弈中采取了威慑战略。他们指出了核威慑性北极安全战略是俄罗斯于2007年北冰洋海底"插旗"事件后发布的一系列文件中提出的指导方针。俄罗斯北极战略特点为政府主导、安全为先，发展军事、威慑为主，以及整合并存、竞争为主。国家安全重心北移、力量对比发生变化、谋求地缘战略突破是其采取此北极战略的主要原因。③ 此观点与德国学者拉尔夫·鲁道夫和乌韦·马库斯的观点一致，他们认为，俄罗斯没有制定先发制人的核打击策略，核武器是用来防御俄罗斯及其盟友遭受大规模杀伤性武器的入侵，但如果其自身的生存受到威胁，也适用于常规性武器。这是冷战时期威慑战略的回归，这种战略也包含预防性行动的可能。④ 王曾琢也认同维持核威慑能力是俄罗斯加强北极地区军事力量的首要战略优先任务。他在《俄罗斯增强北极地区军事力量动因分析》一文中认为，维持核威慑能力是俄罗斯能在苏联解体后仍被视为大国的关键。同时，确保领土安全、防范西方构建"反俄包围圈"也是俄罗斯增加军事力量的重要考量。⑤

还有小部分俄罗斯学者公开主张在北极实行帝国主义政策的观点值得注意，规模虽小，但表达意见的声音极大。其中以哲学家、政治家、社会学家亚历山大·杜金为代表。他认为，"北极是俄罗斯的，这是俄罗斯地缘政治的公理"，"从军事战略的角度来看，对北极的控制是俄罗斯边界安全的保障，同时也是在武装冲突升级时能够打击敌人的保证"，"如果美国能清楚意识到，对俄罗斯的打击会导致其自身的毁灭，那么核攻击的想法就会消失。北极会是关键空间，因为穿越北极是从俄罗斯到美国最近的距离。如果北极是俄罗斯的，核战争就永远不会发生，这是一

---

① Kyle Mizokami, "How Russia is Fortifying the Arctic," *The Week*, Mar. 29, 2016.
② David Axe, "Russia and America Prep Forces for Arctic War," *Reuters*, Oct. 5, 2015.
③ 孙迁杰、马建光：《论北极地缘政治博弈中俄罗斯的威慑战略》，《上海交通大学学报（哲学社会科学版）》，2017年第1期，第14—21页。
④ RAlf Rudolph, "Uwe Markus. ampf um die Arktis-Warum der Westen zu spät kommt," Dec. 2015, http：//www.traditionsverband-nva.de/aktuelles/kampf_um_arktis.html.
⑤ 王曾琢：《俄罗斯增强北极地区军事力量动因分析》，《现代军事》，2017年第7期，第82—86页。

个让'北极成为俄罗斯的'良好理由。同时，北极是一个实现伟大梦想的地缘政治区域"。他还表示，"如果早些时候，政治家正确地断言了谁控制了欧亚大陆，谁就将控制整个世界。那么，今天控制北极的人将控制着整个世界。我们不会建立幻想——北极之战即将来临"。[1] 俄罗斯极地研究员齐林加罗夫在2007年的北极考察队中也发表了相似言论，他强调："北极是俄罗斯人的。我们必须证明北极是俄罗斯沿海大陆架的延伸，俄罗斯不需要进一步谈判，而应该继续努力证明自己的主张。"[2]

2. 防御目的多于进攻目的

俄罗斯北极地区的军事行动主要出于防御目的也是学界主流观点之一。上海国际问题研究院的杨剑教授表示，从安全角度讲，北冰洋沿岸一直是苏联与美国进行战略核遏制的前沿阵地，北极战略防御思维至今仍根植于俄罗斯决策者的头脑之中。[3] 美国海军陆战队退役准将、美国安全研究所首席执行官斯蒂芬·切尼认为，冷战结束后，俄罗斯军队的状况曾经非常糟糕，但俄罗斯现任总统已使其恢复实力。所以，俄罗斯建设军队并不是为了对付任何国家或组织，而是为了使其军事实力恢复到以前的水平。所以他认为俄罗斯在北极进行投资并不是为了攫取权力，同时也不会试图将"铁幕"扩大到北极地区。而是在对属于他们的经济利益依法提出声索，并捍卫这些利益。[4] 德国学者拉尔夫·鲁道夫等也持类似观点。他们认为，自苏联解体后，俄罗斯军队1993年从北极撤离[5]，俄罗斯西部的新地岛与东部的楚科奇海之间便不再有军事力量部署，也就没有防御攻击或侵害俄罗斯国界的实用战斗纲领，以及针对来自空中或太空攻击的现代预警系统。北极地区或将成为攻击者入侵的门户。随着美国和北约将势力范围推进到原苏联地区，俄罗斯领导

---

[1] Александр Дугин, "Арктика должна быть нашей," 18 мая 2016, https：//izborsk-club. ru/9261.

[2] "В узком полярном кругу," Коммерсантъ, NO. 92, 30 мая 2008, С. 9.

[3] 杨剑等：《北极治理新论》，时事出版社2014年版，第172页。

[4] Yasmin Tadjdeh, "Russia Expands Military Presence in Arctic," Nov. 30, 2015, National Defense, https：//www. nationaldefensemagazine. org/articles/2015/11/30/2015december-russia-expands-military-presence-in-arctic.

[5] Yasmin Tadjdeh, "Russia Expands Military Presence in Arctic," Nov. 30, 2015, National Defense, https：//www. nationaldefensemagazine. org/articles/2015/11/30/2015december-russia-expands-military-presence-in-arctic.

人对被西方包围存在潜在担心。① 丹尼洛夫在《俄罗斯北极政策的军事考量》一文中写道："俄罗斯虽然在北极拥有巨大的军事潜力，但是大多数俄罗斯专家还是从与美国保持战略平衡的角度来看待北极的。"② 伊万诺夫指出，其他国家在北极地区的行动旨在大幅减少俄罗斯在该地区的存在。俄罗斯在北极地区开发和使用武力被认为是应对可能发生的挑战的必要措施，以制止在这一重要地区威胁俄罗斯国家利益的侵略行动。③ 帕维尔·德维艾特金认为，俄罗斯在北极的军事部署更多的是从保障大国安全的角度出发，而非领土扩张。首先，俄罗斯的经济实力不允许其军事上的大量消耗，同时，在俄罗斯对外文件中也高调宣扬北极国际合作，并公开表示俄罗斯会坚持反对在北极地区引入政治或军事对抗。其次，2008年与2013年的《国家安全战略》表明，俄罗斯在北极关注更多的是恐怖主义、非法移民等非传统安全领域，而对传统安全的暗示逐渐减少。2014年的《海洋学说》指出，俄罗斯北极的武装部队是为保护其国家利益的军事恢复，而非增加进攻能力，该文件已从强调与北约竞争的强硬态度转为确保经济发展。④ 同时，持有这种观点的还有挪威外交部长和美国国务院北极事务高级官员，他们也认为俄罗斯此举为正常活动，没有侵略性意图。⑤

谢古宁与科尼舍夫的研究问题比较新颖，与本书的研究问题也非常接近，即俄罗斯的军事战略是否发生了变化。国防科技大学的马建光教授等通过对比《俄罗斯联邦军事学说》（以下简称《军事学说》）对其军事发展趋势进行判断：俄罗斯将采用"非对称原则"，放弃军备竞赛和对战略军事的追求，找准对手弱点，发挥自己在各个领域的局部优

---

① RAlf Rudolph, "Uwe Markus. ampf um die Arktis-Warum der Westen zu spät kommt," Dec. 2015, http: //www. traditionsverband-nva. de/aktuelles/kampf_um_arktis. html.

② Данилов А. П., "Военный аспект арктической политики России," Вопросы безопасности, NO. 5, 2013, С. 1 – 7.

③ Иванов Г. В., "Национальная безопасность России в Арктике: проблемы и решения," Вестник МГТУ, том. 18, NO. 3, 2015 г., С. 401 – 406.

④ Pavel Devyatkin, "Russia's Arctic Strategy: Aimed at Conflict or Cooperation?" The Arctic Institute, Feb. 2018, https: //www. thearcticinstitute. org/russias-arctic-strategy-aimed-conflict-cooperation-part-one/.

⑤ Pavel Devyatkin, "Russia's Arctic Strategy: Aimed at Conflict or Cooperation?" The Arctic Institute, Feb. 2018, https: //www. thearcticinstitute. org/russias-arctic-strategy-aimed-conflict-cooperation-part-one/.

势,从方式、手段、时间、领域等方面对威胁和挑战做出"非对称回应"。提高网络破袭能力,以较低端的技术手段和较小的代价破解美军的网络优势。核武器常备力量兼备,提高核遏制能力。[①] 笔者认为,俄罗斯在北极拥有地理、能源、军事的优势,近年来在包括北极领土范围在内的全国开展军事现代化,发展网络技术。面对其他空间的挤压,俄罗斯在北极正是计划利用"非对称原则",形成对该地区的存在优势。

3. 冲突还是合作?

除了对俄罗斯北极整体战略及俄罗斯北极军事安全政策的意图进行研究外,学界还就北极国家间双边或多边关系进行了分析。其中研究较多为美俄、俄加、俄挪、美俄加之间的合作与竞争关系,对北极地区西方国家间关系的研究则明显减少。即使俄罗斯与其他北极国家存在合作,但竞争与冲突始终是俄罗斯与其他北极国家关系的主旋律,由此也显示了俄罗斯在北极地区无盟友,以及与西方在北极存在敏感的地缘政治关系。

中国海洋大学极地法律与政治研究所执行主任郭培清教授分析了俄美在白令海峡的较量与合作。他认为,两国对于海峡的法律地位认知、北极航道利益追求及军事安全方面存在对抗和摩擦,未来美俄两国在该地区的军事化程度和军备竞赛不会明显减缓,但爆发大规模冲突或战争的可能性不大。美俄合作会更加常态化并通过多边合作实现白令海峡的共同治理。[②] 邓贝西和张侠认为,北极地缘政治发展的一个显著特征是其外部压力的内生性,区域内大国在区域外互动的影响力非常强大,并催生"外溢效应",使得北极地区地缘政治架构或安全机理从属于俄美结构性矛盾与竞争关系。两国国力对比差异使得在北极关系中,俄罗斯对美国的需求更多,主要在资源开发、技术、融资和市场等实质性领域积极合作。[③] 李尧对相关北极国家对北大西洋公约组织(以下简称北约)介入北极的立场进行了分析。他认为,作为拥有 5 个北极国家的军事政治组织,北约一方面希望在北极发挥自身重要作用,另一方面却未

---

① 马建光、张明:《从俄罗斯军事学说新特点看其军事战略新趋势——解读新版〈俄罗斯联邦军事学说〉》,2010 年第 2 期,第 25—31 页。
② 郭培清:《美俄在白令海峡的较量与合作》,《东北亚论坛》,2018 年第 4 期,第 67—79、128 页。
③ 邓贝西、张侠:《俄美北极关系视角下的北极地缘政治发展分析》,《太平洋学报》,2015 年第 11 期,第 38—44 页。

能推出统一的北极战略或政策。其主要原因在于北约内部难以达成一致和外部存在压力两个方面。尽管如此，北约确实有在北极发挥作用的主观意愿和客观需求。因此，虽然它在短期内不会高调介入北极，但可能会寻求低调发挥实质性作用。① 俄罗斯社会科学院军事专家莫洛佐夫与克里门科指出，2014—2015 年乌克兰危机后，由于西方的制裁与孤立，俄罗斯开始寻求与东北亚国家的合作，以获得投资、通信技术以及北极石油和天然气开采设备方面的支持。②

相当多的学者用俄罗斯在国际法和地区组织框架内的活动来回击俄罗斯是"修正主义"大国这一观点。他们认为，俄罗斯在北极追求与其他北极国家和域外国家的合作，强调俄罗斯务实的经济激励措施以及对自身安全的担忧。如瓦列里·科尼舍夫和亚历山大·谢古宁认为，俄罗斯的北极战略主要关注的是发展专属经济区，即北极发展的经济效益。关于俄罗斯的军事集结，他们认为，由于财政和后勤方面的限制，这些计划是得当的。③ 陆俊元通过比较俄罗斯 2008 年和 2013 年的北极文件得出，俄罗斯破冰船强制领航制度变为许可证制度，以及通过国际法和科学研究等途径解决北极大陆架延伸的要求显示了其在北极追求国际合作的转变。④ 匡增军和欧开飞对俄罗斯与挪威的海上共同开发案进行分析并认为，俄罗斯和挪威成功化解了数十年来久拖未决的巴伦支海争议海域油气开发难题，实现了跨界共同开发的新发展与新突破，这不仅是有效解决两个当事国之间海上共同开发争端难题的成功实践，也是推进北极油气合作乃至北极区域合作的有益尝试。⑤ 对于俄挪两国的北极战略，拉西·海宁和艾莉森·贝尔斯从另外的角度进行解读。他们并不认为俄罗斯是北极国家中"咄咄逼人的例外"，俄罗斯的北极战略与

---

① 李尧：《北约与北极——兼论相关国家对北约介入北极的立场》，《太平洋学报》，2014 年第 3 期，第 53—65 页。

② Морозов Ю. В., Клименко А. Ф., "Арктика в стратегии НАТО и направления взаимодействия России с государствами северо-восточной Азии в этом регионе," Угрозы и безопасность, 2015, Т. 11, NO. 17 (302), С. 39 – 51.

③ Konyshev V., Sergunin A., "Is Russia a Revisionist Military Power in the Arctic?" *Defense & Security Analysis*, NO. 4, 2014, pp. 323 – 335.

④ 陆俊元：《近几年来俄罗斯北极战略举措分析》，《极地研究》，2015 年第 3 期，第 298—306 页。

⑤ 匡增军、欧开飞：《俄罗斯与挪威的海上共同开发案评析》，《边界与海洋研究》，2016 年第 1 期，第 88—103 页。

挪威的经济发展战略相当,而这两个邻国在该地区也有许多重叠的利益和目标。[1] 杨剑指出,俄罗斯为了表明自己对北极开发和治理的开放立场和态度,2010 年开始在国内举办有关北极问题的大型系列活动。在"北极——对话之地"国际论坛上,领导人亲自出席并发表呼吁国际社会加强合作的举动也表明了俄罗斯追求地区合作的立场。[2]

4. 俄罗斯北极安全政策中地缘政治与地缘经济的研究

通过对已有文献梳理可以发现,大部分学者已对俄罗斯北极利益的影响因素达成共识,地缘政治和地缘经济利益是俄罗斯开展北极活动的两大重要推手。如同巴罗温金与弗米乔夫所说,为了使北极成为国家加速发展的起点,首先必须了解北极在俄罗斯地缘政治和地缘经济学方面的巨大作用。[3] 但是,对于这两种因素在俄罗斯北极政策中的优先程度以及相互关系,学界仍有不同观点。部分学者认为,俄罗斯应大力发展北极经济,以此作为振兴俄罗斯经济及整个国家的主要目的及手段。卡兹门卡从文明冲突的角度分析了俄罗斯与美国等海洋大国在北极的关系。他认为,专属经济区成为区域冲突和海洋与大陆文明之间对抗的导火索。经济系统的竞争力是国家和其他实体(如跨国公司)的经济实力,而经济实力构成了除经济实力外的其他实力,如军事实力,这对海洋系统尤其重要,因为"经济可以作为解决国际协作问题的方法"。[4] 与此相似的一种观点为,俄罗斯必须清醒认识到,北极地区新矿床的发现、国家对初级自然资源开采的管理能够而且应该成为现在俄罗斯对世界主要自然能源资源流通的一种极为有效和有地位的影响,是一种经济武器,甚至是俄罗斯对别国形成压力和影响力的有力手段。[5] 所以,提高俄罗斯在北极的经济存在对增加俄罗斯在北

---

[1] Bailes A. J. K., Heininen L., "Strategy Papers on the Arctic or High North," Centre for Small State Studies and Institute of International Affairs at the University of Iceland, pp. 42 – 49.

[2] 杨剑等:《北极治理新论》,时事出版社 2014 年版,第 175 页。

[3] Половинкин В. Н., Фомичев А. Б., "Значение северного и арктического регионов в новых геополитических и геоэкономических условиях," Арктика: экология и экономика, NO. 3, 2013, C. 58 – 63.

[4] Luttwak E., "From Geopolitics to Geoeconomics: Logic of Conflict, Grammar of Commerce," *The National Interest*, Summer, 1990.

[5] Половинкин В. Н., Фомичев А. Б., "Значение северного и арктического регионов в новых геополитических и геоэкономических условиях," Арктика: экология и экономика, NO. 3, 2013, C. 58 – 63.

极的存在具有决定性作用,俄罗斯可以采取资源开发与有效占领相结合的经济开发模式。①

但是,更多的学者认为,俄罗斯发展北极有经济利益和政治利益两方面考量,经济利益与政治(军事)利益两方面需要相互配合。乔治·索罗卡用国家建构主义解释俄罗斯在北极的做法,即社会事实和物质事实不一致。不能单纯用客观的经济利益事实来评价俄罗斯的北极做法,如果可以实现政治目的,即使经济上是次优选择,那么该做法也会被选择。这种趋势在如今俄罗斯对远北②地区的经济愿景中得到了体现,其国家主导的发展目标不仅取决于直接的经济计算,还考虑到更多主观的地缘政治动机,旨在支持俄罗斯的国际威望并加强其自身——成为全球重要参与者的概念。③ 科内舍夫认为,确保俄罗斯在北极利益和安全的一个重要手段是密集发展该地区的民用和军用基础设施。军事基础设施发展的主要目标不是随后俄罗斯在北极地区军事存在大量增加,而是建立控制空中、水上和陆地空间的系统。此外,所建立的基础设施应最大限度地促进北极的经济发展。俄罗斯在北极的活动不应主要针对向其他国家提取和运输能源,而是用于俄罗斯经济本身。④ 卡兹门科认为,应该使国家的国民经济处于动员准备状态,以应对海洋和极地方向的综合挑战和威胁,而不是试图根据当前的经济状况有选择地应对这些挑战和威胁。因为,北极经济发展过程始终具有明显的军事政治性质,防御任务一直是俄罗斯在该地区生产结构形成的决定性因素。在不久的将来,俄罗斯可能无法在海军武器的总数和海洋的全球覆盖程度上与海洋大国进行比较。如果不能在与主要海上力量的对抗中取得优势,那么应该让这种力量成为盟友,俄罗斯在现代世界地缘经济和地缘政治结构

---

① Козьменко С. Ю., "Региональное присутствие России в Арктике: геополитические и экономические тенденции," Арктика и Север, NO. 3, 2011, C. 1 – 12.

② 不同国家对于北极地区的叫法不同,甚至一个国家对于该地区的名称也有很多个,除 Арктика 以外,Дальний Север、Крайний Север、High North 等词也常用来代表北极地区。为了翻译的准确性,本书保留了原文的表达方式,分别用远北与高北对应与 Дальний Север、Крайний Север 与 High North,但均指北极地区。

③ Georle Soroka, "The Political Economy of Russian's Teimagined Arctic," Arctic Yearbook, 2016, pp. 359 – 388.

④ Коньшев В. Н., Сергунин А. А., "Арктика в международной политике сотрудничество или соперничество?" Российский институт стратегических исследований, Москва, 2011.

中的能源结构提供了这样的机会。① 巴罗温金与弗米乔夫提到了俄罗斯北极政策中的国家—私人关系。他们认为，为了使北极成为国家加速发展的起始点，在地缘政治优先事项内提出国家和私人合作倡议非常重要。而这里的法治成效必须得到俄罗斯积极有力的军事存在的支持。与此同时，武力存在的必要性甚至不在于与国家对抗，而是为了应对海上恐怖主义这种负面现象。②

（四）乌克兰危机对俄罗斯北极政策及北极态势影响的研究

对于俄罗斯北极军事安全政策的"转变"，即俄罗斯北极政策中军事色彩的加重，学界也展开了相关研究。其中，发生于2013年前后的乌克兰危机被认为与其有重要关系。如马建光和孙迁杰认为，随着北约东扩步伐的加快和加大，以及席卷中亚东欧的"颜色革命"不断发酵，尤其是乌克兰危机的爆发，促使俄罗斯将重点再次放在大西洋和北极方向。同时，鉴于其同中国的友好关系，以及俄西部面临的战略压力，海洋战略出现阶段性的向西、向北倾斜。③ 邓贝西和张侠认为，外来支持对其能源开采与利用等经济效应有举足轻重的影响能力，乌克兰危机后西方资金和技术的撤出对俄罗斯北极经济发展形成极大制约。而在军事方面，俄罗斯一方即可以"当家做主"的主动性要强得多，所以"美国及其盟国在北极经济开发领域合作的中断迫使俄罗斯北极利益向安全方面倾斜"。俄罗斯试图用军事安全方面的相对优势适度弥补其经济短板的不足，从而稳住在北极的主导地位。④ 丹莱尔·哈姆尔顿与安德拉斯·斯莱莫尼认为，乌克兰危机后，北欧国家采取了务实的政策立场和现实主义政策，以避免遭受乌克兰危机之类的噩梦。⑤ 乔治·索罗卡虽然认为俄罗斯对北极的重视早在乌克兰危机之前就已开始，但他承认乌

---

① Козьменко С., Щеголькова А., "Геополитическая основания регионального присуствия России в Арктике," Военна-морская экономика, С. 39 – 45.

② Половинкин В. Н., Фомичев А. Б., "Значение северного и арктического регионов в новых геополитических и геоэкономических условиях," Арктика: экология и экономика, NO. 3, 2013, С. 58 – 63.

③ 马建光、孙迁杰：《俄罗斯海洋战略嬗变及其对地缘政治的影响探析——基于新旧两版〈俄联邦海洋学说〉的对比》，《太平洋学报》，2015年第1期，第20—30页。

④ 邓贝西、张侠：《试析北极安全态势发展与安全机制构建》，《太平洋学报》，2016年第12期，第42—50页。

⑤ Danlel S. Hamllton, Andras Slmonyl, "Advancing U. S. – Nordic-Baltic Security Cooperation," Washington D. C.: Center for Transatlantic Relations, 2014, p. 198.

克兰危机加重了俄对北极的重视，努力恢复国际威望在国内引起共鸣。虽然追求地位是一种公开的精英领导的现象，但它明显地利用并强化了大众需求。①

部分学者对乌克兰危机后俄罗斯与北极国家仍然进行合作给予了解释。赵宁宁和欧开飞分析了北极地区存在的三大力量俄罗斯、美国、北欧在北极的利益关切及政策手段，并指出，三方未因乌克兰危机陷入彼此恐惧的"囚徒困境"，一方面，因为俄罗斯并不具有推进北极军备建设的经济实力，另一方面，北约成员国在北极具有"事实存在"，美欧可以依靠北约在北极地区的前沿部署达到战略制衡俄罗斯的目标。乌克兰危机没有影响北极国家间的合作关系的根本原因归于其并没有改变北极事务主题的利益诉求和政治目标。②邓贝西等用"复合相互依赖"模式解释了乌克兰危机后西方国家对俄罗斯采取经济制裁，与俄罗斯的政治和军事关系全面破裂，但是俄罗斯与西方国家的合作关系（搜救、渔业、航运、北极理事会等功能性领域）延续的现象。他指出，在复合相互依赖情况下，不仅军事强国越来越难以依靠其军事的支配地位来控制其处于弱势的问题的结果，而且经济强国在试图运用其总体经济实力影响其他问题的结果或者达到某些政治目的时，也常常受到国内、跨国和跨政府行为的限制，因为后者反对拿他们的利益作为交换筹码。③

二、其他行为体北极政策对俄罗斯北极政策的影响

对俄罗斯北极政策有重要影响的国家主要包含两大类：北极国家和已制定本国北极政策的域外国家。北极国家对俄罗斯的北极政策有最直接、明显的作用，任何一个北极国家政策的变化可能都会使俄罗斯的北极政策产生相应调整，尤其是美国与加拿大两个北极大国。域外国家虽然从地理上远离北极，但其经济、交通、能源等领域却与北极地区紧密相关，它们正以不同方式影响着北极地区的政治经济局势。

---

① Georle Soroka, "The Political Economy of Russian's Teimagined Arctic," Arctic Yearbook, 2016, pp. 359 - 388.
② 赵宁宁、欧开飞：《全球视野下北极地缘政治态势再透视》，《国际政治经济评论》，2016年第3期，第30—43、165页。
③ 邓贝西、邹磊磊、屠景芳：《后乌克兰危机背景下的北极国际合作：以"复合相互依赖"为视角》，《极地研究》，2017年第4期，第522—530页。

（一）北极国家及北约对俄罗斯北极政策的影响

在北极地区，对俄罗斯具有安全威胁可能性的国家行为体主要为美国、加拿大、挪威和丹麦。其中，美加两国对俄罗斯的威胁最大。科内舍夫与谢古宁对美国的军事政策做了分析。第一，2013年美国制定的北极战略中雄心勃勃的军事发展计划应该被视为虚张声势或战略性错误信息，其反映了美军在特定防御政策领域的"理想"愿望和意图，以及给盟友、潜在的反对者以及不是非常可靠的伙伴提供"需要"的印象。对此，俄罗斯不应该由这一学说的作者领导，而是有必要在预设的时间内完成北极军队的组建，以防止传统性质的潜在军事威胁，并保护俄罗斯在该地区的北极和边界的经济利益。第二，有必要继续将战略核力量和非核力量（主要是战略核潜艇舰队）现代化。两位学者认为，在此领域参与昂贵的军备竞赛毫无意义，以上措施足以解决任何敌人的战略威慑。他们主张降低北极的战略威慑水平，对军事活动实行限制以及制定互信措施，加强军事联合演习。[1]两位学者通过对加拿大的军事战略研究发现，加拿大军事准备的重要性同样不应被高估，它在北极的做法更多的是表明愿为保护自己的经济利益应对该地区的"非常规"挑战，而不是为大规模军事冲突做准备。对于后者，加拿大既没有意愿，也没有物质条件和技术支持。

除美国和加拿大外，其他北欧小国虽然自身并不具备与俄罗斯在北极抗衡的实力，但它们可以通过加入组织或依靠第三方的力量用以实现地区军事力量平衡，如挪威为美国长期提供军事基地。[2] 美国在丹麦的格陵兰岛同样拥有图勒空军基地。早在冷战之初，图勒空军基地就成为美国北极战略的重要锚点，负责为B-47、B-52战略轰炸机提供起降和加油服务。[3] 图勒空军基地成为美国的军事集结待命区，格陵兰岛也再次成为美俄北极对抗的前沿阵地，因此该岛成为丹麦对美国的重要谈判筹码。[4]

---

[1] Конышев В. Н., Сергунин А. А., "Военная стратегия США в Арктике и национальная безопасность России," Угрозы и безопасность, NO. 20, 2014, С. 54-64.

[2] "Прямая линия с Владимиром Путиным," 15 июня 2017, http://www.kremlin.ru/events/president/news/54790.

[3] Nikolaj Petersen, "SAC at Thule: Greenland in the U. S. Polar Strategy," Cold War Studies, NO. 13, 2011, p. 90.

[4] 肖洋：《格陵兰：丹麦北极战略转型中的锚点？》，《太平洋学报》，2018年第6期，第78—86页。

因在 5 个北极国家中，除俄罗斯外都是北约成员国以及北约的军事联盟特性，所以，北约是北极地区对俄罗斯军事安全威胁最大的组织。有学者认为，北约在北极的军事活动明显增加始于 2006 年，大多数成员国的主要武装部队成员——空军、海军、地面部队和特种部队参加该联盟定期举行的"冷响应"军事演习，并且规模逐年扩大，"冷响应 2012"已成为其中最雄心勃勃的一次，有来自 15 个国家的 16300 名士兵参加了该演习。该演习的明确目标是在北极部署和使用武装部队，以阻止各种各样的威胁，因此有理由相信北约在北极地区的军事活动将继续增加。[1] 也有学者认为，北约在北极活动的增加始于 2008 年，特点是其在航空飞行次数几乎增加了两倍，并且在俄罗斯北部边界附近使用联盟部队的军事演习数量也普遍增加。[2] 2009 年美国提出新版《国家安全战略》后，北约也申明了该地区的战略重要性。在这之后俄罗斯安全委员会秘书帕特鲁舍夫称，控制北极地区对俄罗斯有战略意义，目前竞争潜力利用得还远远不够，有很多急需解决的问题。必须达成共识，发展北极是保障国家利益的主要问题，是实现国家发展和民族团结的重要途径。[3] 克拉夫丘克认为，在北约活动日益增多的背景下，俄罗斯应该将作为北约成员国的北极国家视为国家安全问题上的统一整体，它们是该地区具有巨大军事潜力的竞争对手。俄罗斯正在通过在该地区部署必要的基础设施以及充足的力量和手段来增强其军事潜力。[4]

（二）域外国家对俄罗斯北极政策的影响

虽然域外国家在北极并无主权，但是俄罗斯对于域外国家对北极的主张也非常关注。根据国际层面上与北极事务最相关的国际规则《联合国海洋法公约》，所有公约的签署国享有依据公约所带来的权利并负有相应的国际义务。缔约国有权进入北极公海地区进行科研等活动并享有

---

[1] Коровин С. Д., Соловьев А. А., Федоров А. Э., "Милитаризация Арктики," Вестник Сибирского Отделения Академии Военных Наук, NO. 25, С. 3 – 36.

[2] Кравчук А. А., "Милитаризация Арктики: Наращивание Военного Потенциала Ключевыми Игроками Региона," Стратегическая стабильность, 2015, NO. 4, С. 73.

[3] Половинкин В. Н., Фомичев А. Б., "Значение северного и арктического регионов в новых геополитических и геоэкономических условиях," Арктика: экология и экономика, NO. 3, 2013, С. 58 – 63.

[4] Кравчук А. А., "Милитаризация Арктики: Наращивание Военного Потенциала Ключевыми Игроками Региона," Стратегическая стабильность, 2015, NO. 4, С. 73.

北极公海地区和区域的相关权利,如航行权、海洋科学研究权、海底使用权、海洋生物资源开发权、海上事故或事件调查权、海上搜寻救助权等。[①]

俄罗斯学者谢林与巴什马科娃认为,北极地区尚未解决的问题之一为非北极国家要求北冰洋和整个北极地区国际化的主张。对此,俄罗斯应加强在北极的法律法规建设以及事实存在。[②] 赵隆指出,对俄罗斯来说,满足俄罗斯北极地区发展需求,加快海洋安全布局,强化对北方海航道的法律主张和实际管控是其基本战略诉求。丰富新疆域外交实践、引导北极国际治理并拓展"一带一路"海上合作则是中国的主要目标。在北极合作上,中俄存在利益诉求的一致性和互补性、实现全方位对接的可行性和深化务实合作的必要性。[③] 科内舍夫与谢古宁认为,理论上任何国家都可以宣布北极应该是公用的。因此,北极不能被允许保持"谁的都不是"的状态,其划分很可能是基于该地区真正的经济(进而是军事)存在的事实。[④]

关于北极合作,中俄间的北极活动也成为学者们关注的焦点。[⑤] 这在国内外文献研究中均占有相当的比重。易鑫磊认为,中俄两国在北极的合作具备政治基础、符合双方利益,可在能源、海洋、渔业和科学研究等领域实现深入合作。[⑥] 从上面的研究可以看出,以中国来讲,国内外对于中俄北极合作的看法仍存在差异。国内学者对两国合作的态度以

[①] 孙凯:《参与实践、话语互动与身份认可——理解中国参与北极事务的进程》,《世界经济与政治》,2014年第7期,第42—62、157页;刘惠荣、董跃:《海洋法视角下的北极法律问题研究》,中国政法大学出版社2013年版;韩立新、王大鹏:《中国在北极的国际海洋法律下的权利分析》,《中国海商法研究》,2012年第3期,第96—102页。

[②] Селин В. С., Башмакова Е. П., "О государственной стратегии России в Арктике," ЭКО, NO. 2, 2013, C. 97 - 113.

[③] 赵隆:《中俄北极可持续发展合作:挑战与路径》,《国际问题研究》,2018年第4期,第49—67、128页。

[④] Конышев В. Н., Сергунин А. А., "Арктика в международной политике сотрудничество или соперничество?" Российский институт стратегических исследований, Москва, 2011, C. 199.

[⑤] 孙凯:《特朗普政府的北极政策走向与中美北极合作》,《南京政治学院学报》,2017年第6期,第92—97页;潘敏、徐理灵:《中美北极合作:制度、领域和方式》,《太平洋学报》,2016年第12期,第87—94页;肖洋:《北极理事会视域下的中加北极合作》,《和平与发展》,2015年第2期,第84—97页。

[⑥] 易鑫磊:《俄罗斯北极战略及中俄北极合作》,《西伯利亚研究》,2015年第5期,第37—44页。

积极为主，当然也有部分学者对其挑战做了深入研究。但总体上，国外研究文献中对于中俄北极合作的理解更加多元，包括政治、经济、外交等多方面，看法上相对中立或悲观。除此之外，关于本地区的中美、中加、中北欧合作也有部分学术成果。学者们分析了中国与北极国家合作的背景、路径、机遇与阻碍等内容。

第三节　研究问题与研究框架

俄罗斯北极政策对于北极整体的政治、经济、安全形势产生重要影响，而其又是在不断变化的。在复杂多变的国际秩序下，俄罗斯于2020年3月推出的2035年前俄罗斯联邦北极地区国家政策基础（以下简称2035年前俄北极政策基础）以及同年10月出台的《2035年前俄北极战略》成为指导俄罗斯北极政策的文件。本书主要聚焦三个研究问题，即俄罗斯新北极政策是什么、俄罗斯制定新北极政策的考量因素有哪些、俄罗斯新北极政策的制定与实施对不同行为体产生怎样的影响与作用。对此，本书将从五个章节展开论述。

第一章对北极地区的地缘竞争新态势进行分析，在其中阐述了进入21世纪后北极地区发生的自然环境变化，以及随之而引起的各行为体北极政策的改变。这是俄罗斯新北极政策形成的重要背景，为后续进行深入分析各行为体起到重要的铺垫作用。

第二章从阐述视角对俄罗斯的新北极政策进行研究。本章将分别从俄罗斯北极政策文件、北极经济建设、北极军事部署与行动、政府北极建设的官方表态四个部分展开，对俄罗斯北极政策的重心变化进行了详细阐述。

第三章从对比视角出发，对俄罗斯北极政策与其他北极行为体的北极政策进行比较，对它们的北极政策文件、北极地区军事潜力、北极地区的军事行动以及媒体相关表述四方面进行了分析。同时，在分析过程中使用了各国重要领导人对北极事务的表态。为了更清晰地显示出俄罗斯在北极加强存在的外部作用，在政策文件分析中重点关注了各行为体对俄罗斯在北极威胁的立场，在军事潜力、军事行动及政府方面，将俄罗斯作为一方，与西方北极国家构成的另一方进行比较分析。

第四章对俄罗斯在北极实行新政策的战略考量进行分析。该部分运用层次分析法，从全球层面、地区层面、国家层面及个人层面对影响俄罗斯新北极政策的考量因素进行了深层次地挖掘。其中，全球层面分析表明，俄罗斯欲通过在北极实现不对称优势争夺国际事务发言权，现有国际秩序深刻调整、国际军控体系受到挑战以及俄罗斯与美国为主的西方国家地缘政治博弈升级，均对俄罗斯的新北极政策有不容忽视的影响；地区层面分析了俄罗斯先发制人的战略目标，阐述了俄罗斯在北极实施较为强硬的政策以应对地区纷争、追求地区规则制定优先权的政治考量；国家层面分析了俄罗斯以攻为守保障国家安全的战略思维，包括冷战后俄罗斯北极势力的收缩及气候变化对其北部边界的威胁、俄罗斯预借助军事力量保障本国经济利益以及传统的不安全感等方面；个人层面对俄罗斯国家领导人拟通过北极地区实现个人政治理想抱负的政治行动进行了阐释。

第五章对俄罗斯在北极实行新政策的影响及前景进行分析。影响对象分为北极国家及域外国家，对北极国家的影响按照大国、中等国家及小国三种类型，分别对美国、加拿大和北欧国家进行研究。域外国家选取中国为研究对象，因为中国为北极理事会正式观察员，中美俄全球地位及北极地区角色的交融，更能体现出俄罗斯新北极政策对域外国家的影响，并且具有重要的现实意义。

本书研究框架如图所示：

具体来看，本书主要从以下几个方面展开研究：

对于政治领域的分析，将从政策文件分析展开。政策文件，尤其是战略文件，是国家开展具体事务的纲领和法律基础。国家发布的北极政策文件会明确本国的北极利益以及保障路径。利用军事力量来保障国家安全具有典型的地缘政治特征，其"目标是国家安全、保卫国家领土及势力范围，以及保持北极或是能源运输线路等国际公共品的可及性"[1]。而主张利用政治、经济等手段实现国家利益则属于非传统安全观的解决方式。

对于北极各行为体的政策文件，本书选取了两种类型进行分析，其中一类为各行为体出台的针对北极地区的战略文件。这类文件中普遍会

---

[1] [英] 玛丽·卡尔多著，李岩译：《全球安全文化》，金城出版社2019年版，第18页。

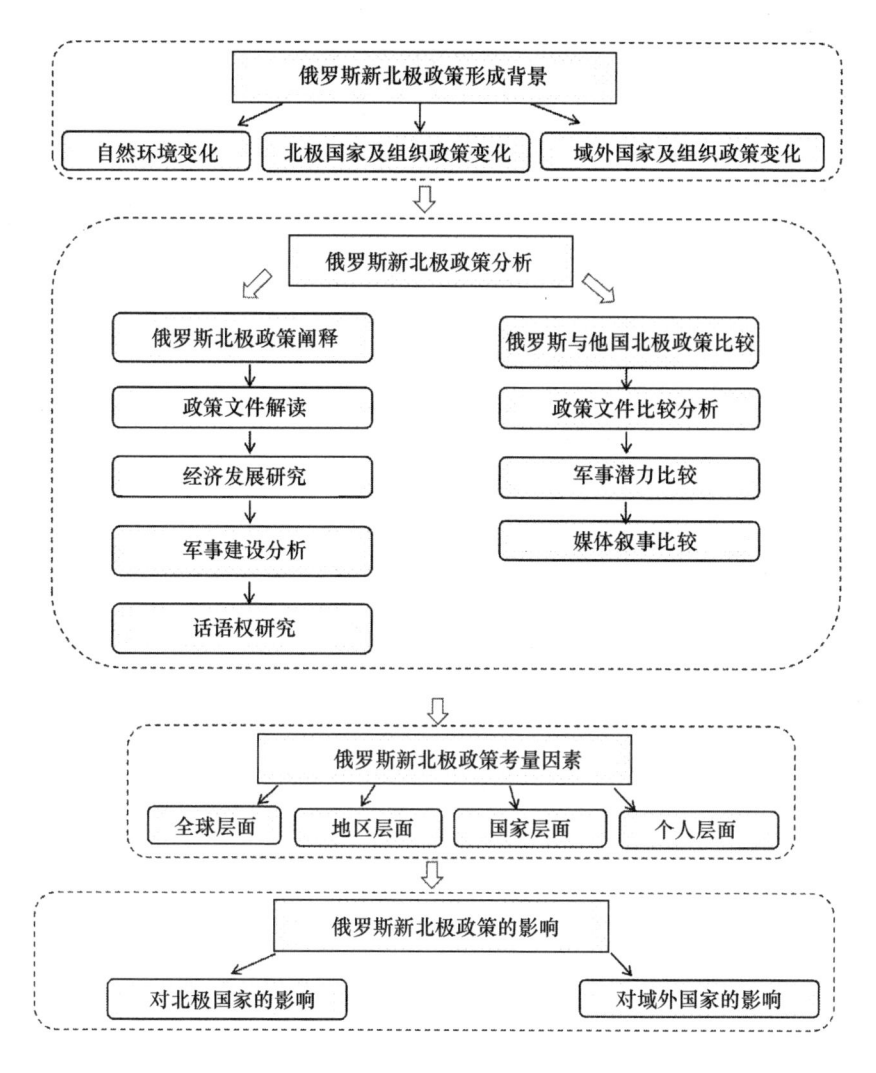

```
┌─────────────────────────────────────────────────────────────┐
│                    俄罗斯新北极政策形成背景                    │
│         ↓                    ↓                    ↓         │
│   自然环境变化      北极国家及组织政策变化   域外国家及组织政策变化 │
└─────────────────────────────────────────────────────────────┘
                              ⇩
┌─────────────────────────────────────────────────────────────┐
│                    俄罗斯新北极政策分析                        │
│         ↙                                    ↘              │
│   俄罗斯北极政策阐释              俄罗斯与他国北极政策比较      │
│         ↓                                    ↓              │
│     政策文件解读                      政策文件比较分析         │
│         ↓                                    ↓              │
│     经济发展研究                        军事潜力比较          │
│         ↓                                    ↓              │
│     军事建设分析                        媒体叙事比较          │
│         ↓                                                   │
│     话语权研究                                              │
└─────────────────────────────────────────────────────────────┘
                              ⇩
┌─────────────────────────────────────────────────────────────┐
│                    俄罗斯新北极政策考量因素                    │
│     ↓              ↓              ↓              ↓          │
│  全球层面       地区层面        国家层面        个人层面       │
└─────────────────────────────────────────────────────────────┘
                              ⇩
┌─────────────────────────────────────────────────────────────┐
│                    俄罗斯新北极政策的影响                      │
│              ↙                              ↘              │
│       对北极国家的影响                  对域外国家的影响       │
└─────────────────────────────────────────────────────────────┘
```

规定该行为体在北极的政策目标是什么，明确其北极利益、维护北极利益的手段、执行的规划及部门等。随着北极问题的深入化与扩大化，不管是域内外国家还是国际组织都纷纷出台了各自的政策文件，如挪威于2006年出台了本国的首部北极战略文件，成为首个针对北极地区颁布政策的北极国家。随后，俄罗斯也在2008年公布了首个俄联邦北极战略文件。其他北极国家也加快了政策文件的制定速度，于2009—2013年陆续公开了本国的北极战略。从政策文件的梳理中，可以比较得出各行为体对北极问题关注点的异同，以及同一行为体在不同年份出台的政策文件中对北极事务关注的领域及立场变化，对于理解和分析俄罗斯北极政策的特点有重要作用。

政策文件选取的另一种类型为各行为体颁布的涉及北极问题的全局性战略文件，如俄罗斯的《国家安全构想》《军事学说》和美国的《国家安全战略》等。作为综合性的战略文件，文件内容会涉及到国家或组织重视的地区或领域，指出该地区对于国家或组织总体战略的作用与影响，并列出未来会采取的策略与措施。美国和俄罗斯等国已于近年来在这类文件中明确了北极作为战略优先地区的规定。从更广阔的视角分析北极对于各国的战略意义为理解和剖析其采用相关政策的用意提供重要的法律支撑。

对于经济领域的分析，本书将从解读俄罗斯在北极地区实施的国家政策、实施效果以及研究其所采取的应对措施三方面展开。其中，对其国家政策分析包括近年来出台的主要北极政策及各战略文件中对经济领域的规定，着重分析了俄罗斯在北极实现经济发展所依仗的航道、能源等领域，并对其在不同领域的经济投入进行了比较；实施效果主要从其政策计划目标值的实现与否、紧张程度等方面进行分析；应对策略部分，本书对其提出的优惠政策及军民融合进行了分析。

对于军事领域的分析，本书分析了北极军事建设在俄罗斯军事改革政策中的地位、俄罗斯北极军事建设在其国民生产总值中所占的比例，以及所采取的具体措施三方面进行了研究。研究表明，俄罗斯在北极军事领域注入了相当多的关注，进行了长期而全面的建设，逐渐成为俄罗斯北极政策中的重要组成部分。俄罗斯在北极地区的军事力量已经绝对领先于其他北极国家，并且其仍在不断加大军事优势，从而引起其他北极国家对其意图的揣测与不满。

由于北极特殊的地理位置和恶劣的气候条件，并不是所有国家或组织都具备在该地区开展军事活动的权利和能力。如瑞典、芬兰在北极的基础设施落后，主要依靠北约保障该地区的国家安全。域外国家在北极没有军事基地，军事能力及政治权利也没有达到长途跋涉到北极进行军事活动的条件，所以，均不在本书的研究范围内。北极核心国家——北极五国和北约是该部分的研究重点。

对于社会领域的分析，本书对俄罗斯领导人如何向社会民众宣传和培养重视北极发展的行为进行了重点研究。领导人的意图表达需要一定的媒介方式，社交媒体是领导人进行信息传播的重要途径。随着数字通信领域的快速发展，公众可以通过媒体更广泛也更迅速地获取到各类信息，从而影响其对某种事物的观点和判断。国际政治的舞台上，领导人也逐渐频繁熟练地应用该"工具"，使其产生政治外交影响。因此，本书将领导人通过媒体向外宣称的针对北极地区的言论及观点同样作为判断其北极政策的研究因素之一。但考虑到外交场合公开言论的不确定性，只将其作为参考因素，而非决定性变量。

需要指出的是，除对俄罗斯本国的北极政策特点进行分析外，本书还对俄罗斯及北极地区的其他行为体的北极政策进行横向比较，从而综合考量得出结论。如此分析的考虑是，冷战后的国际秩序正逐渐走向瓦解，国际政治处于不断的变化之中，在大背景变化的形势下单从一个国家的表现考量其政策特征，缺乏足够的客观性与全面性。在北极地区，西方国家也不断对本国的北极政策进行调整，因此本国的北极利益及国家间各领域的相互作用与影响均是俄罗斯北极政策发生变化的重要参考因素。

第一章　俄罗斯新北极政策的形成背景

21世纪以来的国际事态不断升温，被一些政客解释为"现行国际秩序的瓦解"，甚至有"新冷战"之说。俄罗斯与西方国家关系中的不信任和紧张程度日益增加，在北极地区的发展问题上，与过去要求加强合作的呼声相比，为未来冲突做准备的呼声越来越高，进入21世纪以来，西方政界针对俄罗斯在北极地区采取行动的严厉声明大幅增加。

学界对俄罗斯北极政策的形成具有不同看法，有学者认为，俄罗斯重新关注北极始于2002年，但囿于俄罗斯国内对北极的发展战略未达成共识，所以政策文件一直未得以出台。[①] 但是大部分学者对俄罗斯的北极政策解读都始于2008年俄罗斯第一部北极政策文件2020年前后俄北极政策基础。本书的研究对象为地缘竞争新态势下俄罗斯北极政策的军事化。那么，如何理解这里的限定条件"新态势"？学界普遍认为，近年来北极地区出现的国际关系变化的重要原因在于气候的变化，从而带来该地区能源开发、航道利用、地缘政治、经济及军事利用价值的凸显，不仅使北极国家注意力向该地区转移，还吸引了在北极圈没有领土、之前很少顾及该区域事务的域外国家关注。笔者认为，以气候变化为基础带来的地区事务参与者变化、地区行为体的政策变化及相应行动是本书研究对象的重要影响因素，因此将其作为基础信息，在第一章进行具体分析。

---

① Половинкин В. Н., Фомичев А. Б., "Значение северного и арктического регионов в новых геополитических и геоэкономических условиях," Арктика: экология и экономика, NO. 3, 2013, C. 58–63.

第一节 北极地区的自然环境变化及影响

长久以来,北极被大片冰雪覆盖。由于这里气候寒冷,交通极为不便,对人类的生活和经济发展形成极大挑战,这里似乎也远离国际政治的纷争。进入21世纪后,随着全球气候持续变暖,北极成为气候变化影响最为明显的地区之一。2019年9月联合国发布的一份气候变化报告指出,1979—2018年,北极夏季海冰范围以每10年约12%的速度减少。2015—2019年的冰川质量损失是有记录以来最高的5年。[①] 该地区的冰雪消融使得油气、渔业资源的开发难度有所降低,使北方海航道的全年通航成为可能,极大增加了世界各国对该地区进行投资开发和研究的积极性。同时,极地的地域特殊性提高了人们对该地区地缘政治、军事价值的关注度。总之,北极气候变化推动该地区逐渐成为国际政治的焦点之一,对北极国家,甚至域外国家带来不可忽视的影响。

一、北极气温屡创新高

全球变暖是近年来明显的气候现象,北极成为受全球气候变化影响最大的地区。资料显示,被称为"地球冰箱"的北极地表温度上升速度至少是全球平均水平的2.5倍。[②] 北极理事会的一份报告显示,随着近年来冰层的迅速缩小,到2040年夏季,北冰洋上的冰层可能完全消失,比之前的预期提前了30年。[③] 俄罗斯国家气象局的数据显示,弗朗兹·约瑟夫群岛和北地群岛2018年的平均温度比2016—2017年冬季高7—11摄氏度,挪威气象研究所专家表示,2017年斯瓦尔巴特群岛的平

---

① "The Global Climate in 2015 – 2019," World Meteorological Organization, https://library.wmo.int/doc_num.php?explnum_id=9936.

② "СМИ: пожары в Арктике привели к рекордным выбросам газов в атмосферу," 8 июля 2020, https://ria.ru/20200708/1574035352.html.

③ "The Arctic is Now Expected to Be Ice-free by 2040," May. 2017, https://www.weforum.org/agenda/2017/05/the-arctic-could-be-ice-free-by-2040/.

均温度比正常高 4—5 摄氏度。①

全球温室气体增加、气温上升，北极圈内陆地和海洋积雪及冰层消融、海平面升高使得俄罗斯西部、北欧斯堪的纳维亚半岛、加拿大亚北极地区和阿拉斯加西部的积雪消失时间比往常早了 3 周到 4 周时间。② 气温升高同样威胁着在该地区生存的动植物。北极熊是北极地区的重要成员之一，作为北极熊栖息及捕猎主要场所的海冰面积减少威胁着北极熊的生活和繁衍。气候变暖造成蚊子大量滋生，给北美驯鹿带来威胁。③ 同时，北极苔原带的生态系统正因此而变化，大片北极苔原带形成了森林，成片的树木会吸收更多的太阳热量，加剧当地的气候变化。④ 1891—2017 年北极平均气温的走势图可以看出，在 19 世纪末至 20 世纪最后 10 年的近 100 年间，北极平均温度在零上 10 度和零下 10 度间小幅变化，整体呈平衡状态。而近 30 年来，北极的平均气温几乎呈直线上升，打破了数个温度记录，这在北极气候中实属反常。

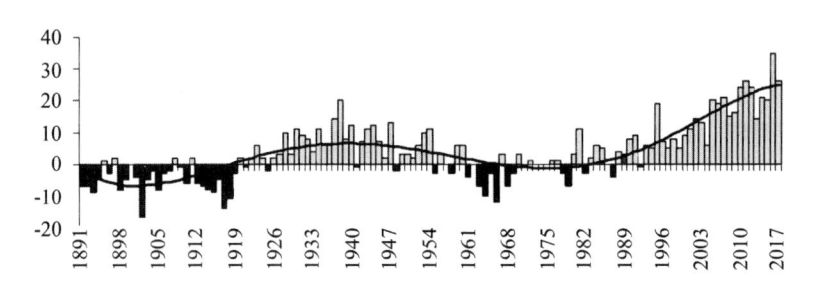

图 1-1　1891—2017 年北极平均气温走势⑤（单位：摄氏度）

2020 年 6 月，位于俄罗斯境内最寒冷的地区之一——北极地区的雅库特共和国气温达到 38 摄氏度，寒冷潮湿的苔原发生一连串火灾甚

---

① "Ударная доза тепла на Крайнем Севере," 8 марта 2018, https://thebarentsobserver.com/ru/arktika/2018/03/udarnaya-doza-tepla-na-kraynem-severe.

② 《科学之家》（旧版）：《北极变暖速度是其他地区的两倍》，搜狐网，2015 年 1 月 29 日，https://www.sohu.com/a/758579_114943。

③ 《气候变暖又一坏消息：北极蚊子增多　驯鹿遭殃》，人民网，2015 年 9 月 16 日，http://news.china.com.cn/world/2015-09/16/content_36601705.htm。

④ 《全球变暖导致北极苔原带出现森林　加剧气温上升》，中国气象局，2012 年 6 月 6 日，http://www.cma.gov.cn/2011xwzx/2011xqhbh/2011xdtxx/201206/t20120606_174914.html。

⑤ "Ударная доза тепла на Крайнем Севере," 8 марта 2018, https://thebarentsobserver.com/ru/arktika/2018/03/udarnaya-doza-tepla-na-kraynem-severe.

至引发了森林大火。如此的高温和大火,甚至可能会使永冻土融化,对全球气候造成不可估计的影响。《纽约时报》指出,2020年可能是北极历史上最热的5个年份之一,当年6月发生的大火导致大气中的污染气体月排放量成为监测北极18年来之最。[1] 联合国认为,近年来北极火灾数量和强度的增加与西伯利亚不断破纪录的高温有关。[2] 大火释放大量的二氧化碳,从而使地区温度更加升高,从而形成恶性循环。

北极圈内8个国家的科学小组表示,在过去的30年中,北极夏季冰层的最低覆盖量下降了一半,而冰的总量却下降了3/4。除了对位于该地区的国家有直接利害关系外,这一气候变化对全球具有深远影响。[3]

二、北极通航潜力提升

气候变暖带来的冰川融化首先带来的变化是增加通过北极航道的运输量,使北极水路逐渐畅通,航道价值逐渐显现。北极地区的航道可以分为三部分:东北航道、西北航道和中央航道。其中,东北航道大部分位于俄罗斯北部沿海,俄罗斯将其控制内的航道领域称为北方海航道,西北航道主要被加拿大控制,中央航道是指从加拿大丘吉尔港出发,穿过北冰洋,到达俄罗斯摩尔曼斯克港的航道。[4] 俄罗斯在法律文件中将北方海航道规定为"历史形成的俄罗斯北极地区的统一国家交通干线"。[5] 在加拿大的法律文件中对西北航道也有类似描述。

学界普遍认为,随着北极冰盖融化的加快,北冰洋上的航海通道将有望成为具有世界意义的重要运输走廊,成为新的"大西洋—太平洋轴

---

[1] "СМИ: пожары в Арктике привели к рекордным выбросам газов в атмосферу," 8 июля 2020, https://ria.ru/20200708/1574035352.html.

[2] "В ООН связали пожары в Арктике с рекордно теплой погодой в Сибири," 25 июля 2020, https://www.rbc.ru/society/25/07/2020/5f1b939f9a7947b5b9726275.

[3] "The Arctic is Now Expected to be Ice-free by 2040," 17 мая 2017, https://www.weforum.org/agenda/2017/05/the-arctic-could-be-ice-free-by-2040/.

[4] 梁昊光:《北极航道的"新平衡"战略与对策》,《人民论坛·学术前沿》,2018年第22期,第92—97页。

[5] "Приказ Министерства транспорта РФ от 17 января 2013 г. N 7 "Об утверждении Правил плавания в акватории Северного морского пути," 9 января 2017, https://base.garant.ru/70302484/.

心航线"。① 从地理环境的复杂性和恶劣程度来看,东北航道比西北航道更容易开发,具有更高的应用价值,而中央航道的航行条件则较差,通航希望不大。在过去,由于北极的寒冷气候,北极航道全年的通航时间非常有限,对航线的利用造成极大限制。然而,全球变暖使东北航道与西北航道的自由航行时间达6个月之久。据有关资料显示,仅在短短的20年内,北冰洋在8月和9月就可能是无冰的,2040年前的某个夏天,北冰洋上的冰层可能完全消失。②

穿越东北航道相比传统的苏伊士运河航线可缩短1/3的航程,为船舶通行节约大量的燃料和维护费用,可大大降低因沿途国家的通道关卡及混乱的政治安全环境造成的威胁,如亚丁湾、索马里海域猖狂的海盗活动而需要支出的通关费和保险费,同时还可以避免船舶拥堵或碰撞等事故。因而,北方海航道是很多国家进行跨洲航行的青睐航线,俄罗斯则可通过北方海航道获得非常可观的经济效益。俄罗斯远东和北极发展部副部长亚历山大·克鲁季科夫表示,俄罗斯政府的目标是到2024年将北方海航道货运量提升至8000万吨,至2035年达到1.6亿吨。③

在北极水域,除了军舰外,还有油轮、散货船、拖网渔船、驳船和拖船、破冰船、补给船等。海上交通主要有三种用途:运输自然资源、给当地居民运送生活物资以及旅游需求。目前在北极地区有效利用的水域是俄罗斯北极西北部海岸和挪威、格陵兰、芬兰以及阿拉斯加沿岸。

除经济利益外,新航道的出现具有重要的战略意义。同大陆交通体系和空中交通体系相比,海洋运输的成本低廉、通达性强、运输量大,并且没有国别界限,因此其成为国际贸易的主要通道。④ 历史上每次国际航运变化都会对世界形成巨大影响,北极航道可以促成俄罗斯—北美—西欧经济圈形成,改变世界贸易格局,从而影响整个世界的地缘经济和地缘政治格局。这对俄罗斯具有巨大的吸引力,也是俄罗斯积极发

---

① 刘新华:《试析俄罗斯的北极战略》,《东北亚论坛》,2009年第6期,第63—69页。
② "Late-summer Arctic Sea Ice Could Disappear by 2040," Nov. 8, 2018, https://physicsworld.com/a/late-summer-arctic-sea-ice-could-disappear-by-2040/.
③ 《俄政府预计2035年北方海航道货运量将达到1.6亿吨》,中华人民共和国商务部,2019年12月10日,http://www.mofcom.gov.cn/article/tongjiziliao/fuwzn/oymytj/201912/20191202921182.shtml。
④ 军事科学院军事运筹分析研究所编:《国际形势与国防战略》,军事科学出版社1987版,第94页。

展北极水路的重要原因。据俄罗斯交通部信息显示，截至 2020 年初俄罗斯在北极有 18 个海洋港口，其中在欧洲北极地区有 12 个，在亚洲北极地区有 6 个，每个港口都配备有基础设施用以保障俄罗斯在该地区的经济活动，比如码头、库房、港口补给船、装卸设备，配套的公路和铁路等。[1] 俄罗斯还拥有由 40 艘破冰船组成的破冰船队，是世界上拥有破冰船最多的国家，其中部分破冰船正在进行现代化升级改造。

随着导航技术的发展以及全球升温，飞越北极地区联通北美和亚洲的航线越来越受到各国关注。在北极点上空有空中航线，连接欧洲、北美和亚洲。北极地区的机场很多，其中的大部分为小型机场。

航道利用的重要性以及北极地区交通运输利益的不断凸显，加剧了该地区的利益诉求及冲突潜力，北极各国以及域外国家对于该地区的航道利用仍有争议。从地理上来看，不管是北方海航道还是西北航道（加拿大）都可以和大西洋及印度洋被认定是域外的。也就是说，对于国际通航是开放的。但是俄罗斯法律规定，北方海航道位于北冰洋，是其国内航线的一部分。而在加拿大的法律文件中也有类似表述。对此，不仅以美国为首的北极国家对北方海航道和西北航道实现国际化的要求与俄罗斯和加拿大的立场相矛盾，[2] 一些域外国家也有类似的利益诉求。它们声称，北极航道甚至海峡都是国际水域。有些国家已经修建了科考船，并在北冰洋开始水文和气候测试。

三、北极资源可开发性增强

北极地区蕴藏丰富的资源，这里不仅拥有铜镍矿、铂铜矿等多种金属资源，还蕴藏着稀有矿藏和稀有金属，可以算作是地球上为数不多的暂时没有开垦的宝地。冰雪消融的加剧使资源可利用性不断提高。

美国地质局一篇题为《北极圈资源评估：北极圈以北未发现油气的

---

[1] "Реестр морских портов," Министерство транспорта Российской Федерации, Федеральное агентство морского и речного транспорта, 5 окт 2019, http://www.morflot.ru/portyi_rf/reestr_mp.html.

[2] Штыров В. А., "Арктика и дальний восток, Величие проектов," Книжный мир, 2018, С. 237.

估算》的报告称,北极的能源储量估计占全球储量的 10%—15%。[1] 该地区未被发现的油气资源包括 4120 亿桶石油和天然气,其中近 84% 的北极天然气和石油资源位于大陆架上,而只有 16% 位于北极地区的陆地区域。[2] 也就是说,大部分的储量位于 5 个北极国家的专属经济区内。美国专家表明,北极地区的石油储量大大多于天然气,分别为世界氢类化合物储量的 30% 和 13%。其中北极最丰富的石油资源位于阿拉斯加大陆架,而天然气则位于卡拉海和巴伦支海大陆架。[3] 并且仍有大量潜在资源的信息未被证实。

目前,北极共有 107 个战略金属矿。其中,俄罗斯有 42 个、加拿大有 22 个、美国有 19 个、瑞典有 9 个、格陵兰有 6 个、芬兰有 3 个。[4]

北极地区栖息着大量稀有动物,如海象、北极熊、白鲸、独角鲸等,还有超过 160 种鱼类。2016 年,俄罗斯北极渔业区的水生生物资源和鱼类产品总捕捞量占全俄罗斯的 15%。[5]

北极地区是世界上为数不多的几乎未被开发的自然资源区域。俄罗斯的北极地区集中了俄罗斯最大的矿产矿床,这使得该地区成为俄罗斯国家资源基地。俄罗斯北极地区约 90% 的大陆架富含石油天然气,主要在楚科奇海、拉普捷夫海、东西伯利亚海、巴伦支海、喀拉海等海域。仅亚马尔—涅涅茨自治州区石油储量就与整个挪威的储量相当,天然气储量超过了丹麦和德国的储量之和,占整个西欧总储量的 11%,

---

[1] "Circum Arctic Resource Appraisal: Estimates of Undiscovered Oil and Gas North of the Arctic Circle," CARA. U. S. Geological Survey, 2008, http://energy.usgs.gov/RegionalStudies/Arctic.aspx; "Future of the Arctic—a New dawn for Exploration," Wood Mackenzie, 2006. http://www.woodmacresearch.com/.

[2] "Circum Arctic Resource Appraisal: Estimates of Undiscovered Oil and Gas North of the Arcitc Circle," USGS, https://pubs.usgs.gov/fs/2008/3049/fs2008-3049.pdf.

[3] Gautier D., Bird K., Charpentier R., "Assessment of Undiscoverd Oil and Gas in the Arctic," *Science*, 2009, Vol. 324, NO. 5931, pp. 1175 – 1179.

[4] Бортников Н. С., Лобанов К. В., Волков А. В. и др., "Арктические ресурсы стратегических металлов в глобальной перспективе," Арктика: экология и экономика, NO. 1, Vol. 17, 2015, С. 38 – 46.

[5] Новоселов А. П., Павленко В. И., Студенов И. И., Торцев А. М., "О возмещении вреда, наносимого водным биологическим ресурсам в Арктической зоне Российской Федерации, на примере водоемов Северного рыбохозяйственного бассейна," Арктика: экология и экономика, NO. 1, 2016, С. 6 – 17.

与印度的储量相当。① 汉特—曼西自治州是世界上最大的石油开发地之一，长期保障了俄罗斯近57%的石油开发。② 俄罗斯最大的天然气开发地亚马尔—涅涅茨自治区也位于其北极地区，它保障了俄罗斯90%以及全世界20%的天然气供应。除了油气资源，俄罗斯北极地区的矿物资源也非常丰富，包括全球电子行业所需要的稀有金属。

目前，北极地区60%的石油天然气资源位于俄罗斯或者俄罗斯根据国际法声称归其所有的地区。到目前为止，只有一小部分北极地区的资源已被勘探，因此需要及时对新的矿床进行投资勘探。

值得注意的是，虽然北极资源丰富，但是即使是已发掘的某些矿产也可能会因为开发成本太高而让开采变得无利可图。气候变暖使北极资源开采的条件大为改善，推动了北极资源航运，与资源开采相关的设备、资源和其他物品运输将日益频繁。

四、北极战略价值凸显

从北美洲到欧亚大陆的最短航线通过北极这一事实决定了该地区对于俄罗斯及美国战略防御的重要性。因从北极点到达北半球国家的距离最短，所以北极是潜射弹道导弹发射的最理想区域。冷战时期美苏军队在该地区的二元对峙使北极的战略意义凸显。空权论和海权论的观点更增加了北极地区的地缘政治敏感性。如果俄美之间发生导弹袭击，必将经过北极圈及其附近区域。同样，朝鲜开发的洲际弹道导弹也必将穿过北极才能到达美国本土。美军在阿拉斯加地区扩建军事基地，从而使空军航程到达东欧、朝鲜半岛和全球其他地区。③ 19世纪50年代以来，美俄两国间的攻击可能围绕核武器展开，但进入21世纪后，出现了非核攻击的可能性，发动攻击的目的是实现战略目标。气候变化下的北极航道利用，科技进步带来的太空及网络竞争，都赋予北极特殊的军事政

---

① Кравчук А. А., "Основные угрозы национальной безопасности Российской Федерации в Арктике и формирование государственной политики по их нейтрализации," Владивосток, 2017.

② Хромцова Л. С., "Состояние и перспективы развития нефтегазовой отрасли Ханты-Мансийского Автономного Округа," Региональная экономика: теория и практика, NO. 8, 2007, С. 10–15.

③ 《美媒披露：为将作战重心转向对抗中俄 美空军大幅扩建阿拉斯加基地》，《参考消息》，2020年5月16日。

治价值。

随着冰层的逐渐融化，北极正在逐步与世界其他地区融合，该地区的发展将不再是单方面的，随之而来的是政治机会。数百年来，世界第一次真正伴随着新土地和新海域的扩张。近年来，由于全球温度上升，冰川融化崩塌以及天气变化等因素，一些原本被冰川覆盖的岛屿被人们发现，成为继二战后世界各国领土重划后多出的"新领土"，如2019年夏天，俄罗斯相关部门在新地岛的一个海湾发现了5个原本被冰川所覆盖的新岛屿，并有生命活动迹象，俄罗斯于当年8月和9月对其进行了测绘。[1] 2020年7月，俄罗斯通过卫星图像再次在新地岛北部的岛屿地区发现了一个新的岛屿。[2] 有学者表示，通过北极，各国有望回到"划地为王"的时代，这不免成为北极各国加强该地区开发的重要原因。

第二节　北极各行为体的北极政策变化及行动

本书中的北极地区地理概念为地球北部极地地区，包括欧亚大陆和北美洲的大陆边缘、几乎全部北冰洋（挪威的沿海岛屿除外），以及大西洋和北冰洋的周边地区。

地理上与北极地区相邻的有八个国家，也称"北极八国"，分别为俄罗斯、美国、加拿大、丹麦、挪威、芬兰、冰岛和瑞典，为广义上的北极国家。其中，在北冰洋有领土的5个国家，即俄罗斯、美国、加拿大、挪威和丹麦，它们被俄罗斯称为该地区的"官方"北极国家或北极沿岸国家，也常被称作北极五国，为狭义上的北极国家。而芬兰、冰岛和瑞典则被称作"近北极国家"，它们是北极理事会的常任理事国，全面参与北极问题，所以需要考虑到它们在该区域的利益。它们长期参与北极的科学研究进程，在北极经济、工业、技术方面拥有自己的能力

---

[1] 《俄罗斯在北极冰川融化后，发现五个新岛屿》，央视网，2019年10月23日，http://news.cctv.com/2019/10/23/ARTIS8Dgxo5QdHgT7ppinxCq191023.shtml。

[2] "Российские школьники открыли новый остров в Арктике," 3 октября 2020, https://zen.yandex.ru/media/rgo/rossiiskie-shkolniki-otkryli-novyi-ostrov-v-arktike-5f0ea6fe6235522a11f4f621。

和潜力，并利用自己的研究和开发潜力。本书提及的北极国家指的是更具广义的国家范畴，即"北极八国"。

除国家外，国际组织也在地区事务中扮演重要角色。北极地区的主要组织包括北极理事会、北约、巴伦支欧洲-北极圈理事会和欧盟。随着气候变化对北极资源开发、能源利用、航道和军事利益的影响，北极国家及国际组织的北极政策发生了一系列变化，各行为体采取了不同手段以维护自身利益。

一、北极主要国家的利益诉求与政策调整

随着北极地区地缘政治、经济、军事、环境意义的不断凸显，北极国家对该地区给予更多关注。各国纷纷制定北极地区政策，并相应加强了地区安全防御。随着北极环境及航道利用问题影响范围的扩大，北极事务呈现国际化，北极国家根据国际形势的变化对本国北极政策作出调整，并采取相应行动。冷战后北极主要国家的北极政策及调整情况如下。

（一）俄罗斯

冷战后俄罗斯的北极政策发生了巨大变化，可以说，俄罗斯是北极地区新一轮地缘政治角逐的发动者。苏联解体后，俄罗斯忙于恢复本国政治体制和经济建设，无暇顾及北极这片冰天雪地。21世纪初期，俄罗斯政界部分人士开始关注北极地区的开发利用，但由于未达成统一共识，直到2008年才出台了俄罗斯关于北极的首个政策文件——2020年前后俄北极政策基础[1]，之后又于2013年发布了《2020年前俄北极战略》[2]，2020年发布了2035年前俄北极政策基础等法律，将北极地区确立为俄罗斯发展的重要战略区域。此外，俄罗斯对北极地区政治经济安全领域的关注变化在《国家安全构想》《军事学说》《海洋学说》等政策文件中均得以体现。

2008—2013年，俄罗斯与西方国家关系有所缓和，俄罗斯大力推

---

[1] "Об Основах государственной политики России в Арктике на период до 2020 года и дальнейшую перспективу," 18 сентября 2008, http://government.ru/info/18359/. 笔者注：对于该政策中"основы"一词的汉语翻译有不同版本，此处译法与新华社保持一致。

[2] "О Стратегии развития Арктической зоны Российской Федерации и обеспечения национальной безопасности на период до 2020 года," Правительство России, 20 февраля 2013, http://government.ru/info/18360/.

进国际合作，以求通过北极地区的能源开发和航道利用实现本国经济利益。2013 年，乌克兰危机打断了北极国际合作的顺利进行，以美国为首的西方国家对俄罗斯的政治经济进行了多方面制裁，国际关系紧张形势一度升级。俄罗斯于 2013 年底宣布恢复北极地区的军事存在，不仅恢复使用了苏联时期的机场和军事基地，还大范围进行基础设施建设，扩建和更新北方舰队的现代化军事力量，在北冰洋频繁举行单边和多边军事演习。俄罗斯在北极军事存在的扩张引起西方国家的不满。

但是，俄罗斯在加强北极军事力量的同时并没有停止对该地区国际合作的追求，在"北极——对话之地"国际论坛和其他公开场合，俄罗斯领导人表示对北极域内外国家共同开发利用"这片充满资源和航道潜力区域"的欢迎。在乌克兰危机和北极理事会扩充观察员的多种因素推动下，俄罗斯逐渐将合作重心由西方国家优先向全方位合作转移，东北亚国家借此机会得以愈加深入地参与北极事务。

不管是在法律基础方面还是实际行动方面，俄罗斯的北极政策都发生了明显变化。本书将在第二章和第三章部分对俄罗斯北极政策的变化做纵向和横向分析，在此不再赘述。

（二）美国

对美国北极政策的研究及其变化，可以从 21 世纪以来美国总统实施的北极政策进行分析。外国专家指出，在对全球政治发展趋势做出分析之后，美国军事政治领导层对其在北极利益进行了系统化调整。如果说冷战期间的主要任务是与苏联的军事战略对抗，那么冷战结束后在北极获得石油和天然气资源的经济利益是至关重要的。[1] 美国的北极项目是国家研究和开发海洋总规划的一部分，具有专项投资。在俄罗斯之外的国家中，美国对北冰洋的研究费用占其他北极国家研究费用总和的 90% 以上，其中 30% 以上由美国海军支配，并且用于军事目的。[2]

美国对其北极政策的修订始于 2004 年，主要原因是俄罗斯在远北地区的逐渐活跃。在乔治·布什的领导下，美国坚持在北极进行多边外交，因为与俄罗斯、丹麦和挪威相比，美国是在北极地区拥有最少领土

---

[1] Конышев В. Н., Сергунин А. А., "Арктика в международной политике сотрудничество или соперничество?" Российский институт стратегических исследований, Москва, 2011.

[2] "Российская Арктика: возможности XXI века," Министерство обороны Российской федерации, 2017, С. 8.

的国家。在经济边界问题上，美国想与其他北极国家展开讨论。美国国家安全委员会发言人表示："我们的方法是与我们的北极邻国进行谈判，在考虑环境和生态问题的前提下寻找，获取能源，并发展该领域。"[1]

在奥巴马的领导下，美国继续执行乔治·布什的路线，但加强了防空系统的活动，旨在拦截在北极和北大西洋巡逻的俄罗斯战略航行。从2008年起美国陆军、海军、空军和海岸警卫队在阿拉斯加进行"北方边界"演习。需要指出的是，该演习是在楚科奇海与俄罗斯接壤的领土上进行的。"红旗—阿拉斯加"空战训练飞行也定期举行。2011年10月27日，美国隐形战略轰炸机B-2"精神"号成功完成了从美国爱德华兹空军基地上空穿越北极的训练飞行此次飞行耗时约18个小时。[2]

2009年1月，美国推出了北极政策文件《第66号国家安全总统令》。该文件指出，"美国在北极地区有着广泛和根本的利益，华盛顿已准备好单独或与其他国家联合行动以保护这些利益。这些利益包括导弹防御、部署海空系统保障海洋运输、战略遏制、海上存在和海上安全行动、该区域的航行自由等问题"。[3] 该文件强调了北极对国家安全的重要性。[4] 但是需要指出的是，美国目前尚未加入《联合国海洋法公约》，所以它无法对存在争议的大陆架地区提出要求。为了保障本国的政治和经济利益，在展示海上力量的同时扩大美国的经济影响力，美国不仅打算在专属经济区（距海岸200海里）内保护自己的权利，而且还打算对邻近水域实行"适当控制"。整个北极地区的飞行自由和航行自由也被称为美国"国家最高优先事项"，包括俄罗斯领土内的北方海航道。因此，在北极战略中，美国不仅保留单方面采取行动的权利，而且有权在法律上合理的分界线之外对北极地区行使控制权。[5]

2009年10月，美国海军发布了《北极路线图》，其中包括一项扩

---

[1] Конышев В. Н., Сергунин А. А., "Арктика на перекрестье геополитических интересов," Мировая экономика и международные отношения, С. 43-53.

[2] "Бомбардировщик В-2 слетал на Северный полюс," 7 ноября 2011, https://lenta.ru/news/2011/11/07/northpole/.

[3] "National Security Presidential Directive and Homeland Security Presidential Directive," The White House Washington, Jan. 9, 2009, https://fas.org/irp/offdocs/nspd/nspd-66.pdf.

[4] "National Security Presidential Directive and Homeland Security Presidential Directive," The White House Washington, Jan. 9, 2009, https://fas.org/irp/offdocs/nspd/nspd-66.pdf.

[5] Конышев В. Н., Сергунин А. А., "Арктика в международной политике сотрудничество или соперничество?" Российский институт стратегических исследований, Москва, 2011, С. 69.

大北极海上作业的五年计划。该路线图的目标之一是为武装部队提供适应北极条件的武器、侦察、通信和控制系统以及其他军事和民用基础设施。该路线图包括改进海基系统，以拦截弹道导弹和巡航导弹，打击潜艇和控制沿海地区的部队和设备。[1] 该路线图提供了一个作战战术小组以研究气候变化对战略目标的影响以及北极海上作业的特点。它的重点还在于不断监视对美国利益的安全威胁，探索北极"最亲密的竞争对手"的能力，分析北极政治中所有国家和非国家行为体的行动和动机，该路线图的重要组成部分是军事研究组织。

2009年11月，美国海军公布了《海军北极行动计划》，该计划勾画了美国海军未来五年在北极地区的国家政策，指出其战略目标和具体步骤，并包含了海军进入北极的时间节点、该地区的国家安全威胁、海军介入北极的力度、海军需要投入的资源等问题。对此，有俄罗斯媒体认为，西方已经为北极之战做好了准备。[2]

2010年美国的《国家安全战略》中涉及的北极问题同样包含上述内容。2013年奥巴马对2009年的《第66号国家安全总统令》进行了补充，指出美国在北极地区的三个基本任务为：保障国家安全利益、进行负责任的地区管理以及加强国际合作。

为了保障美国的安全利益，美军发展陆上及海洋基础设施，用以快速有效地应对威胁，并确保按照国际法的规定，维护商船、军舰和飞机在使用海洋和空域方面的所有权利和自由，美国军事政治领导层认为，有必要确保自身在该地区的军事战略利益。美国在北极地区的军事战略主要目标为：

（1）在北极地区部署海基导弹防御系统和预警组件；
（2）部署地面和海上资产，以便进行战略部署；
（3）利用北极地区的阵地进行战略威慑；
（4）确保美国海军在该地区的行动；
（5）确保航行和飞行自由。

美国有关建造核破冰船以支持北极海上作业的讨论仍在继续。同

---

[1] Конышев В. Н., Сергунин А. А., "Военная стратегия США в Арктике и национальная безопасность России," Угрозы и безопасность, NO. 20, 2014, C. 54 – 64.

[2] "Непредсказуемый Кэннон и ядерные подлодки: Запад готовится к арктической войне," Риа новости, https://inosmi.ru/usa/20091215/157021197.html.

时，它特别强调海岸警卫队在北极地区发展中的作用，计划有效利用该部门的潜力来支持美国在北极地区的国家利益。美国国会通过的法案附录中指出："海岸警卫队的任务之一是使美国有潜力支持极地地区的国家利益。美国应该保障足够的空中和海上存在规模以做出预防和应对，同时开展外交活动。"[①] 近年来，美国积极参加了北极地区的北约演习。显然，美国与其他西方国家计划加强在北极的多边军事合作。[②]

此外，美国领导人特别强调北极地区对其国内安全和防止恐怖主义的重要性。俄罗斯学者认为，这种策略意味着美国以打击国际恐怖主义为借口，使其在北极地区的军事行动合法化。[③]

特朗普时期的北极政策经历了一个变化过程。执政初期，特朗普政府的"去奥巴马化"明显，北极政策方面也不例外。特朗普政府重视北极地区的能源开发，力图推翻奥巴马时期签署的"油气开发禁令"计划。但在美国北极事务能力建设方面较为保守，在破冰船数量、基础设施落后于其他北极国家的情况下，并没有将北极事务列入新政府的优先议程之中。[④] 近年来，北极地区军事存在不断增多，域外国家积极参与，北极事务更加国际化及复杂化。具有世界强国和北极大国双重身份的美俄两国，关系持续紧张，并伴有区域外对抗外溢到北极地区的可能。特朗普政府调整了本国的北极政策，增加了北极军事基地及战斗力量、重启了第二舰队和北约在北大西洋的军事演习，逐渐增加对北极的重视。大量证据表明，美国政府正在向北极倾注更多外交和军事资源。[⑤] 2019年先后发布了新版《北极战略展望》和《北极战略报告》。该报告指出，俄罗斯在北极的扩大行动可能对美国国家安全利益形成威胁。进入2020年，美国更加积极地参与北极事务，重新开放关闭了数

---

① "США намерены контролировать Арктику," 25 сентября 2008, http://www.dni.ru/society/2008/9/25/149804.html.

② Конышев В. Н., Сергунин А. А., "Арктика в международной политике сотрудничество или соперничество?" Российский институт стратегических исследований, Москва, 2011.

③ Писахов В. В., "Север России в военно-морском отношении," Арктическая зона, Труды научно-исследовательского отдела Института военной истории, Т. 6, кн. 2; "Север России в военно-морском и экономическом отношениях," Политехника-сервис, 2013, С. 78.

④ 孙凯:《特朗普政府的北极政策走向与中美北极合作》,《南京政治学院学报》,2017年第6期，第92—97页。

⑤ 郭培清、邹琪:《特朗普北极政策的调整》,《国际论坛》,2019年第4期，第19—44页。

十年的驻丹麦格陵兰岛的领事馆,提出要在 2029 年之前打造新的破冰船队,与法罗群岛(丹麦)签署新的可持续渔业和商业往来协议,并恢复了空缺三年的北极特使职位。

总之,冷战后美国的北极政策经历了从冷战前重视军事政治战略向地区能源经济倾斜,继而又重新向外交与军事领域回归的路线。这不仅和全球气温上升、北极冰川融化的自然因素有关,更是为了在该地区遏制其他国家。

(三)加拿大

加拿大的北极政策理论基础可以追溯到 21 世纪初。2002 年加拿大政府通过了名为"加拿大北方外交政策"的文件,该文件规定了保障加拿大在北极主权和国际合作方面的政府行动。但是首个系统性的加拿大北极学说则是 2009 年正式出台的《加拿大北方战略:我们的北方、我们的遗产、我们的未来》。该文件主要涉及加拿大北部领土的可持续社会经济和环境发展问题,该文件中只涉及保护加拿大在北极主权的内容,与军事安全问题有关。[1] 加拿大北极政策的优先事项主要归为四个方面。[2]

(1)保护加拿大在北极地区的主权。为了实现该目的,加拿大政府计划不断增加军事存在,建设必要的军事基础设施,以加强对北极陆地、海洋和空中的控制。同时,加拿大不断加强北极地区的行政管理,继续推进大陆架划界问题,系统性开展地区科学研究,为实现本国利益提供重要依据。

(2)确保加拿大北部的社会经济发展。为此,加拿大计划大力发展该地区的工业经济设施,这是社会经济发展的基础。同时,加拿大对该地区的文化和旅游潜力也寄予厚望,通过吸引私人投资来实现本国的北极项目,同时能提供许多工作岗位,缓解就业问题。

(3)环境保护和适应气候变化。因为发展地区工业和经济可能会造成不可避免的生态破坏,所以加拿大政府对环境保护采取了系列措施,比如制定严格的生态标准、建立国家公园、向无污染环保

---

[1] Конышев В. Н., Сергунин А. А., Субботин С. В.,"Военная стратегия Канады в Арктике. Арктический вектор международной политики," Том 11, NO. 2, 2015, C. 21 - 40.

[2] "Canada's Northern Strategy: Our North, Our Heritage, Our Future," Minister Of Public Works and Government Strvices Canada, http://library.arcticportal.org/1885/1/canada.pdf.

能源转化等；对自然环境管理进行系统的科学研究，并使其符合国际标准。

（4）发展北方领土的经济和政治活动自治。

显然，加拿大在北极地区的政策重点大多是确保加拿大北部的可持续社会经济和环境发展。它的北极战略更多的是面向内部的，而不是外部的。同时，加拿大的北极政策也表明，它将积极进行北极理事会在内的北极双边及多边合作。

2010年加拿大政府发表《加拿大北极外交政策声明》[1]。该声明指出，加拿大希望北极成为一个稳定、以规则为基础、边界清晰、经济和贸易蓬勃发展、生态系统健康的地区。随着北极气候的变化，该地区的地缘政治意义及其对加拿大的影响愈加重要。《加拿大北极外交政策声明》阐明了加拿大政府在北极的利益以及在未来如何发挥领导和管理作用以追求这些利益。需要指出的是，在该声明中，加拿大政府指出要保证"真正北方"的强大和自由，并明确指出："加拿大控制着北极的土地和水域，并认真对待其肩负的管理作用和责任，同时继续捍卫其在北极的利益。当其他人采取影响国家利益的立场或行动、破坏其建立的合作关系，对北极地区的利益缺乏重视时，加拿大会果断做出回应。"[2]

随着贾斯廷·特鲁多政府上台，加拿大的北极政策发生了转变，对关注北极主权问题的态度有所缓和，将更多转为关注安保等非传统安全领域，并开始改善与俄罗斯的关系，强调加俄合作的重要性。主张用军事、外交、贸易、发展等多种手段保障加拿大北极安全。[3]

总之，北极的军事和政治方面对于加拿大是重要的，但不是其北部战略的决定性因素。对加拿大来说，北极地区没有直接的军事威胁。确保和加强加拿大在该地区军事存在的主要动机是，它既没有真正的资源来控制北部的大片地区，也没有在北极的军事经验，它在北极的军事活

---

[1] "Statement on Canada's Arctic Foreign Policy: Exercising Sovereignty and Promoting Canada's Northern Strategy Abroad," Goverment of Canada, 2010, http://library.arcticportal.org/1886/1/canada_arctic_foreign_policy-eng.pdf.

[2] "Statement on Canada's Arcttc Foreign Policy: Exercising Sovereignty and Promoting Canada's Northern Strategy Abroad," Goverment of Canada, 2010, http://library.arcticportal.org/1886/1/canada_arctic_foreign_policy-eng.pdf.

[3] 郭培清、李晓伟：《加拿大小特鲁多政府北极安全战略新动向研究——基于加拿大2017年新国防政策》，《中国海洋大学学报（社会科学版）》，2018年第3期，第9—15页。

动在很大程度上依靠美国,因此没有深水港口、先进的通信系统、破冰船和主要的武装部队。其北部地区的军事任务规模有限,主要目标是消除北极国家安全体系中明显的"漏洞",保护在该地区的经济利益。

(四) 丹麦

丹麦是北冰洋沿岸国家,是北极五国之一,源于在其管辖范围内的格陵兰岛位于北极圈内。2009年6月,格陵兰岛实现高度自治,获得立法权和司法权以及矿产资源开发等权利,与丹麦共享格陵兰油气开发收益。[①] 丹麦是北约创始国之一,在丹麦的格陵兰岛驻有美国的图勒空军基地,是美国在北极军事存在的重要砝码。所以,丹麦的北极政策对俄罗斯的北极地位具有重要影响。

丹麦在2004年批准了《联合国海洋法公约》后,立即根据其中第76条法规向联合国大陆架界限委员会提出了在格陵兰岛和法罗群岛200海里专属经济区以外的5个大陆架地区拥有管辖权的申请。其中,预测碳氢化合物储量最多的、国际法律中最具争议的罗蒙诺索夫海岭,丹麦将其当作格陵兰岛大陆架的延伸。而这一区域与俄罗斯向联合国大陆架界限委员会申请的大陆架有重合。

冷战后,丹麦主要颁布了两个北极文件。2011年8月,在取得格陵兰岛和法罗群岛政府的同意后,丹麦政府颁布了《2011—2020年丹麦王国的北极战略》。[②] 该北极战略主要包括四个方面:第一,以维护国家主权为优先任务,在国际法内维护北极地区的和平与安全,发展丹麦的北极航运安全体系。第二,保障本国在北极地区的独立增长与发展,在北极资源开发的过程中,对生态、环境保护方面采用最高安全标准,推行使用再生能源。第三,在爱护北极气候、环境和自然的基础上促进地区发展,保护北极地区生物多样性;与国外伙伴开展紧密合作,包括在联合国、世贸组织等全球性组织以及北极理事会、欧盟、北极五国等地区组织内开展双多边对话。2016年6月,丹麦国防部发布了《丹麦国防部未来在北极的任务》文件,说明了它此后在北极执行的任务,内容不仅涉及丹麦北极的军事防御活动,而且还涉及武装部队、情

[①] "Politics in Greenland," Government of Greenland, https://naalakkersuisut.gl/en/About-government-of-greenland/About-Greenland/Politics-in-Greenland.

[②] "Denmark, Greenland and the Faroe Islands: Kingdom of Denmark Strategy for the Arctic 2011 – 2020," http://library.arcticportal.org/1890/1/DENMARK.pdf.

报部门、紧急事务管理和国土安全。① 它还宣称会加强北极部署，包括使用信息等现代技术掌控海面、空中和地面情况。

此外，2016年5月，丹麦外交部发布了《变革时代的丹麦外交与国防》报告，该报告指出了到2030年丹麦的战略利益，加强对外政策领域的整合和协调，以及丹麦的核心任务，其中关于北极地区的内容是该报告的重点之一。该报告还指出，目前全球处于权力扩散、存在人口挑战和技术快速发展的转折时期。丹麦是一个北极大国，会优先考虑在北极地区促进和平共处以及经济和环境可持续发展，以造福丹麦、格陵兰岛和法罗群岛的人民。在国际上，应建立一个北极安全政策论坛，以更快解决基础问题。②

需要指出的是，在《变革时代的丹麦外交与国防》报告中，对俄罗斯的北极行动进行了详细分析，其指出，俄罗斯不可预测的军事行为可能影响北极地区的安全局势。俄罗斯在北极拥有广泛的军事能力，俄罗斯的军事利益具有防御性和区域性。虽然不太可能导致直接的军事冲突，但丹麦和其他沿海国家可能面临该区域及欧洲政治和军事紧张局势加剧所带来的安全风险。国际社会对俄罗斯的信心普遍下降，对其在北极地区的军事活动表示怀疑，并可能要求北约增加对该地区给予更多的关注。③ 丹麦认为，北极地区的政治不确定性与北极国家对北极海域的要求重叠有关，联合国外交事务委员会会对北极国家的海域重叠需求进行考虑，并通过谈判得以解决。但是俄罗斯会对丹麦施加压力，包括使用军事手段。④

总之，虽然较2011年的北极政策相比，丹麦最新北极政策中对其"北极大国""北极超级大国"的地位更加强调，但因丹麦北极地位与格陵兰岛位置的特殊性，该国的北极政策根本仍是旨在通过格陵兰岛实现国家的社会经济发展。丹麦的北极战略威胁主要在于格陵兰岛的独

---

① "Forsvarsministeriets fremtidige opgaveløsning i Arktis," Danish Ministry of Defence, https: //pdfs. semanticscholar. org/d880/9f339d669c6c9d093b35539e4baf31b36ce0. pdf?_ga = 2. 2517 26793. 1707564107. 1586145414 - 565365555. 1586145414.

② "Dansk diplomati og forsvar i en brydningstid," Ministry of Foreign Affairs of Denmark, https: //um. dk/da/udenrigspolitik/aktuelle-emner/dansk-diplomati-og-forsvar-i-en-brydningstid/.

③ "Dansk diplomati og forsvar i en brydningstid," Vejen frem for Danmarks interesser og værdier mod 2030, Ministry of Foreign Affairs of Denmark, p. 72, https: //um. dk/da/udenrigspolitik/aktuelle-emner/dansk-diplomati-og-forsvar-i-en-brydningstid/.

④ "Dansk diplomati og forsvar i en brydningstid," Vejen frem for Danmarks interesser og værdier mod 2030, Ministry of Foreign Affairs of Denmark, p. 72, https: //um. dk/da/udenrigspolitik/aktuelle-emner/dansk-diplomati-og-forsvar-i-en-brydningstid/.

立，如果格陵兰岛不再是丹麦主权领土的一部分，那么丹麦将失去"北极国家"的地理依据，以及实施北极战略的基石。同时，追求北极地区的国际合作是丹麦北极战略的总体目标，其主张在国际法框架内解决领土划分问题，进一步强化北极理事会的作用。面对美俄北极竞争，丹麦希望双方能够保持战略平衡，避免"选边站"的局面。丹麦政府认为俄罗斯在北极地区不断增加军事存在本身不应该被视为北极的军事化，其一部分为俄罗斯行使其主权的合法愿望，另一部分为对美国和北约进行更广泛战略建设的态度。但是如果俄罗斯继续增大其北极政策的不确定性，丹麦可能会要求加强北约在北极的存在。[①]

（五）挪威

挪威是最早批准《联合国海洋法公约》的国家之一，并于 2006 年批准了向联合国大陆架界限委员会递交划界申请，要求扩大其在北冰洋、挪威海和巴伦支海专属经济区的范围。

挪威也是第一个颁布北极战略的国家，其第一部关于北极的战略文件《挪威政府的北极战略》于 2006 年 12 月由总理斯托尔滕贝格提出。[②] 该文件指出，挪威政府政策的总体目标是在北极地区实现可持续的增长与发展，为人民带来就业机会、良好的医疗保健服务和教育，以及享受各种自然环境和人文活动；还通过与邻国俄罗斯以及欧洲和北美合作伙伴更紧密的联系，着重利用机会，在利用自然资源、环境管理和研究方面开展更广泛的国际合作。挪威在北极主要发展的领域包括教育研究、环境和资源管理、安全、能源、渔业、旅游业和卫生文化等。

2007 年后，俄美相继推出本国的北极政策，面对不断更新的地缘政治环境，挪威政府于 2009 年推出了新的政策文件《北方新基石：挪威政府北极战略的下一步行动》。[③]

[①] "Dansk diplomati og forsvar i en brydningstid," Vejen frem for Danmarks interesser og værdier mod 2030, Ministry of Foreign Affairs of Denmark, p. 72, https://um.dk/da/udenrigspolitik/aktuelle-emner/dansk-diplomati-og-forsvar-i-en-brydningstid/.

[②] "The Norwegian Government's High North Strategy," Norwegian Ministry of Foreign Affairs, Dec. 2006, https://www.regjeringen.no/globalassets/upload/ud/vedlegg/strategien.pdf.

[③] "New Building Blocks in The North—The Next Step in the Government's High North Strategy," Norwegian Ministry of Foreign Affairs, https://www.regjeringen.no/globalassets/upload/ud/vedlegg/nordomradene/new_building_blocks_in_the_north.pdf. 笔者注：挪威官方文件中用"High North"来表示其北极区域，为了全书的统一性，本书将其翻译为"北极"。此处类同。

挪威的新北极政策致力于本国北方领土的社会经济综合发展，全面实现国家在北极的潜力发展。该政策文件对挪威在北极实际行动的优先方向规定为：

（1）推动关于北极气候及周边环境变化的科研发展；

（2）优化开发体系及应对系统，保障北极地区的海洋安全；

（3）保证大陆架油气资源及海洋再生资源的可持续利用；

（4）发展北部的陆地经济；

（5）坚持本国主权及加强跨境合作；

（6）保护北方原住民的文化遗产及传统生活方式。

2011年，挪威政府推出了新的战略文件《北极地区：愿景和战略》。该战略文件概述了挪威在北极地区的基本方向、如何长期地实现机遇及应对挑战。[①] 挪威在北极地区的15项战略优先方向包含了2006年和2009年战略文件中的内容，显示了其在发展北极社会经济的对内对外政策上的高度连续性，这同时也是其实现北极政策目标的关键基础。

2017年，挪威总理批准了新北极战略文件《挪威的北极战略——在地缘政治与社会发展之间》。该战略以实用主义为指导，充分考虑挪威的北极利益，基本目标为将北极建设为"和平、创新和可持续发展的地区"。该战略文件突出了挪威在北极国际合作、商业发展、地区技术引领、基础设施建设、能源保护等方面的规划，而对高级政治则提及有限。北极地区未开发的碳氢化合物储量是北部地区的对话重点，挪威当局将与欧盟委员会、瑞典、芬兰、丹麦、冰岛以及德国、法国、美国和加拿大等其他国家合作。考虑到能源开采和能源安全一直都是国际社会广泛关注的领域，能源合作具有对外政策特点。挪威外交部和石油与能源部在与其他国家建立关系时，应充分考虑不断增长的能源作用，并相应地促进挪威的利益。[②] 尽管该战略文件中所制定的任务完全是和平性质的，但挪威打算通过所制定的战略最大限度地实现其经济和军事政治优势。该战略文件中有关俄罗斯的部分提出：与俄罗斯的关系仍然是挪威北极政策恒定而重要的组成部分。挪威北极战略

---

① "The High North Visions and Strategies," https://www.regjeringen.no/globalassets/upload/ud/vedlegg/nordomradene/ud_nordomrodene_en_web.pdf.

② "Norway's Arctic Strategy—Between Geopolitics and Social Development," Mar. 2017, https://www.regjeringen.no/contentassets/fad46f0404e14b2a9b551ca7359c1000/arctic-strategy.pdf.

没有俄罗斯的积极参与以及俄挪合作就无法全面保障巴伦支海自然资源的可持续利用及环境的有效管理。俄挪关系的稳定发展是挪威北极政治中的重要因素。挪威希望与俄罗斯建立睦邻关系，高度重视与其对话。同时，北约和跨大西洋安全共同体的成员国资格是挪威安全的基石。过去十年中，俄罗斯在北部军事活动的增加是挪威安全政策考虑的重要因素。挪威长期防御计划强调，其武装部队必须能够与北部的盟军一起行动。①

总之，挪威北极政策呈现出较强的连贯性，主要关注点在于能源开发、生态保护以及对俄关系。具体到北极事务上，挪威谨慎使用具有"对抗性"和"挑衅性"的政策话语，担心会从根本上改变其北极合作的发展方向。② 2010 年 4 月 27 日，俄罗斯总统梅德韦杰夫与挪威总理斯托尔滕贝格就巴伦支海的争议地区达成划分共识，解决了两国长达 40 年的北极海洋划界问题。挪威将与俄罗斯合作、保持对话看作其北极政策中的重要组成部分。

表 1-1　北极主要国家的北极政策文件相关信息

	颁布时间及名称	关注领域	北极政策延续性及与俄关系
俄罗斯	《2020 年前后俄北极政策基础》（2008）；《2020 年前俄北极战略》（2013）；2035 年前俄北极政策基础（2020）	安全、经济、航道、国际合作	积极发展北极地区，基本保持政策的延续性，但政策重心由经济社会发展向军事安全领域转移
美国	《第 66 号国家安全总统令》（2009）；《北极战略报告》（2019）；新版《北极战略展望》（2019）	安全、经济、航行自由	特朗普政府比乔治·布什政府和奥巴马政府态度更强硬，加强美国和北约的北极存在，加强军事力量，与俄竞争大于合作

---

① "Norway's Arctic Strategy—Between Geopolitics and Social Development," Mar. 2017, https://www.regjeringen.no/contentassets/fad46f0404e14b2a9b551ca7359c1000/arctic-strategy.pdf.

② 赵宁宁：《小国家大战略：挪威北极战略评析》，《世界经济与政治论坛》，2017 年第 3 期，第 108—121 页。

续表

	颁布时间及名称	关注领域	北极政策延续性及与俄关系
加拿大	《加拿大北方战略：我们的北方、我们的遗产、我们的未来》（2009）；《加拿大北极外交政策声明》（2010）	主权、安全（无核区）、经济、可持续发展	哈珀政府对安全领域关注加强，对俄罗斯实施多方面制裁，贾斯廷·特鲁多政府强调加俄合作的重要性，主张用军事、外交、贸易、发展等多种手段保障加拿大北极安全
丹麦	《2011—2020年丹麦王国的北极战略》（2011）；《丹麦国防部未来在北极的任务》（2016）	安全、主权、经济发展、环保、国际合作	愈加强调"北极大国"地位，对军事防御关注增加，认为俄罗斯北极政策的不确定性对地区安全造成威胁，号召加大北约的地区存在
挪威	《挪威政府的北极战略》（2006）；《北方新基石：挪威政府高北战略的下一步行动》（2009）；《北极地区：愿景和战略》（2011）；《挪威的北极战略——在地缘政治与社会发展之间》（2017）	能源经济、生态保护、与俄合作	保持高度连续性，以经济利益、环境和原住民保护、与俄合作为政策优先方向，追求地区的可持续发展

资料来源：笔者根据相关资料自制。

二、地区组织的北极政策变化及措施

为推动本国的北极利益，北极国家在不同机制内开展活动。北极地区区域治理及次区域治理机构众多，其中，以北极国家为主要参与者，对地区具有重要影响力的主要有：北极理事会、北约、巴伦支欧洲-北极圈理事会及北极五国。随着北极地缘经济、政治、军事价值的凸显，各机制制定或调整了政策以追求和维护其成员国的北极利益。

（一）北极理事会

北极理事会是唯一涵盖北极八国的区域论坛，是北极地区最有影响力的多边治理机制。1996年9月,北极八国在加拿大渥太华举行外长会议,并通过了《关于成立北极理事会的声明》,北极理事会正式成立。北极理事会旨在共同探讨北极的可持续发展和环境保护问题,经过几轮扩充,形成了现有8个成员国、6个北极永久参与者、6个工作组和38个观察员的结构格局。[1] 其中观察员包括域外国家、政府间组织和非政府组织。

北极理事会在治理北极环境问题和可持续发展问题上发挥了重要作用。然而,长久以来,学界对北极理事会治理模式存在的缺陷和结构性矛盾也纷纷提出质疑,其中受到质疑最多的就是其论坛性质缺乏法律约束力。全球气候变化和随之而来的北极问题逐渐复杂化和国际化,北极理事会于2011年和2013年先后出台了成立后的两个法律文件:《北极航空和海上搜寻与救援合作协定》及《北极海洋油污预防和反应合作协定》,并于2013年5月在挪威特罗姆瑟成立秘书处,作为永久常设机构。

北极理事会不涉及政治和安全层面,虽然加拿大和俄罗斯都试图加大北极理事会在地区治理中的作用,但美国坚持只将其作为讨论北极环境和社会、经济问题的论坛。即使如此,从两个法律文件的产生和应用、扩员域内外不同行为体等方面来看,北极理事会在区域治理中不断挖掘自身在动员域内外行为体解决地区事务及机制化建设方面的潜力,调整自身在变化中的北极和全球格局中的功能。

(二)北约

北约是北极地区影响力最大的军事安全组织,于1949年在美国成立,并形成其后期在欧洲、北大西洋和北极的长久性存在。冷战结束动摇了北约的全球战略和北极战略,对其未来的发展方向带来挑战。

尽管如此,冷战期间在北极和北大西洋建立的大多数欧盟军事机构现在仍然存在,它们旨在通过"硬"安全手段确保北约成员国发生危机或战争时的安全。北约成立的新安全部门对北极问题进行专门研究,同时为了使成员国的军事能力维持在适当的战备水平,北约定期在该地区进行军事演习。[2]

---

[1] "Arctic Council," https://arctic-council.org/ru/.

[2] Воронков Л. С., "Эволюция роли НАТО в современной Арктике," МГИМО (Университет) МИД России, 2013, С. 39–60.

北约从来都没有回避自己在北极的利益，首先是军事利益。北约的西北欧洲行动区覆盖了西部的巴伦支海和斯匹次卑尔根群岛，而北约将其责任范围扩大到北极的大西洋地区。① 北约对北极地区的日益关注主要在于对其成员国（美国、加拿大、丹麦、挪威和冰岛）利益的支持。北约的官方代表在 2009 年 1 月 15 日所做的发言中首次表示，北极作为重要战略地区，是北约的优先发展地区。② 而后在雷克雅未克（冰岛）举行的北约最高军事政治领导人参加的研讨会上，成员国讨论了该地区的安全问题和气候变化，并指出那里的"军事力量正在增加"，并得出结论：对新海上航道和矿产资源的竞争加剧可能会导致"最不利"的发展局势。③

在美国的带头作用下，北约成员国的军事政治领导人特别关注北极的发展前景，并倾向于制定旨在加强在该地区担任重要职务的战略。决定北约在北极利益的主要因素有以下几点：

（1）帮助北极沿岸的北约成员国（挪威、丹麦、加拿大、美国）与俄罗斯重新划分传统的北极边界；

（2）在俄罗斯的北极地区增加发达国家企业以及跨国公司数量，用以控制大陆架的有机能源、生物资源以及相关基础设施；

（3）美国和北约领导层将北极地区纳入全球重要战略地区，努力吸引瑞典和芬兰两个中立国加入北约。

北约在北极的军事存在为联合防空系统，北约部队可在冰岛空域进行巡逻。在北约"和平伙伴关系计划"下的军事演习中，北极中立国家瑞典和芬兰的武装部队参加了该演习。④ 挪威外交大臣斯托尔滕贝格在 2009 年 2 月北欧部长级会议报告中，邀请芬兰和瑞典就防空问题与北约合作，特别是数据交换方面。此外，挪威政府还提议建立北欧国家

---

① Воронков Л. С., "Эволюция роли НАТО в современной Арктике," МГИМО (Университет) МИД России, 2013, C. 39–60.

② "Арктика объявлена стратегически важным объектом для Нато," янв. 2009, https://regnum.ru/news/1110369.html.

③ "Североарктический альянс. НАТО приняло вызов Москвы побороться за Север Крайний," янв. 2009, https://www.kommersant.ru/doc/1111663.

④ Юрий Зверев, "《Проамериканское неприсоединение》: Швеция и Финляндия наращивают военное сотрудничество с США," 4 июня 2018, https://eurasia.expert/proamerikanskoe-neprisoedinenie-shvetsiya-i-finlyandiya-narashchivayut-voennoe-sotrudnichestvo-s-ssh/.

海岸警卫队和救援服务一体化。①

在北约框架内，北极国家之间缔结了军事合作协定。2010 年 5 月，加拿大和丹麦在北极签署了合作备忘录，包括进行联合演习、提供建议和共享数据方面的合作。在北约的主持下，每年在挪威北部海岸举行"寒冷响应"军事演习。2018 年 10 月 25 日—11 月 7 日，北约成员国在挪威举行冷战后规模最大的"三叉戟接点"军事演习，有来自 29 个国家的 5 万名官兵参加，包括北极中立国瑞典和芬兰。② 虽然北约"三叉戟接点 2018"军事演习有来自俄罗斯和其他多国的观察员，并将此次军事活动定义为防御性质，但很显然，这种武力展示带有明显的威慑性质。对此，2018 年 11 月 1 日起，俄罗斯在距离挪威很近的公海进行了持续 3 天的军事演习作为回应，军事演习地点与北约军事演习有所重叠。虽然俄罗斯事先正式公示了其在公海的导弹演习，但从军事演习时间和区域上可以看出，这明显是对北约军事演习的回应，荷兰政府指责俄罗斯在北极进行军事挑衅。③

俄罗斯军事科学教授克拉马林科认为，为了实现本国在北极地区具有主导地位的目标，北约相关成员国除了采取单独行动外，还努力通过不同国际组织来实现其目的。因此，北极地区的长期军事存在和通过武装形式保障国家利益及经济项目是俄罗斯确保国家安全政策的重要部分。④

北约主张对欧洲国家以及欧盟予以经济支持，用于这些国家加大在北极地区的军事存在。为了使在该地区的战略目标得以有效实现，北约采取了以下措施：

（1）实施监测和跟踪活动；

（2）开展搜救行动，消除紧急情况后果，并采取措施预防可能发生的局部冲突；

---

① Коньшев В. Н., Сергунин А. А., "Арктика в международной политике сотрудничество или соперничество?" Российский институт стратегических исследований, Москва, 2011, С. 15.

② "В НАТО надеются на профессионализм России во время учений в Норвегии," 31 октября 2018, https: //ria. ru/20181031/1531892572. html? referrer_block = index_archive_10.

③ 《荷兰指责俄罗斯在北约北极演习中发起挑衅》，俄罗斯卫星通讯社，2018 年 10 月 15 日，http: //sputniknews. cn/military/201810151026575618/。

④ Кармаренко В. Г., "Военная деятельность НАТО в Арктике," Труды научно-исследовательского отдела Института военной истории, Т. 9. Кн. 1, Обеспечение национальных интересов России в Арктик, Санкт-Петербург, Политехника-сервис, 2014.

（3）部署和保障海军在北极海域的格陵兰—挪威海及西部的存在，包括成员国的水面舰艇、潜艇及海军飞机，成员国包括比利时、英国、丹麦、加拿大、荷兰、挪威、美国、法国和德国。

（4）进行多国军事演习并将战斗训练区域逐渐转移到北极地区。

(三) 巴伦支海欧洲-北极圈理事会

北欧国家试图在与北极理事会结构和功能相似的另一个组织内就北极事务开展统一战线，即巴伦支海欧洲-北极圈理事会。该理事会成立于1993年，是北欧五国（挪威、丹麦、冰岛、芬兰、瑞典）与俄罗斯和欧盟之间的政府间合作机构，以北极地区的可持续发展为目标，在经济、贸易、科学技术、环境和运输基础设施领域扩大双边和多边合作。[1] 美国、加拿大和日本等国具有观察员地位。

长期以来，北欧国家在北极问题上的合作主要是在经济、环境、医疗、教育、科学研究、关注北欧原住民等领域。2009年2月，挪威外交大臣斯托尔滕贝格发布的委员会报告改变了上述情况。该报告提出了13项具体建议，旨在加强北欧国家在外交和安全问题上的合作。其中一个建议是成立一个稳定的作战小组，可以部署到任何受到外部干预或其他紧急情况（包括北极地区）的国家，因为国际社会和联合国正面临新的挑战，该地区为免受非常规威胁需进行军事化；[2] 另一个重要建议是"定期巡逻冰岛领空"，因为2006年美军离开凯夫拉维克空军基地后，此处领空便长期无人管辖。此外，该报告的部分建议涉及广泛的政治和外交问题，其中一个关键建议是加强北欧国家在北极存在和维护其利益方面的合作，建立一个共同的民用海上监测系统用以监测全球环境，从而加强该地区的人类经济活动。该报告还建议采取措施扩大北欧外交部门之间的合作。[3]

该报告基本集中概括了北欧国家的思路和想法，这些想法在许多不同的政治阵营中都很活跃。所有北欧国家的专家都由政府委托参与了该

---

[1] "Совет Баренцева/Евроарктического региона," https://xn8sbbmfaxaqb7dzafb4g.xnp1ai/sovet-barencevaevroarkticheskogo-regiona/.

[2] Коньшев В. Н., Сергунин А. А., "Арктика в международной политике сотрудничество или соперничество?" Российский институт стратегических исследований, Москва, 2011, C. 114.

[3] Коньшев В. Н., Сергунин А. А., "Арктика в международной политике сотрудничество или соперничество?" Российский институт стратегических исследований, Москва, 2011, C. 115.

文件的制定，并在北欧五国外长会议上获得批准。所以，该文件是北欧五国意图的宣言，试图创建一个新的"权力极"，能够与加拿大、美国和俄罗斯平等地进行北极对话。①

值得注意的是，最近北欧国家的领土已多次成为北约演习的场所。丹麦和挪威作为北约的成员国，对芬兰和瑞典施加压力，目的是迫使它们加入北约或积极参加北极联盟的活动。

（四）北极五国协商机制

北极五国协商机制虽不是国际组织，但也在北极事务中拥有重要影响作用，本书将其放置于此共同研究。与前三个地区组织拥有较长的发展过程不同，北极五国协商机制成立于北极问题已经扩大化和复杂化、域内外各行为体争夺北极利益之时。2008年5月，美国、俄罗斯、加拿大、挪威和丹麦在格陵兰岛的伊卢利萨特举行了首次部长级会议，签署和发表了《伊卢利萨特宣言》，北极五国协商机制正式成立。②

北极五国协商机制最初的目的是为了解决北极五国在北极地区尚未解决的领土和海洋权益争端。北极五国间存在着岛屿归属权、大陆架诉求重叠、海洋边界划分以及航道的法律地位等问题。通过该协商机制，北极五国就相关问题达成一致，主要包括：

（1）北极五国拥有主权、主权权益和司法管辖权，在解决北极现有事务及出现的新机遇和新挑战中具有特殊的主导地位；

（2）北极五国间存在的大陆架权益划分、海洋边界划分、航道地位等问题将在《联合国海洋法公约》框架内解决，不再建立其他新的法律机制；

（3）北极五国将对海上公共安全和科学合作给予更多关注，负责任地推动北冰洋的未来发展，并维持北极地区的和平合作。

北极五国协商机制的成立本身就说明了全球气候变暖背景下北极竞争的加剧，它没有将瑞典、芬兰和冰岛包含在内，从而引起这三个国家的强烈反应。它们认为，该机制损害了瑞典、芬兰和冰岛的北极利益和权利，并且会削弱北极理事会的作用。此举说明，北极主要国家仍带有

---

① "Северный Союз. Скандинавским странам рекомендовано объединиться в союз," 13 февраля 2009, http：//www.novopol.ru/-severnyiy-soyuz-text61722.html.

② "The Ilulissat Declaration," May. 28, 2008, https：//www.arctictoday.com/wp-content/uploads/2018/05/Ilulissat_Declaration.pdf.

强烈的传统国家职能色彩，具有明显的排他性和狭隘性。

第三节　域外各行为体的北极政策变化与实践

21世纪，世界正在卷入一场围绕北极的新地缘战略游戏，许多政治学家将其与20世纪下半叶在中东的进程相提并论。北极地区国际政治经济局面日益复杂的标志，除了北极国家对地区利益的争夺加剧外，还表现在域外国家及组织对加入该地区事务的积极性不断增加。目前，在北极理事会具有观察员地位的域外国家包括法国、德国、荷兰、中国、日本、韩国等共13个国家。[①] 这些国家形成了各自针对北极地区的政策文件，并设立了专门的研究中心。它们在北极的利益各不相同，但对该地区的兴趣日益增长。北极理事会观察员的身份使域外国家拥有了更多深入北极开发和资源利用的机会。域外国家的北极政策变化主要体现在两个方面：一方面在于制定或修订本国的北极政策文件，为参与北极地区事务提供法律基础；另一方面在于与北极国家开展合作，积极参与国际组织活动，拓展实现本国北极利益的途径。其中，欧洲国家、东北亚国家（中国、日本和韩国）和欧盟是积极参与北极事务的域外国家及组织代表。[②]

一、域外国家的北极政策出台与事务参与

欧洲国家因其临近的地理位置、与北极国家紧密的政治经济联系、拥有北极开发所需要的资金和先进设备等原因，一直是北极国家进行资源开发的优先合作伙伴。北极国家地缘政治矛盾的加剧主要在于对自然资源的争夺以及这个宏观区域中运输物流的可能性，而欧洲北极域外国家的北极政策旨在解决与预防全球环境灾难对欧洲造成的破坏以及该地

[①]　"Наблюдатели Арктического совета," 10 сентября 2020, https://arctic-council.org/ru/about/observers/.

[②]　域外国家的选取标准主要包括是否有北极理事会观察员资格、是否拥有本国的北极政策，以及是否在北极有具体的参与行为；域外组织的选取标准主要在于成员的北极身份、参与北极事务意愿，以及是否存在实际性参与行动。

区资源开发带来的经济利益。

欧洲各国纷纷制定本国的北极政策,力求在北极的大开发背景下维护本国的地区利益。2013年9月,德国外交部公布了首个北极政策文件《德国北极政策指导方针》。在欧盟北极政策的大背景下,德国首次形成了对北极目标的共识。德国将北极视为一个转型地区,在考虑到北极特殊性质的情况下,将其作为德国政策的重点地区。看到拥有北极资源的德国和欧洲经济的巨大潜力的同时,强调在开发这些资源时,必须通过执行最高的环境标准来应对主要的生态挑战,并从全球的角度通过预防行动保护北极环境以及维护北极的生物多样性。德国承认与北极有关的现有国际协定,尤其是《联合国海洋法公约》《有关油污责任的海运协定》《保护生物多样性公约》以及区域协定并将通过在研究、技术和环境标准领域拥有的丰富专业知识为北极的可持续经济发展做出贡献。[1]

2013年10月,英国政府出台《应对变化:英国的北极政策》。该文件重点关注了北极地区的人文发展、环境保护和商业开发,并表示其将在国际法的框架下与北极国家和北极原住民一起参与北极治理,实现北极的安全稳定。同时,该文件强调了英国北极政策的灵活性、科学性和正确性,改变了先前的消极观望态度。[2] 2019年,英国出台了《如履薄冰:英国的北极安全政策》。该文件表明,英国正在从冷战后对北极气候变化和环境问题等非军事安全领域的关注逐渐转向军事防御方向,从而回应北极地区日益增长的地缘战略重要性以及俄罗斯在该地区的军事扩展,英国将在北方恢复其海军力量,这是2016年英国"脱欧"公投后试图恢复其海上强国地位行动的重要组成部分。[3]

2016年6月,在经历了两年多的规划与修改后,法国第一部北极法律正式公布。该法律确定了法国参与北极事务的战略目标、重点议题等内容,阐明了法国的北极利益。[4] 除以上三个传统大国外,2015年3

---

[1] "Guidelines of the Germany Arctic Policy," https://studylib.net/doc/8202942/guidelines-of-the-germany-arctic-policy.

[2] 赵宁宁、周菲:《英国北极政策的演进、特点及其对中国的启示》,《国际论坛》,2016年第3期,第18—23页。

[3] Agne Cepinskyte, "Global Britain's Arctic Security Policy Going forward While Looking Back," Finnish Institute Of International Affairs, Sep. 2019.

[4] 周菲:《法国北极战略构建逻辑与行动路径》,《边界与海洋研究》,2020年第3期,第72—83页。

月，远离北极的波兰也出台了本国的北极政策——《波兰的北极政策：关键地区与优先行动》，对北极事务表现出极大关注。

欧洲的北极域外国家大量参与了北极资源开发，与俄罗斯发展油气业务是西方公司的重要战略选择，英国石油、法国道达尔、荷兰壳牌、意大利埃尼等都积极参与了北极能源开发。数据显示，2014年英国石油公司在俄罗斯的资产总值达到320亿美元，道达尔和壳牌在俄资产总值分别达到了130亿美元和70亿美元，并计划在2014—2020年为俄罗斯油气业务投入大量资金。[1]

2013年乌克兰危机后，西方国家在政治和经济上对俄罗斯实施制裁，严重影响了俄罗斯和西方公司在北极地区的能源合作，俄罗斯的国际合作重心向东北亚偏移。东北亚国家作为近北极国家，一直密切关注北极地区的环境问题及发展态势，积极开展北极科考，参与区域治理，寻求北方新航线的开发和利用，新航线的运营将对整个东北亚地区的地缘政治经济产生深远影响。成为北极理事会永久观察员后，东北亚各国先后出台北极政策，与北极国家积极开展国际合作，从法律、科技、资金等多方面为深入北极治理做好准备。

韩国是推出北极政策的首个亚洲国家。韩国从李明博政府时期开始重视北极事务，加强与北极国家的关系，为韩国顺利成为北极理事会观察员奠定基础。[2] 2013年5月，韩国被接纳为北极理事会正式观察员后便紧锣密鼓地出台了一系列北极文件。2013年10月，韩国7个政府部门和机构联合宣布了"北极政策的总体规划"，成为韩国第一份全面的北极政策文件，其中包含了每个政府部门在2013—2017年需要执行的31项任务，旨在从法律和政策两个角度分析韩国政府的总体规划，并对改进方案提出建设性意见。[3] 2015年4月，韩国公布了《2015年北极政策执行计划》，北极战略规划步入实施阶段；[4] 2018年，第二个

---

[1] 罗佐县、杨国丰、李明岩：《制裁背景下西方跨国石油公司对俄投资策略分析》，《国际石油经济》，2014年第10期，第42—47页。

[2] 龚克瑜：《韩国的北极政策与北极事务》，《东北亚学刊》，2014年第4期，第13—17页。

[3] "Arctic Policy of the Republic of Korea," http://library.arcticportal.org/1902/1/Arctic_Policy_of_the_Republic_of_Korea.pdf.

[4] 肖洋：《韩国的北极战略：构建逻辑与实施愿景》，《国际论坛》，2016年第2期，第13—19、79页。

"北极政策的总体规划"（2018—2022 年）出台。文在寅政府上台后，为构建"东北亚责任共同体"和"朝鲜半岛新经济地图"构想提出了"新北方政策"项目，并于随后又提出了韩俄合作的"九桥战略"，旨在加强两国在造船、北极航道、天然气等九大领域的合作。[①] 其中，北极地区和俄罗斯远东地区是两国合作的重要区域，韩国的主张得到俄罗斯的积极呼应，两国务实合作快速发展。

韩国从 2008 年开始参加与北极国家的首脑会议。2012 年加入《斯匹茨卑尔根群岛条约》，同年李明博总统对北极国家俄罗斯、格陵兰岛和挪威进行访问，推进在北极海航线、造船和能源等方面的合作。成为北极理事会正式观察员后，韩国在北极开展国际合作的活动与其参加北极理事会机构的工作有关：组织本国的北极问题研讨会，并邀请国际团体的代表参加；与北极经济理事会主办联合研讨会，并与丹麦、冰岛、加拿大、挪威、俄罗斯和芬兰举行双边协商会议；派代表团积极参加各种北极对话论坛如北极圈论坛（冰岛）、"北极边界"（挪威）、"北极——对话之地"（俄罗斯）等。此外，韩国釜山于 2018 年主办了"北极伙伴关系周"，韩国海事研究所与北极大学合作，成立了"韩国北极学院"，旨在增加来自北极国家的学生对韩国在北极地区工作的了解，并将韩国学生送往北极研究领先的世界一流大学。自 2011 年以来，美国东西方中心和韩国海事研究所每年联合举办北太平洋北极论坛。韩国政府和有关机构正在努力扩大在北极地区的影响力。[②]

韩国成为北极理事会正式成员国后的主要成果如下：[③]

（1）2013 年制定了第一个北极总体规划；

（2）2013 年船只在北方海航道上通过测试；

（3）2015 年启动了首条商业海上试航路线；

（4）2016 年举办了首届北极合作周；

（5）2018 年制定了第二个北极总体规划。

---

① 满岩：《一带一路背景下的韩国"新北方政策"》，中国社会科学网，2018 年 7 月 12 日，http://www.lass.net.cn/Item/1652.aspx。

② Ким Минсу, "Республика Корея в Арктическом регионе: от теоретического оформления политики к её практической реализации," Арктика и Север, 2019, C. 69 - 81.

③ Ким Минсу, "Республика Корея в Арктическом регионе: от теоретического оформления политики к её практической реализации," Арктика и Север, 2019, C. 69 - 81.

日本参与极地勘探已有悠久的历史。但是，自1957年以来，日本主要致力于南极洲的研究，1990年国际北极科学委员会成立以后，日本方面开始表现出对北极的积极研究兴趣。日本北极政策的基本考量在于为本国建立稳定、持久和安全的国际环境。其核心观点认为，北冰洋是人类的共同财产，其经济发展应该考虑所有参与者的"共同利益"，而非北极国家的"特殊"利益。[1] 为了更好地参与北极事务，日本加入了《联合国海洋法公约》，并于2009年7月申请成为北极理事会观察员。2012年日本公布了《北极治理与日本的外交战略》，为构建本国北极战略奠定了法律基础。

日本于2015年10月正式提出首个北极官方文件《日本北极政策》。[2] 该文件指出，日本将在外交、国家安全、环境保护、资源开发等领域参与北极事务，并列出具体的战略举措。政府、工业界和科学界的联合参与确保了这项政策的全面性，将"通过积极的北极政策帮助整个国际社会解决面临的问题"作为日本北极政策的目标，显示了其大国责任感。该文件同时表明，日本将为北极国际合作的发展提供一切可能的协助，包括在其境内举办国际会议以及参加国际论坛、举行双边会议，增强日本的国际科学贡献等。早在2013年4月日本内阁批准的《海洋基本计划》中就首次制定了日本北极研究政策的指导原则：北极观测和研究、北极的国际合作、研究开发北方海航线的经济可行性。

2010年后，日本逐渐重视本国的北极利益，并在多领域展开了有力行动。在经济层面，日本的经济发展严重依赖自然资源进口，特别是碳氢化合物进口可满足其84%的能源需求。[3] 在2011年福岛核电站发生事故之后，日本对碳氢化合物资源的依赖程度进一步增加，中东地区安全局势的不稳定导致日本对北极巨大的能源储备越来越感兴趣，努力扩大其在该地区的存在。同时，北冰洋东北航道全线贯通，将开辟亚欧海运贸易新通道，对日本外贸运输具有重要作用。自2010年以来，随着俄

---

[1] Дмитрий В. С., "Политика Японии в Арктике," Comparative Politics Russia, NO. 1, 2017, C. 93 – 103, https：//cyberleninka.ru/article/n/politika-yaponii-v-arktike.

[2] 韩立新、蔡爽、朱渴：《中日韩北极最新政策评析》，《中国海洋大学学报（社会科学版）》，2019年第3期，第58—67页。

[3] Морозов Ю. В., Клименко А. Ф., "Арктика в стратегии НАТО и направления взаимодействия России с государствами северо-восточной Азии в этом регионе," Угрозы и безопасность, Т. 11. NO. 17 (302), 2015, C. 39 – 51.

罗斯北极海岸航行活动的显著增加，中国的破冰船"雪龙"号沿着北方海航线航行并进入大西洋，日本对北方海航道的兴趣明显增大，并开始采取有力行动。2012年12月，俄罗斯天然气工业股份公司租用油轮"鄂毕河"号首次完成了北极航线的液化天然气输送，从挪威运往日本。①2013年，日本国土交通省对北方海航道使用的法律依据进行了专门研究，再次显示了日本对发展该航线的兴趣。此外，日本还考虑了与海洋运输经济可行性有关的具体问题，包括集装箱、液化天然气以及汽车等。

在政治层面，日本定期与包括俄罗斯在内的北极国家进行双边谈判。例如，在2013年与俄罗斯以"2+2"形式举行了首次会议，两国外交部长和国防部长在会上讨论了日俄北极合作与安全。与俄罗斯等北极国家的合作可以使日本的能源和海上运输公司以及科学机构能够更广泛地进入北极。

在科技层面，日本海洋地球科学技术局在北半球开展广泛的海洋研究计划。1998年，日本远洋船"Mirai"首次在北冰洋航行，此后进行了十多次北极考察，并实施了许多其他有关北极问题的重大研究项目。②日本已经成立北极环境研究联盟来进行北极自然环境的研究，其卫星观测、海洋和大陆研究的实地数据对北极的环境状况有了新的认识。日本科研仪器的高技术水平，特别是测量仪器和分析仪器对北极科学研究做出了很大贡献。同时，日本积极参加与北极相关的国际组织活动，并于2015年4月主办了"国际北极科学峰会周"，这是集权威与代表性于一体的北极研究国际会议。③

此外，日本有意增加该国在解决北极问题上的影响力，在国际组织框架内为捍卫其北极利益积极努力。例如，在确保航行安全、保护环境以及建立消除环境灾难的管理系统方面，日本寻求在国际海事组织框架内积极参与《极地水域船舶航行安全规则》的制定。④日本在七国集团

---

① "Газпром—Успешная поставка СПГ по Северному морскому пути из Норвегии в Японию, Зачем?" https://neftegaz.ru/news/politics/260440-gazprom-uspeshnaya-postavka-spg-po-severnomu-morskomu-puti-iz-norvegii-v-yaponiyu-zachem/.

② Ohnishi, Fujio, "The Process of Formulating Japan's Arctic Policy: From Involvement to Engagement," p. 2, http://www.isn.ethz.ch/Digital-Library/Publications/Detail/?lang=en&id=17427.

③ "The Arctic Science Summit Week 2015," https://mice.jtbgmt.com/assw2015.

④ Дмитрий В. С.，"Политика Японии в Арктике，" Сравнительная политика и геополитика, NO. 1, 2017, C. 93-103.

框架内同样表达了对北极问题的关注，虽然美国和加拿大作为北极国家，与日本、英国、法国和德国等域外国家之间存在利益对立，但日本通过与俄罗斯和美国以及北极理事会的其他北极国家的对话，以双边形式提出了北极问题。

中国参与北极事务具有较长的历史过程。1925年，中国加入《斯匹茨卑尔根群岛条约》，正式开始参与北极事务。1996年5月，中国人大常委会批准了《联合国海洋法公约》。1999年，中国"雪龙"号科考船成功对北极进行科考。2004年，在挪威斯匹茨卑尔根群岛的新奥尔松建立第一个北极科考站"黄河站"，2005年，成功承办了涉北极事务高级别会议的北极科学高峰周活动，开亚洲国家承办之先河。[1]

中国的首部北极政策文件为2018年1月出台的《中国的北极政策》白皮书。该政策文件对北极的形势与变化、中国与北极的关系、中国北极政策的目标和基本原则等内容进行了规定。中国认为，北极的自然状况对中国的气候环境、农林渔业及海洋领域具有重要影响。北极航道和资源的开发利用对中国的能源战略和经济发展具有巨大意义。中国追求通过科学研究和考察，合理进行北极开发和利用，实现对北极环境的保护及经济社会的稳定发展。中国主张同各国一道，本着"尊重、合作、共赢、可持续"的基本原则，在北极地区构建人类命运共同体，实现共赢。[2]

近年来，中国的北极活动同样变得愈加活跃，为促进在北极地区的战略目标，中国推动了一系列政治、经济和科学举措，主要包括：

第一，在政治层面，中国政府推出共建"一带一路"倡议及"命运共同体"理念，加强与北极国家的交流，增进互信，就实现共同利益进行深入探讨。如与俄罗斯就共建"冰上丝绸之路"和"北极能源走廊"达成共识，中国领导人长期与北欧各国保持良好互动，为中国进入北极理事会营造良好的外部环境基础，北欧国家高层也将中国视为重要的合作伙伴，对中国在北极环保和科研领域的参与给予期待。

第二，中国正在积极扩大在北极国家的投资项目，通过一系列大型

---

[1]《中国的北极政策》白皮书，中华人民共和国国务院办公室，2018年1月26日，http://www.scio.gov.cn/zfbps/32832/Document/1618203/1618203.htm。

[2]《中国的北极政策》白皮书，中华人民共和国国务院办公室，2018年1月26日，http://www.scio.gov.cn/zfbps/32832/Document/1618203/1618203.htm。

项目为这些国家提供设备、资金和技术支持,从而实现其自身利益并逐渐增加对北极相关决策的影响力。如中国企业加入俄罗斯油气开发的行列中,在科学技术、设备、市场、资金方面给予支持,中俄共同开发的亚马尔液化天然气项目是目前世界液化天然气的最大项目。2017年,中俄两国领导人对共建"冰上丝绸之路"达成共识,共同开发北方海航道。

第三,中国继续提高极地科考能力和基础设施建设水平,为北极的可持续发展贡献本国力量。自1999年中国首次组织开展北极考察至2020年7月已进行了11次北极科考任务,[1] 经过多年的极地考察任务顺利完成,中国对北极气候变化的认知水平、水文气象与海洋生物地质等内容的掌握能力逐步提升,积累了很多一手资料,并取得多项突破性成果。中国基础设施建设逐渐以效率高、体量大以及发达的通信技术走向世界。而北极的基础设施建设则因长期发展缺位而落后,设备严重老化,大型船舶无法停靠。中国积极在以上方面寻求与北极国家的合作。

总之,越来越多的域外国家认为北极是影响其切身利益的重要地区。过去十年中的一个重要现象是,域外国家在北极的活动从纯粹的科学研究领域逐渐向具有特定经济利益的领域转移,将科学发展成果用于解决经济安全领域的问题。各国政府制定了明确和具体的目标,以加强该国在北极地区经济发展中的存在。

二、北极域外组织的北极政策制定与发展

随着北极冰雪的融化和资源开采技术的发展,北极地区的全球经济和政治意义凸显。欧盟像其他北极行为体一样,同样有兴趣参与北极的发展。目前,欧盟超过50%的鱼类资源来自北极国家,其使用的大部分能源(超过70%的天然气和41%的石油)来自俄罗斯和挪威等北极国家。[2] 据欧盟外交政策高级代表称,北极是一个改变地缘战略动态并影响国际稳定与欧盟安全的区域。[3] 丹麦、芬兰和瑞典三个北极国家是

---

[1] 《我国开展第11次北极科学考察》,新华网,2020年7月15日,http://www.xinhuanet.com/2020-07/15/c_1126243006.htm。

[2] "Eurostat 2017," Sep. 4, 2019, https://ec.europa.eu/eurostat/statistics-explained/index.php?title=Natural_gas_supply_statistics#Supply_structure.

[3] "1st Panel Session: High-Level Arctic Event 'A Sustainable Arctic-innovative Approaches'," Sep. 11, 2019, https://eeas.europa.eu/arctic-policy/eu-arctic-policy/28309/1st-panel-session-high-level-arctic-event-sustainable-arctic-%E2%80%93-innovative-approaches_en.

欧盟成员国，法国、德国、英国等世界大国是北极理事会的观察员。因此，作为世界主要经济体的欧盟认为，其有参与北极事务的合理性和必要性。

欧盟已签署了《联合国海洋法公约》和《联合国气候变化框架公约》。然而，欧盟参与北极事务的身份却有些尴尬。作为一个独立的组织，欧盟未加入北极理事会，其与北极建立联系是通过其成员国实现的。丹麦属于北极国家是因为其管辖区域格陵兰岛位于北极圈，随着格陵兰政府对资源的加大开发，丹麦并不积极推进欧洲一体化，也不寻求推动欧盟的北极潜力。而2011年底的数据显示，挪威民众对加入欧盟的支持率仅有12.6%，冰岛的情况也几乎如此。欧盟几乎被排除在讨论和解决该地区问题的"小圈子"。因此，欧盟在对北极地区进程的机会影响有限，只能试图发挥"规范性"力量的作用，以提供该地区所有行为体都能接受的行为标准和模式。[①]

欧盟的北极参与主要在于环境保护、资金提供、技术支持等方面，欧盟积极参与地区组织北极理事会和巴伦支海欧洲－北极圈理事会内的工作，寻求与北极不同参与者建立双多边对话，实现区域和次区域合作。如欧盟资助瑞典、芬兰和挪威合作北海航线的波的尼亚湾—大西洋项目，旨在加强其在北部地区的经济地位。欧盟还具有开采自然资源需要的先进技术。在第一个开发北极大陆架的斯托克曼项目中，挪威国家石油公司、法国道达尔和德国相关公司为该项目提供了资金和技术支持。此外，欧盟在海上贸易上具有独特的潜力，欧盟国家的港口是许多重要贸易路线的起点和终点，占世界海运运输总量的39%。[②] 改善北极的航运条件可以有效提高欧盟商船队的效率。所以，如果该地区对域外国家的经济行为是开放的，欧盟则可以在北极发挥其经济潜力。

2008年末，欧盟委员会制定了北极计划，一年后，欧盟外交部长理事会给予批准。该文件显示，欧盟在北极具有三个重要目标：

（1）保护北极自然环境及原住民；
（2）在不损害周边环境的前提下保障资源开采；

[①] Уткин С. В., "ЕС и Арктика: присматриваясь к будущему," 21 марта 2012, https://russiancouncil.ru/analytics-and-comments/analytics/es-i-arktika-prismatrivayas-k-budushchemu/.

[②] Уткин С. В., "ЕС и Арктика: присматриваясь к будущему," 21 марта 2012, https://russiancouncil.ru/analytics-and-comments/analytics/es-i-arktika-prismatrivayas-k-budushchemu/.

（3）参与地区事务的多边管理。

所有欧盟机构都对这一计划做出积极反应。欧盟理事会在2009年提出参与北极开发，欧洲议会在2009年、2011年、2012年、2014年、2016年均发表相关声明，支持对北极议程的关注。[1] 近年来，欧盟的北极政策更多地关注信息、财政和环境问题。欧洲议会呼吁出台欧盟的北极统一政策，使其成为北极地区在环境和原住民保护方面的富有价值的角色。[2]

2016年4月27日，欧盟委员会制定了新的北极政策《欧盟的北极一体化政策》。[3] 该政策确立了欧盟在北极地区发展的三个优先方向：应对气候变化和保护北极环境、实现北极地区的可持续发展以及开展北极问题国际合作。该政策是欧盟北极政策的基础，它确定了欧盟以组织的形式与北极国家进行对话的可能。欧盟在其框架内制定和提出具体倡议，对其进行资助并影响局势，从而在该地区树立积极形象。但是，从欧盟的文件可以看出，欧盟的北极潜力主要依靠身为北极国家的成员国和美国，欧盟成员国与俄罗斯的北极合作主要在双边开展。

乌克兰危机是北极合作发展的新因素。首先，对俄罗斯的制裁影响到了欧盟和俄罗斯间的所有互动。例如，技术交换制裁对俄罗斯在北极大陆架实施的发展项目负面影响明显。许多北极政策参与者与俄罗斯的合作受到《明斯克协议》的限制。此外，欧盟国家领导人经常表示对俄罗斯的担忧，这阻碍了包括北极地区在内的各方建设性对话。

总之，欧盟是北极地区的新成员，其执行北极战略的能力更多地不是取决于欧盟的定义和立场，而是在于其他行为体如何看待它。目前，欧盟尚未被北极国家当成重要的合作伙伴。欧盟全面参与北极政治的愿

---

[1] Еремина Н., "Арктическая политика Европейского союза: задачи и проблемы," Ойкумена. Регионоведческие исследования, NO.4, 2019, С. 30 – 39, https://eeas.europa.eu/archives/docs/arctic_region/docs/160427_joint-communication-an-integrated-european-union-policy-for-the-arctic_en.pdf.

[2] "European Parliament Resolution of 12 March 2014 on\the EU Strategy for the Arctic (2013/2595 (RSP)," Dec. 2, 2019, https://www.europarl.europa.eu/sides/getDoc.do?type=TA&reference=P7-TA-2014-0236&language=EN.

[3] Еремина Н., "Арктическая политика Европейского союза: задачи и проблемы," Ойкумена. Регионоведческие исследования, NO.4, 2019, С. 30 – 39, https://eeas.europa.eu/archives/docs/arctic_region/docs/160427_joint-communication-an-integrated-european-union-policy-for-the-arctic_en.pdf.

望受到其财政能力所限，影响了其与北极国家的合作规模。

本章小结

21世纪以来，随着全球升温，北极正悄悄经历着变化，北极进入了地缘竞争新形势。北极发展变化的新地缘政治背景主要体现在三方面：北极地区自然环境的变化及影响、北极域内行为体的政策变化及行动、北极域外行为体的政策变化及行动。

北极地区自然环境的变化在于温度升高带来的冰雪消融。常年阻碍北极开发利用的冰层迅速减小，使得该地区的资源开发、航道利用成为可能，随之带来的全球经济地位变化预期使得北极的地缘经济价值凸显。同时，通过北极的空中和海洋通道是欧洲—亚洲—美洲的最短距离，俄美两国核武器的聚集、北极国家边界的分布、冷战时两大军事阵营在北极的对峙都增加了该地区的地缘政治军事价值。围绕北极的利益争夺愈演愈烈。

北极国家对这片广阔区域的价值最为重视。各国先后出台了本国的北极政策，并就政策颁布实施了详细计划，设立了专门的负责机构。在政策文件中，各国对北极地区的地缘政治经济形势给出了不乐观的判断，并同时制定了本国的应对策略。俄罗斯优先加大军事存在，意图通过军事力量确保政治优势，通过出台本国法律文件实现对国际法律规范有争议部分的优先主导。其在北极地区的军事扩张引起了西方北极国家的高度警惕及不满，西方北极国家纷纷调整本国的北极政策，如加拿大、美国和丹麦等国也相应加强了在这一区域的军事存在，北欧国家的领土已多次成为北约军事演习的场所，瑞典、芬兰向北约寻求庇护，加入北约意图增强。多国的北极战略重心由地区经济利益和环境保护向传统安全领域转移。

北极国家除加强本国的北极战略外，还通过双边或国际组织的形式实现本国地区利益最大化。对该地区地缘政治经济影响较大的为北极理事会、北约、巴伦支海欧洲-北极圈理事会和北极五国协商机制。尽管不同组织/机制以及其中的成员国有不同的利益诉求，但基本围绕领土主权、资源开发、航道利用、环境及原住民保护等问题展开。该地区地缘政治关系呈竞争加剧态势，但短期内仍在可控范围内，北极国家都主张在现有国际法和地区法规框架内解决分歧，并积极追求国际合作。但随着俄罗斯与北约在该地区的军事行动不断增加，针锋相对的军事演习及巡逻此起彼伏，加剧了地区局势紧张。

域外国家对参与北极事务产生的强烈积极性也是北极地缘竞争新态势的体现。此类国家在北极地区没有领土，其国家的北极政策总体上由环境保护和科考开始，之后随着全球气候带来的地区地缘政治经济格局改变，逐渐向经济领域及北极航道开发利用拓展，同时注重加强与北极国家沟通对话及国际合作。

欧洲国家是北极国家追求合作的优先合作伙伴，北极具有欧洲国家发展需要的丰富能源，北极国家具有能源开采的权利，而欧洲国家拥有北极国家开发利用所需的资金、技术与市场，双方在很长一段时间内保持紧密合作。乌克兰危机不仅影响了俄罗斯与西方国家的地缘政治关系，同时也阻碍了北极地区的国际合作。急迫开发北极经济的需求使俄罗斯将合作重心转向亚洲。

东北亚国家积极参与北极开发，它们认为北极的气候变化和航道开通对本国的生态安全和经济发展具有重要影响，并承认北极国家在该地区所拥有的特殊主导权利，但同时在《联合国海洋法公约》框架内追求本国的合法利益。成为北极理事会永久观察员后，这些国家先后制定了本国的北极政策文件，通过举办重大地区活动、参与双多边国际组织等形式，为本国深入参与北极事务营造良好的外部环境。环境方面的言论常常是其在该地区追求利益的法律依据，但成为北极理事会的观察员主要取决于它们的科学研究对北极国家的贡献价值。[1] 因此，包括东北亚国家在内的非北极国家加大本国科研力度，致力于为解决全球性问题做出独特贡献，同时侧重于技术研发同实现经济利益挂钩，努力通过商业性的开发研究和国际化合作提升其国际地位。

在全球气候变暖、北极地缘政治发生变化的背景下，作为世界主要经济体之一的欧盟同样对北极表示出极大的兴趣，但囿于没有北极领土管辖权，欧盟参与北极事务受到诸多局限。2008年和2016年，欧盟先

---

[1] Гудев П. А., "Новые риски и возможности межгосударственного сотрудничества в Арктикеx," Арктика и Север, NO. 36, 2019, C. 57–83.

后推出了自己的北极政策,将北极各行为体普遍容易接受的三个方向(保护北极环境和原住民、经济开发和北极可持续发展及加强北极国际合作)作为其北极政策的优先方向,追求通过资金、技术等软实力提高自身的北极地位,维护其经济和安全利益。欧盟的北极诉求主要通过自身组织内的北极理事会成员国和与美国合作实现。俄罗斯是其北极发展的重要因素之一,但不是其发展合作的战略重心。目前,欧盟在北极环保和原住民保护问题上取得了一定成效,若要有长远发展则需要解决财政问题。

总之,北极域内外行为体在地缘竞争新态势下给予北极更多关注,关注点不仅在于生态环境、原住民保护、能源开采和航道利用等低政治层面,还涉及地缘政治和军事战略等,并且随着参与者的增多和全球治理的深入,北极地区已然成为全球政治和安全的角逐之地,竞争与合作难分高下。地区的新形势为俄罗斯的北极利益带来机遇及挑战,促使其北极政策不断进行调整,在追求国际合作的同时,更加追求军事力量带来的政治优先权,体现出军事化的特征。

第二章 阐释视角下的俄罗斯新北极政策分析

北极对俄罗斯的政治、经济、安全、文化等多个方面具有举足轻重的作用,俄罗斯的北极政策也主要由以上领域的内容组成。随着全球气候变化及国际政治的风云变幻,俄罗斯的北极政策也在不断进行调整。本章将从政策文件、经济发展、军事建设及文化领域四方面对俄罗斯新北极政策进行分析。

第一节 俄罗斯北极政策文件解读

北极在俄罗斯的整体发展中具有举足轻重的作用。近年来俄罗斯政府不仅将北极视作国家总体发展战略文件中的重要组成部分,也出台了多部针对该地区发展及安全稳定的政策文件,将北极作为俄罗斯可持续发展的重要战略区域。本节内容对涉及北极地区的区域性文件及全国文件进行梳理,采用对比分析的方法,剖析俄罗斯北极政策的变化及特点。

一、俄罗斯北极政策文件的梳理与分析

俄罗斯政府出台的一系列北极文件是俄罗斯北极发展的战略纲领,包括俄罗斯在该地区的发展目标、基本方向、主要任务、执行机构等内容,涉及政治、军事、经济、环保等领域,是俄罗斯采取行动的法律基础和主要依据,因此笔者将其作为研究俄罗斯北极政策特点的重要衡量标准。

苏联解体后,由于国家政治转型及国内经济发展的需要,俄罗斯尚未出台清晰的北极政策。俄罗斯重新开始重视北极是从 2002 年的《俄

罗斯联邦北极地区稳定发展构想》（草案）① 开始的，该草案确定了为保障国家安全在北极地区应实施的战略目标、优先事项和主要机制等长期国家政策，② 但由于国家内部未达成共识，该文件始终没有出台。2008 年后，俄罗斯陆续出台了一系列北极政策，北极地区在俄罗斯国家战略中的地位明显提高。

2008 年 9 月 18 日，总统梅德韦杰夫通过 2020 年前后俄北极政策基础③，这是俄罗斯自苏联解体后正式出台的首个北极地区政策文件，也成为俄罗斯此后北极政策的基础。该政策文件明确了俄罗斯在北极的国家利益、主要目标及战略重点、基本任务与措施、执行机制与阶段等内容。

2013 年 1 月 17 日，俄罗斯交通部批准《北方海航道水域航行规则》（于 2017 年修订）④，包括航行船舶组织、破冰船引导、冰区引航、航路引航等方面的规则，降低了其他国籍船舶在该地区的通行条件，修改了破冰船护航收费规则及收费费率，使之尽可能合理并有吸引力。⑤ 同年 4 月 12 日，俄罗斯公布了该规则以及《北方海航道破冰船领航收费规定》。

2013 年 2 月 18 日，以 2020 年前后俄北极政策基础为理论基础，俄罗斯政府出台了《2020 年前俄北极战略》，⑥ 确定了实现俄罗斯在北极地区稳定发展的战略目标、优先方向、主要机制、方法和手段。《2020 年前俄北极战略》的目标为实现俄罗斯在北极的主权和国家利益，旨在

---

① Половинкин В. Н., Фомичев А. Б., "Значение северного и арктического регионов в новых геополитических и геоэкономических условиях," Арктика: экология и экономика, NO. 3, 2013, C. 58 – 63.

② " Концепция устойчивого развития арктической зоны Российской Федерации (проект)," 26 Ноября 2002, http://www.sci.aha.ru/econ/A131e.htm.

③ "Об Основах государственной политики России в Арктике на период до 2020 года и дальнейшую перспективу," 18 сентября 2008, http://government.ru/info/18359/.

④ "Приказ Министерства транспорта РФ от 17 января 2013 г. N 7" Об утверждении Правил плавания в акватории Северного морского пути," 9 января 2017, https://base.garant.ru/70302484/.

⑤ 何铁华：《〈极地规则〉与北极俄罗斯沿岸水域的制度安排》，《中国海事》，2014 年第 9 期，第 13—16 页。

⑥ "О Стратегии развития Арктической зоны Российской Федерации и обеспечения национальной безопасности на период до 2020 года," Правительство России, 20 февраля 2013, http://government.ru/info/18360/.

促进《2020年前俄北极政策基础》中国家政策基本任务的完成。该战略的实施将增强俄罗斯在北极地区的竞争优势，巩固俄罗斯在北极地区的主导地位。

2014年4月21日，《2020年前俄罗斯联邦北极地区社会经济发展国家纲要》[1]出台，其内容包括对俄罗斯在该地区的社会经济发展项目、项目目标、主要任务、项目指标、任务阶段、预期成果等。之后分别在2017和2019年做了进一步的修订。该文件是俄罗斯实施北极区域战略规划的指南，操作性强且具有指导性，是俄罗斯在北极开发问题上的重要步骤。

2014年5月2日，普京总统签署了《关于俄罗斯联邦北极地区陆地领土的总统令》，[2]确定了俄罗斯在摩尔曼斯克州、涅涅茨自治区等8个部分的北极陆地领土范围。在2017年和2019年的两次修订中，对俄罗斯北极地区的陆地领土进行了更为精确的限定，同时加快了北极地质勘测，加强了在北极地区的主权诉求。

2020年3月5日，继2020年前后俄北极政策基础发布12年后，总统普京批准了新版文件——2035年前俄北极政策基础。新版文件同样包括发展目标、基本方向、主要任务等内容，但也呈现出一些变化，主要在于明确指明俄罗斯在北极地区国家安全的主要威胁与挑战，指出"一些国家试图修订北极现有国际条约，增加北极的军事存在并抹黑俄罗斯的北极活动"等。[3]此外，对于北极建设实施进程进行垂直管理，由总统及联邦政府直属的国家北极发展问题委员会直接负责。

2020年10月26日，总统普京签署命令，批准了《2035年前俄北极战略》，明确了2035年前俄北极政策基础的具体实施目标、具体措施、阶段任务及预期结果。在这份文件中，俄罗斯政府对北极地区发

---

[1] "Об утверждении государственной программы《Социально-экономическое развитие Арктическй зоны Российской Федерации на период до 2020 года》," 21 апреля 2014, http://government.ru/docs/11967/.

[2] "Указ Президента Российской Федерации от 02.05.2014 г. NO.296 О сухопутных территориях Арктической зоны Российской Федерации," 2 мая 2014, http://www.kremlin.ru/acts/bank/38377.

[3] "Об Основах государственной политики Российской Федерации в Арктике на период до 2035 года," 15 марта 2020, http://www.kremlin.ru/acts/news/62947.

展和国家安全现状做了评估,并指出了其面临的主要危险、挑战和威胁。

除此之外,制定了限制外国船只通过北方海航道的法规文件。早在2018年11月30日俄罗斯国防部就宣布,将从2019年开始对通往北方海航道的外国船只进行更严密的控制,外国船只通过北极航道需要向俄罗斯通报。2018年,波罗的海舰队前指挥官海军上将弗拉基米尔·瓦卢耶夫表示,未来十年,俄罗斯将成为使用这条道路的领导者。[1] 2019年3月,俄罗斯《消息报》的一篇题为《寒潮:外国军舰通行北方海航道规则》的文章称,俄罗斯政府制定了限制外国军舰通行北方海航道的文件。该文件规定,欲通过北方海航道的外国船只需提前45天向俄罗斯通报,告知军舰和船只的航行信息、列举舰船主要参数,并提供舰长的基本信息。外国舰船还需配备俄罗斯领航员,在俄罗斯认定不符合航行要求的情况下,船只有可能被禁止通行。如果外国舰船未经允许通过北方海航道,俄罗斯可以采取强制措施予以制止,甚至采取扣押或摧毁违规船只等紧急措施。[2] 该文件的严格规定在国际社会引起高度关注。

在已出台的俄罗斯北极文件中,对俄罗斯北极地区的军事安全目标、主要任务、基本措施等均有明确规定。但不同文件中对北极军事安全领域规定的相关内容、关注重点及表达方式有所不同。为了更直观地体现区别之处,下文将相关文件做了对比。

首先,对早期出台的两部俄罗斯北极文件——2020年前后俄北极政策基础及《2020年前俄北极战略》进行比较。这两部法律是俄罗斯早期出台的关于国家北极发展战略的文件,长期作为研究俄罗斯北极问题的法律依据,也是俄罗斯实施北极战略的基础,具有里程碑的作用。其中,两文件中关于实现俄罗斯北极国家利益军事安全领域的基本措施存在明显不同。

---

[1] "Адмирал объяснил, почему для использования Севморпути нужна Россия," Риа Новости, https://ria.ru/20181130/1536257124.html.

[2] Алексей Козаченко, "Холодная волна: иностранцам создали правила прохода Севморпути," Известия, 6 марта 2019, https://iz.ru/852943/aleksei-kozachenko-bogdan-stepovoi-elnar-bainazarov/kholodnaia-volna-inostrantcam-sozdali-pravila-prokhoda-sevmorputi.

表 2－1　俄罗斯北极地区法律文件比较

	2020 年前后俄北极政策基础（2008 年）	《2020 年前俄北极战略》（2013 年）
军事安全的基本措施	1. 建立积极有效的俄罗斯联邦安全局安防体系，提高与邻国边防部门（海岸警卫队）在打击非传统安全上的合作效率 2. 发展俄罗斯北极地区的边防基础设施，更新技术设备 3. 建立水面综合监督体系	1. 全面做好必要的战斗和征兵准备工作，回击针对俄罗斯及其盟友的军事行动，保护俄罗斯北极主权和在北极专属经济区及大陆架活动的顺利进行。消除和平时期对内和对外军事危险，保持战略遏制。在发生武装冲突的情况下，击退侵略者并在符合俄罗斯利益的条件下终止军事行动 2. 发展俄罗斯北极地区驻军基地的基础设施，以及为完成北极任务而部署的军队作战装备 3. 完善对空中和水面状况的监控系统 新增内容包括： 1. 利用军民两用技术综合解决国防和安全任务 2. 开展水文地理作业，对北极地理坐标内领海、专属经济区和大陆架宽度坐标进行必要的修改

资料来源：笔者根据相关资料自制。

如表所示，《2020 年前俄北极战略》中关于军事安全基本措施的内容比 2020 年前后俄北极政策基础更丰富。同时对俄罗斯北极军事安全的判断更加乐观，军事部署升级：从边防部门的安防工作深入到北极地区驻军基地，从打击非传统安全上升到潜在的军事威胁，保持战斗准备和战略遏制。监督体系从水面扩展到空中。同时，借助军民两用技术解决国防和安全任务，并且不排除对大陆架宽度坐标进行修改。这些都与北极的紧张局势紧密相关，并且同时会成为引起其他北极国家做出相应措施的重要因素。

其次，对前后出台的两部俄罗斯北极政策基础进行比较。2020 年前后俄北极政策基础及 2035 年前俄北极政策基础有很多相同之处，具有一定的连贯性，如继续将北极视为俄罗斯经济增长的主要动力，提倡保护地区生态环境、原住民的文化及生活方式，继续追求本地区的和平稳定与国际合作，保证国家在该地区的军事潜力足以抵御任何形式的挑战。但两者之间的差异也明显存在，主要体现在以下方面：

（1）北极的国家利益重点。将国家主权及领土的完整置于经济发展作用之前。2020年前后俄北极政策基础中首个国家北极利益为将北极地区作为国家战略能源基地，大量篇幅强调该地区对俄罗斯经济稳定及可持续发展的关键之处。2035年前俄北极政策基础将国家主权及领土完整作为在该地区的首个国家利益，且在其五大板块中的第二大部分进行"北极地区的国家安全状况评估"，体现了俄罗斯北极地区的战略重点向国家安全领域转移。

（2）北方海航道定位。从"俄罗斯国家统一交通干线"上升到"发展北方海航道作为具有世界竞争力的俄罗斯国家交通干线"。

（3）北极国家安全评价。明确指出俄罗斯北极地区的安全威胁和挑战。2020年前后俄北极政策基础出发点更多是出于本国定位和需要。然而，2035年前俄北极政策基础则建立在对北极整体国际形势的基础上，评估了国家安全现状，并列出具体的安全威胁及挑战。

（4）战略实施。从"俄罗斯政府每年向总统提交北极战略实施进程及结果的年度报告"变化为"由俄罗斯总统负责总体领导国家北极政策的实施"。由"俄罗斯执行权力机关委托工作组或俄罗斯政府工作机构协调监督实施工作"改为由"俄罗斯政府直属的国家北极发展问题委员会负责国家北极政策实施过程中的跨部门跨机构协调与监督"。

（5）军事安全检验。将"先进武器、军事装备和特种装备在俄罗斯北极地区的武器、军事装备和特种装备总数所占的比例"作为检验北极政策执行程度的基本指标。

通过对比前后两部俄罗斯北极政策基础，可以发现，俄罗斯对北极地区的安全局势给予了更多关注，将其作为2035年前俄罗斯北极战略的重点。同时，明确将"外国和（或）国际组织的地区活动及军事存在、潜在冲突的可能性以及抹黑俄罗斯在北极的活动"作为俄罗斯北极面临的主要威胁与挑战，突出了对该地区安全局势的担忧。

二、俄罗斯国家战略文件中对北极地区的关注

涉及北极的内容不仅出现在北极地区性文件中，同时，俄罗斯其他领域的重要法律也逐渐强化了对北方地区的规定。为了对俄罗斯北极政

策特点进行更加全面深入的了解，下文将俄罗斯的其他法律文件同样做了比较。因北极具有海洋特性，以及结合本章探讨的军事安全方向，选取了《海洋学说》《海军行动政策原则》《军事学说》及《国家安全构想》的不同版本进行对比分析。可以发现，虽然不同文件的出台时间不同，但具有一定的时间特征，下文将其分为2000年前后、2010年前后及2014年以后三个时间段。

表2-2 俄罗斯联邦其他领域文件涉及的北极内容比较

《海洋学说》	《海军行动政策原则》	《军事学说》	《国家安全构想》
2001年：保持俄罗斯在北极的主权，主权权利以及和与邻国海洋与大陆架划界问题	2000年：未提及北极	1993年和2000年：未提及北极	2000年：未提及北极
2009年：《俄罗斯海洋行动发展战略》①规定，海军与海上商运公司的协调为优先项目，把商船上升到军用船水平	2012年：未提及北极	2010年：未提及北极	2009年：指出世界各国的长期政策将聚焦巴伦支海大陆架和北极其他地区的能源控制。在争夺能源时不排除使用武力解决所出现的问题。确保俄罗斯北极边防安全；利用公私伙伴关系模式推动经济发展，建设北极地区基础设施

---

① 2001—2015年，俄罗斯没有出台新的《海洋学说》。《海洋学说》指出，该文件是决定俄联邦在海洋活动（морская деятельность）领域的基本文件的基本文件。由此可以看出，《海洋学说》与《海洋行动发展战略》文件的极大相关性，故在此类文件中进行研究。内容参见："Стра-тегия развития морской деятельности Российской Федерации до 2030 года," 8 декабря 2010, http://government.ru/docs/10048/。

续表

《海洋学说》	《海军行动政策原则》	《军事学说》	《国家安全构想》
2015年： 北极是俄罗斯海军自由出入大西洋和太平洋的优先方向，随着北方航道意义的凸显，俄罗斯有必要重建核动力破冰船舰队	2017年： 明确指出来自美国和其盟友利用政治、经济、军事压力对俄罗斯在北冰洋、北方航道的压制和威胁，在"对俄罗斯具有重要战略意义的海域"制造动武的条件 应对方式： 俄罗斯将遏制和防止军事冲突，武力保护俄罗斯及盟国安全；海军强国可改变武装冲突进程和结果；在北极和远东地区建设军民两用基础设施。强调海军战略威慑作用，注重核与非核力量结合	2014年： 首次将保证俄北极国家利益定位为武装力量的任务。将北极作为俄罗斯第五大战略方向；有必要支持同欧盟和北约的平等对话	2015年： 通过对海洋及北极资源开发的主导地位应对全球和区域的不稳定性；利用公私伙伴关系模式应对经济发展战略挑战，重点完成北极、北方海航道的基础运输、能源军事、信息和军事基础设施方面；在北极地区发展平等互利的国际合作具有重要意义

资料来源：笔者根据相关资料自制。

2014年的《军事学说》指出，俄罗斯为实现对本国和其盟友国家利益的维护，只有在法律、经济、信息和其他非暴力手段都无效的情况下才会使用军事手段，并提出了"非核威慑"的概念。[1] 2009年5月12日，俄罗斯新版《国家安全战略》中强调了世界各国将聚焦巴伦支海大陆架和北极其他地区的能源控制，以及在争夺能源时不排除使用武力解决所出现的问题。[2]

从表中可以看出，不管是侧重海洋战略的《海洋学说》，还是侧重安全的《军事学说》与《国家安全构想》，在2000年前后的版本中几

---

[1] Капитанец И. М., "Флот в войнах шестого поколения," Вече, 2003, С. 13-14.
[2] "Стратегия национальной безопасности Российской Федерации до 2020 года," Президнут России, 13 мая 2009, http://www.kremlin.ru/supplement/424.

乎没有提及北极。2009年出台的《国家安全构想》已明确提出了北极地区的大陆架划分、能源争夺等问题，同时提出了基础设施建设，这与俄罗斯现行北极政策一致。其他文件中虽没有明确提到北极，但已注意到来自北约的压力，并计划用公私伙伴关系模式发展本国海军，维护国家安全。到2014年，各重要文件中均已对北极增加了广泛关注，从航道运输、能源利用、基础设施建设到加强武装力量、进行威慑战略，关注领域由低政治问题向高政治问题偏移。

第二节 俄罗斯北极经济发展研究

俄罗斯北极地区的经济发展始终是俄罗斯发展北极政策中的重要组成部分。全球约1/4的天然气和石油储量集中在北极地区，这促使世界大国对该地区的兴趣与日俱增。俄罗斯在这一宏观区域拥有巨大的资源潜力，根据最近的评估结果，俄罗斯北极地区碳氢化合物的预测资源量估计超过2700亿吨，其中包括约485亿吨石油和凝析油以及超过220万亿立方米的天然气。北极还拥有丰富的其他矿产资源（如黄金、钻石、镍、铜、煤炭、铁等）、生物资源和世界上近1/5的淡水资源。此外，北极地区正在发生的气候变化，从长远来看，可能有助于充分地实现其经济潜力，扩大其在北极大陆架的勘探和采矿能力，增加北冰洋航运的可用性并开辟新的运输路线。

一、俄罗斯北极经济政策分析

作为陆地面积最大的北极国家，俄罗斯在北极地区拥有最长的海岸线和更多的资源禀赋，所以，大力发展俄罗斯北极地区的经济产业，包括矿产资源、渔业资源和北方海航道的开发利用等，始终是俄罗斯北极政策中的重要组成部分。在俄罗斯出台的第一个关于北极地区的国家战略文件2020年前后俄北极政策基础中就将"利用俄罗斯北极地区作为保障国家社会经济发展的战略资源基地"作为俄罗斯在北极地区的首个主要国家利益。在2009年出台的《2030年前俄罗斯能源战略》中明确了俄罗斯北极能源在国家能源战略中的重要地位，并提出开发计划；在《2020年前俄北极战略》中，俄罗斯政府再次将"俄罗斯北极地区的社会经济的综合发展"作为其北极发展和保障国家安全的优先方向。在2020年通过了2035年前俄北极政策基础中，北极地区的经济发展仍然是俄罗斯在北极主要的政策方向之一，文件确定了国家北极政策的主要目标：提高人民的生活质量；加快俄罗斯北极地区的经济发展，增加其对国家经济增长的贡献；保护俄罗斯在北极经济领域在内的国家利益等。在俄罗斯有关北极的系列政策中，经济发展的任务仍以吸引私人投资、为中小企业投资提供优惠条件等，同时，加大对北方海航道以及对北极地区的矿产资源、渔业资源及当地特有的民间资源的开发利用。

北极地区的密集开发在很大程度上得益于北方海航道的发展。这条航道连接了北极欧洲和亚洲部分的采矿业，在整个苏联时期，货运量每年都在增长，1987年达到峰值658万吨。后来，由于俄罗斯对海运、港口经济和主要工业的技术改造等公共投资的减少，中小型企业的运输开始减少，随着向市场经济模式的过渡，直通航运实际上停止了。仅2016年，北方海航道运输的货物量超过了20世纪80年代的指标，2021年达到3486.79万吨。[1] 俄罗斯总统非常重视北方海航道的开发，多次在公共场合表示，要将其打造成可以匹敌马六甲海峡—苏伊士运河航线的"国际交通干线"。俄罗斯政府计划将北方海航道2024年的货运量提至8000万吨。在最新通过的《2035年前俄北极战略》中提出"到2035年北方海航道货运量达到1.3亿吨"的目标。[2]

自2000年初以来，外国对俄罗斯北极地区的投资大幅增加。尽管受到外部因素的负面影响，外国投资流入仍呈现出不稳定但增长的态势。2008年全球金融危机与2014年俄罗斯经济的局部危机，由于实施经济制裁，许多外国公司在俄罗斯北极实施的一些大型项目被迫暂停或大幅限制。因此，俄罗斯加大了与域外国家，尤其是亚洲国家的北极合作。

俄罗斯为了刺激其北极地区的经济发展，近年来提出了一系列为北极项目提供优惠的政策。2019年4月，俄罗斯工业和贸易部就提议通过降低利润税、财产税和矿产资源开采税率，促进企业在北极地区投资

---

[1] Серова Н. А., "Долгосрочная динамика экономического развития российской Арктики," Арктика и Север, NO. 43, 2021, C. 32–40.

[2] "Указ Президента Российской Федерации о Стратегии развитии Арктической зоны Российской Федерации и обеспечения национальной безопасности на период до 2035 года," 26 октября 2020, http://www.kremlin.ru/acts/news/64274.

矿产开采项目；2020 年 3 月，国家杜马通过俄罗斯北极油气项目矿产资源开采税优惠法案；2020 年 7 月 7 日，国家杜马通过了《支持俄罗斯北极地区商业活动法》，该法案规定，对于北极地区的液化天然气和天然气化学项目、新油气地区陆上油田开采项目以及对特定地区的工业和社会基础设施投资等项目，均可享受税收优惠等政策。自 2020 年 8 月 28 日起，关于国家支持俄罗斯北极地区创业活动的一揽子法律生效。通过一揽子法律，俄罗斯北极地区已建成世界上最大的经济特区，拥有统一的税收优惠政策，并在摩尔曼斯克成立了北极地区首个跨越式发展区。①

表 2-3 《支持俄罗斯北极地区商业活动法》规定 2035 年前俄罗斯北极地区税收优惠细则②

税种	标准税收制度	北极地区优惠税收制度
企业所得税	20%	20%
土地税	1.5%	0%（企业在北极地区进行商业活动的最初 5 年）
企业财产税	2.2%	0.2%（2021—2023 年） 1.1%（2024—2030 年）
简化程序"收入"模式纳税	6%	3%
简化程序"收入减去支出"模式纳税	15%	7.5%
保险费	30.2%（养老保险基金、社会保险基金）	中小企业 3.75%（企业在北极地区进行商业活动的最初 10 年） 其他企业 7.6%（企业在北极地区进行商业活动的最初 10 年）
矿物开采税	现行费率	现行费率×0.5

资料来源：笔者根据相关资料自制。

---

① 《俄远东和北极发展部网站编译版：在摩尔曼斯克巴伦支欧洲北极国家会议讨论北极合作问题》，中华人民共和国商务部，2020 年 12 月 11 日，http://www.mofcom.gov.cn/article/i/jyjl/e/202012/20201203021994.shtml。

② Александр Крутиков, "В каждом арктическом регионе должны появиться крупные инвестиционные проекты," 20 января 2021, https://решение-верное.рф/lgot-arktik-shelf.

二、俄罗斯北极经济政策的实施效果

俄罗斯对北极地区的经济发展是寄予厚望的，那么，俄罗斯北极地区的经济发展现状如何？目前来看，很多战略计划都没有按时完成，在2017年修改后的《俄罗斯北极社会经济计划》中对发展北极国家计划的时间延长了5年。同时，在资源有限的情况下，计划方案的范围被大大缩小。[①] 在2035年前俄北极政策基础中指出，目前，俄罗斯已在北极地区取得了某些成效，如为实施大型经济项目创造条件，开始建设北方海航道的综合基础设施、水文气象、水文地理和航行保障系统，实现了破冰船队现代化、扩大对特殊环境管理和环境保护制度的使用，并在国际法基础上加强俄罗斯与北极国家的互利合作，这些都在一定程度上推动了俄罗斯北极地区的经济发展。然而，俄罗斯北极地区仍存在"俄罗斯北极地区潜在的矿物原料中心地质开发进展缓慢，缺乏对企业实体的国家支持系统，无法确保在俄罗斯北极地区实施经济项目时降低成本和风险，北方海航道的基础设施、破冰船、紧急救助船和辅助船队的建造未能如期完成"等威胁，严重阻碍了俄罗斯北极地区经济发展目标的完成，诸多2020年前后俄北极政策基础中设定的目标都严重延期，并且受到国家经济发展滞后、与西方国家关系恶化等因素，在一段时期内无法顺利进行。以破冰船建设为例，其更新计划进行得非常缓慢。尽管俄罗斯北极大陆架的地质勘探和开发水平落后于美国和北欧大陆架，但到目前为止，克服这种落后的努力投入显然不够。在建造大型海军舰艇方面的延误，以及接收已下水但因仍在试航而尚未入役的海军舰艇方面的延误，令俄罗斯海军感到困扰。这些延误看起来比其他国家海军面临的情况更为突出。

过去十年来，俄罗斯用于收集证据证明其在门捷列夫海岭数百万平方千米的大陆架权利，花费高达上千亿卢布，这在领土/水域划界的历史上是绝无仅有的。[②] 这些费用是俄罗斯根据《联合国海洋法公约》为获得200海里以外大陆架权利所需要支付的。

---

① Штыров. В. А., "Арктика и дальний восток," Величие проектов, Книжный мир, 2018, С. 243.

② Замятина Н. Ю., Пилясов А. Н., "Российская Арктика к новому пониманию процессов освоения," Ленанд, 2019, С. 311.

2017年8月，俄罗斯总理梅德韦杰夫表示，从2015年开始俄罗斯一直在执行北极地区的经济发展计划，根据该计划，截至2025年俄罗斯将拨款1600亿卢布用于北极的发展。但是他表示，因没有执行北极发展计划所需的足够资金，政府正在努力修订该方案。① 2020年9月，俄罗斯远东发展部确定了北极地质勘探的拨款金额，计划于2035年前与俄罗斯自然资源和环境保护部一起分配约2000亿卢布的预算用于该领域的投资。② 2020年7月，俄罗斯副总理兼总统驻远东联邦区全权代表特鲁特涅夫表示，2024年前国家发展北极计划的总预算为570亿卢布。③ 但他同样表示，支持基础设施项目的重点将放在私人投资上。1卢布的预算投资将吸引10卢布的私人投资。④

2022年，瑞典与芬兰两国提出加入北约的申请，俄罗斯在北极地区面临的孤立局面将更加严重。

值得关注的是，即使在俄罗斯整体经济无法满足北极发展需要的情况下，俄罗斯的军事工业综合体仍然是俄罗斯经济中具竞争力的部门之一，在一些方面保持了自苏联以来良好的储备。军事工业综合体军工综合体是国家工业的一部分，从事军事装备的生产和国防部门的研发。俄罗斯的军事装备和武器，尤其是航空技术和防空系统，在世界上处于优势地位。近年来，俄罗斯的军事工业综合体得到快速发展。

首先，俄罗斯完成了大规模的军队改造计划。俄罗斯战略核力量的比例约为20%，对于军械和通用军队来说，这一比例在10%—15%之间。2010年，现代武器和军事装备在军队中所占的份额相当小。而在同期的主要外国军队中，现代武器和军事装备的份额为30%—50%。到2020年，在《2011—2020年国家武器计划》的框架内，俄罗斯武装部队装备新装备的比例提高到70%，空军的现代化武器水平达到75%，海军和空降

---

① "Медведев рассказал о планах выделить 160 млрд руб. на развитие Арктики," 25 ноября 2016，https：//www.rbc.ru/rbcfreenews/59a7df919a7947d38e3999bd.

② "Минвостокразвития назвало объем выделяемых на геологоразведку в Арктике средств，" Известия, 21 октября 2020，https：//iz.ru/1076673/2020-10-21/minvostokrazvitiia-nazvalo-obem-vydeliaemykh-na-geologorazvedku-v-arktike-sredstv.

③ "Финансирование госпрограммы развития Арктики до 2024 года составит 57 млрд рублей，" ТАСС, 21 июля 2020，https：//tass.ru/ekonomika/9013703.

④ "Льготы вышли на лёд，" RGRU, 21 июля 2020，https：//rg.ru/2020/07/21/reg-dfo/gosprogrammu-razvitiia-arktiki-profinansiruiut-na-57-milliardov-rublej.html.

兵的现代化武器水平超过63%，陆军的现代化武器水平达到50%，部队装备水平达到67%。到2024年底，所有这些指标都将得到进一步改进。俄罗斯陆军和海军装备的现代化水平预计将达到75.9%。该计划已花费约23万亿卢布，达到了设定的目标，使得《2011—2020年国家武器计划》成为近年来俄罗斯完全实现的少数几个国家计划之一。①

其次，大力发展战略核力量，作为战略导弹部队的一部分，超过95%的发射器处于持续战斗准备状态。根据俄罗斯军事部门的消息，2020年军队将获得3个导弹团，装备新的移动导弹系统"亚尔斯"。俄罗斯武装力量司令谢尔盖·卡拉卡耶夫表示，将向军队提供22个新的"亚尔斯"弹道导弹，以及"先锋"超声速导弹。②

最后，近年来，俄罗斯的空天防御系统、地面部队、空降部队和海军舰队也得到大力发展，俄罗斯军队从军工综合企业接收了3.5万多种新型和现代化的军事装备，包括坦克、柴油机、潜艇、战舰等。2020年底，俄罗斯第一批苏-57战斗机移交给空天防御系统。根据目前计划，到2024年底，俄罗斯航空军应总共接收22架第五代战斗机，到2028年，陆军中的苏-57战斗机总数将增加到76架。

此外，俄罗斯积极发展武器出口计划。武器和军事装备的出口历来是俄罗斯国防工业和国家整个经济工作的重要组成部分。2020年底，俄罗斯副总理尤里·鲍里索夫宣布，俄罗斯在2020年履行了武器和军事装备出口合同规定的所有义务。在资金方面，局势相对稳定。俄罗斯普遍每年有450亿—550亿美元的出口军事合同，但由于疫情原因，其军火市场的年度收入在140亿—150亿美元，预计在2023年恢复到疫情前的水平。③

三、俄罗斯政府的应对策略

北极地区的恶劣环境对基础设施和技术装备性能的要求极高，北极

---

① "ВПК. Итоги 2020 года," 30 декабря 2020, https：//topwar.ru/178616-vpk-itogi-2020-goda.html.

② "ВПК. Итоги 2020 года," 30 декабря 2020, https：//topwar.ru/178616-vpk-itogi-2020-goda.html.

③ "ВПК. Итоги 2020 года," 30 декабря 2020, https：//topwar.ru/178616-vpk-itogi-2020-goda.html.

地区人口密度低，远离工业中心，从事活动所需的资源消耗量大，燃料、食品和日用品供应成本高。① 俄罗斯经济发展状况不佳，国家在支持和推动俄罗斯北极地区的参与度明显是不够的。为了保障北极地区的持续发展，俄罗斯北极政策中对投资方式进行了规定，国家拨款、行政地区投资和商业投资是主要的方式。然而，即使在比北极地区条件优越的其他地区，私人资产也不能保障其延续性。所以，俄罗斯从国家利益出发，将主动权控制在自己手中，为私人资本参与北极地区综合发展制定系统性的方案。② 采用了公私合作伙伴模式，用以增加北极地区的投资潜力，刺激北极地区社会经济发展。在此发展模式下进行的基础设施建设项目和运输项目与政府订单相比，节省了大量预算资金，降低了国家财政风险，缩短了项目周期，一定程度上推动了北极地区的发展。

2020年8月，俄罗斯通过了一揽子优惠政策法案，降低在北极地区经营企业缴纳的企业所得税、土地税、企业财产税，出口货物的破冰领航、海运及转运服务的增值税降低为零，简化行政审批事项。该系列优惠政策致力于改善北极地区的营商环境，更新招商引资条件，促进地区项目实施和经济发展，使得俄罗斯北极地区成为其国内和世界上享有统一优惠政策的最大经济特区，优惠条件甚至优于欧亚地区的经济特区最好的条件。③ 在此背景下，俄罗斯加强了与亚洲国家在北极地区的经济政治合作，以吸引更多的资金、技术、设备、投资等入驻。

军民融合发展在俄罗斯北极政策中同样具有连贯性，在不同的政策文件中对发展国家—个人伙伴关系、利用民用资源补充发展北极经济及其他领域的规定有所涉及。在2009年的俄罗斯《海洋行动发展战略》中已经提出，海军与海上商运公司的协调为优先项目，把商船上升到军用船水平。④ 2009年出台的《国家安全构想》中明确指出，将利用公私伙伴关系模式进行经济发展，建设北极地区基础设施；在2015年的

---

① 刘新华：《试析俄罗斯的北极战略》，《东北亚论坛》，2009年第6期，第63—69页。

② "Вступительное слово назаседании президиума, Государственного совета повопросам государственной политики вотношении северных территорий.," 28 апреля 2004, http://www.kremlin.ru/events/president/transcripts/statements/22442.

③ 《俄北极成为全球最大的经济区》，中华人民共和国驻圣彼得堡总领事馆，2020年8月12日，http://petersburg.mofcom.gov.cn/article/ddfg/202008/20200802991746.shtml.

④ "Стратегия развития морской деятельности Российской Федерации до 2030 года," Правительство России, 8 декабря 2010, http://government.ru/docs/10048/.

《国家安全构想》中再次强调了利用公私伙伴关系模式应对经济发展战略挑战,重点完成北极、北方海航道的基础运输、能源、信息和军事基础设施方面的重要性。同时,在 2035 年前俄北极政策基础中提出,俄罗斯将在以下方面提供支持:第一,为在北极地区从事经济活动的俄罗斯公民,以及准备搬迁到俄罗斯北极地区开展劳动活动的俄罗斯公民提供经济支持;第二,国家对包括中小企业在内的企业提供支持,以便为私人投资创造有吸引力的条件并确保其发展;第三,扩大私人投资者在北极大陆架上实施投资项目的参与度,同时保持国家对其实施的控制权,保障与北海航线后勤相关的矿产资源中心的基础设施;第四,通过国家和私人投资增加碳氢化合物原料和固体矿物矿床的地质勘探工作与原料储备;第五,增加公民在保护公共秩序中的参与度,督促公民自愿参与保护公共秩序,尤其是在没有执法部队的偏远地区。① 总之,俄罗斯借助法律和行政手段强化本国企业、资金和人员在北极事务的参与度。

2016 年 4 月,俄罗斯总统指示国防部建立一个保障北极和千岛群岛(日本称北方四岛)海上国防经济有效运转的全新运输系统。为此,俄罗斯军事部门创建了"北极第一财团",其中包括国防物流公司、索夫拉赫特公司和远东海运轮船公司。"北极第一财团"负责制定和实施岛屿的运输服务统一关税政策。国防物流公司与俄罗斯天然气公司和阿尔汉格尔斯克州政府签署了合作协议,95 艘总载重量超过 100 万吨的民用船只以及 6 个海港得以利用。②

第三节 俄罗斯北极军事建设分析

西方国家对于俄罗斯在北极进行军事化的指责,主要原因在于近年来俄罗斯在北极地区的军事化建设。俄罗斯在北极虽然已经具备了地区军事优势,但仍然优先并快速地发展地区军事,与其他北极国家的军事

---

① "Об Основах государственной политики Российской Федерации в Арктике на период до 2035 года," 15 марта 2020, http://www.kremlin.ru/acts/news/62947.

② "В Москве состоялось заседание Коллегии Министерства обороны России," 27 июля 2016, https://function.mil.ru/news_page/country/more.htm?id=12090963@egNews.

存在形成明显差异。具体来看，俄罗斯在北极军事领域的工作主要包含基础设施建设、军事机构调整、军事装备升级等方面。同时，俄罗斯在北极的军事建设是其近年来军事改革的重要组成部分。

一、北极军事建设是俄罗斯军事改革政策的重要组成部分

因独特的地缘特征及历史印记，北极地区的军事建设充满了独特性及敏感性，俄罗斯在该地区的军事活动引起猜测。需要指出的是，俄罗斯选择在该地区加大军事力量有其特殊考量，但却也是在俄罗斯军事整体改革的大背景下进行的，北极军事建设是俄罗斯军事改革的重要环节。

苏联解体后给俄罗斯留下了庞大而臃肿的军事力量，军事改革虽然早已被提出但一直未能提上日程。1997年7月，叶利钦签署了军事改革的命令，俄罗斯军事改革正式开始。

叶利钦时期的军事改革分为两个阶段：第一阶段为1997—2000年，主要任务是改变部队建设和经费的支出结构，减少不必要的浪费性支出，保持和发展战略遏制部分，消除局部安全威胁；第二阶段为2001—2005年，主要任务是完成新型军种的组建及其指挥系统，提高部队质量。该时期军事改革的主要内容包括裁减兵员、削减军事预算、缩编军种、调整军事建设重点。同时，推动军队职业化建设，加强军事技术研究，提高部队战斗力。[1] 但是，由于经费严重不足，军队没有得到充分的训练，在之后的几次战斗中都损失惨重。同时，在军官任用上，叶利钦前后任命3名国防部长，使国防部与总参谋部相互制衡，没有实行统一的适于本国国情的军事战略，最后使得军事改革未取得实质性突破，以失败告终。

2000年，普京从叶利钦手中接过军队的接力棒。普京在俄罗斯国防部军事建设会议上表示，军事改革中需要撤销军事部门中的各种重叠机构，停止无效开支，更积极地向统一军事装备过渡；根据世界政治形势的变化，对国际军事合作的效益更加关注。[2] 他把军事复兴作为提升

---

[1] 冯玉军：《俄罗斯的军事改革》，《国际资料信息》，1997年第11期，第13—16页。

[2] "Военная реформа как составная часть концепции безопасности Российской Федерации: Системно-динамическая оценка," 26 июня 2013, https://topwar.ru/30018-voennaya-reforma-kak-sostavnaya-chast-koncepcii-bezopasnosti-rossiyskoy-federacii-sistemno-dinamicheskaya-ocenka.html.

民众信心和重振大国地位的重要组成部分。军事改革中的强硬姿态得到国内大众的认可,在之后的第二次车臣战争中大获全胜。2000—2008年,军事改革处于上升期,在2008年格鲁吉亚战争中,俄罗斯军队暴露出许多问题,为后续的大规模军事改革提供了动力。

2012年,普京第三次当选俄罗斯总统。在与美国关系紧张、围绕美国领导的北约导弹防御系统等问题出现争议之际,普京寻求恢复俄罗斯在苏联时期的影响力和军事实力。在2013年一年内,俄罗斯进行了6次全面战备状态突击检查,涵盖了全国几乎所有类型的部队和军种。普京表示,突击检查"显示出部队的积极态势,使军人们能够真正评估自己应对突击任务而非预知情况的能力"。他还赞扬指挥官们和参谋部在组织战略核力量方面的良好组织,并强调:"在俄罗斯近代史上,这是第二次连串陆海空系统成功发射洲际弹道导弹试射,并确认了俄罗斯'核盾牌'的可靠性。"① 2020年6月2日,普京总统批准俄罗斯核威慑国家基本政策,规定了核武器的使用条件等相关事项。

经过近20年的军事改革,俄罗斯武装力量的战斗力和实力都发生了明显变化。国防部长绍伊古声称,俄罗斯军事力量的现代化速度位于全球首位。② 其中,军队的变化主要体现在以下几个方面。

(1) 军事理论与军事部署

推出新版《军事学说》,对重大问题进行修改完善,调整军事部署。《军事学说》是解决军事安全问题的基本指导思想和纲领,为军事战略指出基本方向和原则,③ 在俄罗斯法律中具有重要作用。2010年,在对旧版《军事学说》进行修改和完善的基础上,梅德韦杰夫总统批准了新版《军事学说》。新版军事学说对军队的指挥体制、军区部署、作战军种、军事结构、部队人员等方面的改革进行了规定;确定了白俄罗斯是其主要盟友的地位,并首次将北约明确为最大安全威胁,斥责其

---

① "Путин велел главе Минобороны обеспечить Россию 'всеми рычагами для защиты национальных интересов' в Арктике," 10 декабря 2013, https://www.newsru.com/russia/10dec2013/arctic.html.

② "Как изменилась российская армия за последние 10 лет," Русская семерка, 25 марта 2018, https://russian7.ru/post/kak-izmenilas-rossiyskaya-armiya-za-po/.

③ 马建光、张明:《从俄罗斯军事学说新特点看其军事战略新趋势——解读新版〈俄罗斯联邦军事学说〉》,2010年第2期,第25—31页。

"借助东扩，推进向俄边境部署军事基础设施"①；还规定俄罗斯可灵活机动地在国外使用本国武装力量，大大扩展了俄军的行动范围。在国防领导指挥体制上，将军政和军令分离，作战指挥链由四级指挥机构组成，实现军队的专业化建设和管理。②

军事部署方面，将之前的莫斯科军区、北高加索军区、列宁格勒军区、伏尔加河沿岸乌拉尔军区、远东军区和西伯利亚军区共六大军区转变为东部、西部、南部、中央四大军区，并于2014年建立了北极联合战略司令部，军区机关对辖区范围内的海陆空常规力量和其他部门部队实施统一指挥，实现了军区、战区与战略方向的统一。③ 俄罗斯总统列为军事最高统帅。

(2) 军事机构组建更加有效的专项负责机构

在2014年正式组建北极联合战略司令部，统辖在北极地区部署的各军种部队。历史上第一次将保卫俄罗斯北极地区的所有任务分配到一个军事结构，而不是分散到几个军区和舰队。同时，2019年10月，普京签署了关于组建军事建设公司的总统令，恢复了苏联时期吸收军事人员参与建设国家经济的做法。该机构将取代俄罗斯专项建设署，整合国防部的建筑资源，用于建设军事设施。同时还肩负建设重要国民经济战略设施的任务，如工厂、核电站、道路、桥梁、机场等，原负责机构为创建于1990年的俄罗斯专项建设署。④ 军事建设公司为非营利性组织，由俄罗斯国防部直接管理，包括11个组织，可以摆脱不必要的承包商并简化程序，对工作效率提升具有重要作用。

(3) 军事人员数量和组成

在改革的最初几年，俄罗斯军事指挥系统发生了根本性的变化，军队的结构也进行了重组。新国防战略的假设是，此后不会发生大规模冲

---

① "Указ Президента РФ от 05.02.2010 N 146 'О Военной доктрине Российской Федерации'," http://www.kremlin.ru/acts/bank/30593.
② 《详解俄军事改革：理顺领导指挥体制，合并重组军区》，人民网，2015年10月5日，http://military.people.com.cn/n/2015/1005/c1011-27664095.html。
③ 《美军认为，俄军改革取得"令人吃惊"的成果》，《中国青年报》，2016年2月4日。
④ 俄罗斯调查委员会曾报道，在兰格尔岛和施密特角北部的雷达和空中交通管制设施的承包商被发现从国家合同中窃取了近30亿卢布（约合5000万美元）。内容参见：Matthew Bodner, "Corruption Hampers Russian Arctic Militarization Dreams," Mar. 10, 2017, https://www.themoscowtimes.com/2017/03/10/corruption-hampers-russian-arctic-militarization-dreams-a57390。

突，而局部战争的可能性大大提高。因此，地面部队大规模减少，军队的规模，特别是军官的数量，从 30 万人减少到 15 万人。坦克、枪支、大炮等装备的关键作用逐渐让位于武装部队，其重点是利用飞机和导弹的远程作战行动。但是，由于征兵人数和合同兵人数比例的变化，俄罗斯的武装部队人数再次增加。2012 年应征入伍的军事人员人数为 28 万人，合同兵人员为 16 万人，到 2018 年，两类人员分别为 24.5 万人和 38 万人，增加了 18.5 万人。[1] 随着军事改革的深化，俄罗斯的国防预算也在增长。

（4）军事技术

俄罗斯现有的极具威胁性的武器为"萨尔马特"导弹，可配备各种核弹头，包括高超声速核弹头。俄罗斯战略导弹部队前参谋长叶辛上校指出，即使敌人首先发动导弹袭击，"萨尔马特"导弹也能在有限时间内击中目标。[2] 俄罗斯的太空防御部队的作战能力，尤其是导弹攻击预警系统的作战能力大幅提高，可覆盖导弹发射方向的所有范围。

（5）军事设施

俄罗斯国防部设施建设的地理范围很广，从加里宁格勒到千岛群岛（日本称北方四岛），从南部的军事基地到北极。俄罗斯国防部长称，从 2013 年开始的五年里，国防部总共建造了 10480 座建筑物和设施。俄罗斯努力的重点是建立核威慑设施、机场网络、海军基地系统和综合储存库。2019 年，由于严格执行同步化措施、采用新建筑技术和统一的标准以及示范项目的实施，军事基础设施的更新速度有所加快，同时减少了建造时间和费用。

他于 2019 年 4 月还表示，到该年年初，现代武器在军队中的比重已上升到 61%，其中，战略核力量为 82%，陆军为 48.3%，空军为 74%，海军为 62.3%，空军为 63.7%；国防部副部长舍夫佐娃于 2018 年末也表示，从国内国防工业企业购买新武器的成本将超过 1.5 万亿卢布，约占国防部所有支出的 50%；俄罗斯在未来三年内将维持购买新

---

[1] Тарас Репин, "Как изменилась российская армия за последние 10 лет," Русская семерка. https://russian7.ru/post/kak-izmenilas-rossiyskaya-armiya-za-po/.

[2] Тарас Репин, "Как изменилась российская армия за последние 10 лет," Русская семерка. https://russian7.ru/post/kak-izmenilas-rossiyskaya-armiya-za-po/.

武器的相同支出水平，直到 2021 年后才逐渐减少国防支出。①

对于军事改革的成就，曾任叶利钦以及普京时期的总统顾问、俄罗斯外交和国防政策委员会主席团名誉主席卡拉加诺夫表示，军事改革已经完成了其中一项主要任务——阻止北约向俄罗斯边界的前进。俄罗斯的武器部署，至少可以确保接下来十五年的和平。②

具体到北极地区，2013 年 12 月 10 日，普京在国防部扩大会议上告诫可能会出现"北极军事化"危险，提出了"在所有战略方向上"成立真正军事集群的任务。他指出，扩大俄罗斯在北极地区的军事存在是俄罗斯武装部队的首要任务之一，并需要"采取一切手段保护其安全和国家利益"。③

通过近二十年来俄罗斯在军事领域的全面改革，改革成果在北极以不同形式得以体现。军事人员上，高级领导班子发生了一定转变。④ 同时，北极地区的国家政务机关和国家警卫队在结构和人员编制上将面临调整，与确保公共安全、保障基础设施现代化及住房建设等领域的任务相匹配。⑤ 军事设备上，俄罗斯近年来推出的新型军事武器，如：S-400 防空导弹系统、"北风之神"战略核潜艇、带有人工智能元件的"共振-N"移动式雷达系统、"亚尔斯-24"洲际弹道导弹等先进武器大量部署在北极地区；军事基础设施不断完善，除建立了世界上最北的军事基地外，已在北冰洋科捷利内岛、亚历山大地岛、弗兰格尔岛、施密特岛和新地岛展开建设工程；军事部署上，2014 年成立北极战略司令部，在 2018 年已建立的第一防空师基础上，于 2020 年 2 月确认部署第二防空师，摩托化步兵部队、空降部队、特种部队进入北极。除此之外，多次在北极领域进行史无前例的军事演习，2020 年 4 月，凭借新

---

① "Сколько денег иначтоименно тратит Миноборны России?" Взгляд, 29 апреля 2019, https：//news. rambler. ru/army/42116744/? utm_content = news_media&utm_medium = read_more&utm_source = copylink.

② "Военная реформа как составная часть концепции безопасности Российской Федерации：Системно-динамическая оценка，" 26 июня 2013, https：//topwar. ru/30018-voennaya-reforma-kak-sostavnaya-chast-koncepcii-bezopasnosti-rossiyskoy-federacii-sistemno-dinamicheskaya-ocenka. html.

③ "Putin Vows to Beef up Arctic Military Presence," The Moscow Times, Dec. 10, 2013, https：//www. themoscowtimes. com/2013/12/10/putin-vows-to-beef-up-arctic-military-presence-a30376.

④ 孟二龙、高桂清、王康：《北极地区军事化现状研究》，《飞航导弹》，2020 年第 4 期，第 1—6 页。

⑤ "Об Основах государственной политики Российской Федерации в Арктике на период до 2035 года，" 15 марта 2020, http：//www. kremlin. ru/acts/news/62947.

一代伞降系统及配套设施,俄罗斯空降兵首次在北极完成了万米高空伞降演练。总之,北极是俄罗斯军事科技发展计划的重要实施地区。

对俄罗斯来说,除能源与航道的经济利益外,北极地区可为其提供广阔的战略纵深,是俄罗斯对美国及欧洲国家进行战略威慑的前沿阵地。同时,北冰洋航道是核潜艇战略攻击的重要场所,也为俄罗斯陆上战略资源的补充提供最短航线。俄罗斯认为,单纯依靠法律和外交途径,并不能完全实现俄罗斯的北极安全目标。为实现其在北极地区的主导地位,俄罗斯会不断强化在北极地区的军事部署。

可以说,2013 年是俄罗斯军队的北极回归之年。2013 年 9 月 16 日,普京向俄罗斯国防部表示,"俄罗斯的军队于 1993 年离开了北极,但这里是北冰洋上的重要地点,目前是开发北方海航道的新阶段,我们回来了,并永远不会离开。俄罗斯正在新西伯利亚群岛上重建军事基地,并将恢复机场,以有效、安全地控制拉普捷夫海和东西伯利亚海"。[①] 2013 年 12 月 10 日,普京在俄罗斯国防部扩大会议上再次表示,俄罗斯正日益积极地发展北极这一有前途的地区。[②] 国防部长绍伊古随即表示,为了保障俄罗斯在北极领土的军事安全,保护俄罗斯的国家利益,将于 2014 年组建北极军团。

从俄罗斯政府决定回归北极之后,俄罗斯在北极地区的军事化建设不断加大,军事现代化程度已经超过了历史上的任何时期。2018 年绍伊古表示,俄罗斯已成为北极具有最大军事建设规模的国家。[③] 俄罗斯的北极军事建设主要从以下五个方面进行:军事基础设施建设、军事机构与其人员部署、军事装备增加与更新、开展军事行动、加强军民融合建设。

二、国内生产总值中的军事开支比例增加

在过去的二十年中,俄罗斯的军事开支大幅增长,从 2007 年的 370 亿美元上升到 2012 年的 540 亿美元,2016 年达到最高水平——692 亿

[①] "Путин: Россия воссоздаст военную базу на Новосибирских островах," Взгляд, 16 сентября 2013, https://vz.ru/news/2013/9/16/650581.html?ysclid=ll7ta6tuo9721189818.

[②] "Путин велел главе Минобороны обеспечить Россию 'всеми рычагами для защиты национальных интересов' в Арктике," 10 декабря 2013, https://www.newsru.com/russia/10dec2013/arctic.html.

[③] "Шойгу сообщил о самом масштабном военном строительстве в Арктике среди стран мира," Интерфакс, 26 февраля 2018, http://www.interfax.ru/russia/601479.

美元。① 由于乌克兰危机俄罗斯遭受了来自西方的经济限制，2017 年的俄罗斯军费开支自 1998 年以来首次下降。2019 年，俄罗斯的军事开支为 651 亿美元（占东欧军事开支的 88%），比 2010 年高出 30%，比 2000 年高出 175%。一个国家的军费开支占国内生产总值的比重，也被称为军事负担，是衡量军事给该国带来相对经济负担的最简单指标。② 从瑞典斯德哥尔摩国际和平研究所的数据可以看出，俄罗斯相比其他世界大国的军事负担是长期处于较高水平的。根据俄罗斯国家军备计划，到 2027 年，俄罗斯计划从预算中拨出 1 万亿卢布用于军事建设。③

俄罗斯 20 世纪的军费开支大量用于武器现代化，因为大部分装甲车、火炮和航空设备都是 80 年代生产的。在 2012—2018 年的 6 年时间中，超过 15 万亿卢布用于武器的更新，其中包括现代化的 T－72B3 坦克（其原型已有 40 多年的历史），苏－34 和苏－35 战斗机（原型为苏－27 战斗机）以及新型武器的出现（如现代化坦克 T－72B3、"阿拉玛特"战斗机、第五代战斗机苏－57 等）。根据普京 2018 年 3 月在联邦议会上的讲话，2012—2018 年俄罗斯武装部队的现代武器装备增长了 3.7 倍。④ 其中包括 80 枚新型洲际弹道导弹、用于潜艇的 102 枚新型弹道导弹、3 艘 "北风之神" 战略核潜艇，并为 12 个导弹团装备了 "亚尔斯" 战略弹道导弹系统。据报道称，新成立的军事建设公司将在 2019—2021 年完成战略导弹部队基础设施的建设，以部署 "亚尔斯""萨尔玛特" 和 "先锋" 等导弹系统。⑤ 大量的高尖端武器花费巨大，并特意为北极的严寒天气研制，北方舰队力量不断壮大。

---

① "SIPRI：Россия в прошлом году нарастила военные расходы до ＄69，2 млрд，" Ведомости，24 апреля 2017，https：//www. vedomosti. ru/economics/news/2017/04/24/687056-sipri-rashodi.

②《俄 2017 年军费开支 19 年来首降》，俄罗斯卫星通讯社，2018 年 5 月 2 日，http：//sputniknews. cn/russia/201805021025295544/.

③ "Путин создал《не имеющую аналогов》военную строительную компанию Она станет единственным претендентом на освоение ₽1 трлн из бюджета，" РБК，19 октября 2019，https：//www. rbc. ru/politics/19/10/2019/5daa0e3c9a7947c742c3787e.

④ "Оснащенность российской армии современным вооружением выросла в 3，7 раза，" Риа Новсти，1 марта 2018，https：//ria. ru/20180301/1515526220. html.

⑤ "Путин создал《не имеющую аналогов》военную строительную компанию Она станет единственным претендентом на освоение ₽1 трлн из бюджета，" РБК，19 октября 2019，https：//www. rbc. ru/politics/19/10/2019/5daa0e3c9a7947c742c3787e.

三、俄罗斯北极军事建设的具体措施

（一）扩建军事基础设施

西方政治家批判俄罗斯在北极进行军事化时经常将重点放在俄罗斯北极军事基础设施的积极发展上。基础设施建设是俄罗斯北极法律文件中的国家重点任务，同时成为其加强北极军事力量的重要举措。俄军已分阶段大量修建和扩建了北极军事基础设施，成为能够承担军队及装备部署以及进行军事行动的军事基地。截至2020年3月，俄罗斯军事部门已经在北极建立了425处设施，面积达70万平方米。[①] 北极地区的军事基础设施建设主要包括对苏联军事基地及机场的恢复、新军事基础设施的建设以及沿岸及航线基础设施建设。

苏联解体后，俄罗斯的北极发展几乎停滞，尤其是军事方面，大量基础设施搁置废弃。2013年，普京总统宣布恢复俄罗斯的北极军事存在之后，首先采取的行动便是恢复苏联时期的军事基础设施，包括机场和港口的重新开放。迄今为止，已经进行了大量工作。

首先，边境基础设施的恢复工作积极展开。近年来，美国特种部队及其北约盟国在俄罗斯国界及其边境领土的保护区的活动有所增加，并以国际非政府组织，特别是环境组织的名义。为此，俄罗斯使用了最新的无线电设备及多用途潜艇在巴伦支海进行侦察活动，并在巴伦支海上发现了外国侦察机的飞行记录。此外，外国研究人员在新地岛和白海的关键地区对俄罗斯核潜艇进行了监视。

俄罗斯2008年的战略文件提出了改变边防基础设施的规定。优化北极综合管理系统包括通过国家边防管控、在边境过境点的边防检查、在北极实行边境地区制度、在湾区和河口等位置实行技术管控等。

其次，俄罗斯20世纪90年代的经济改革严重影响了北方海航道的运输结构。航运公司和港口的私有化、国家资金的中断、区域运输以及信息技术的破坏导致北方海航道几十年来运转良好的运输系统的崩溃。[②] 北

[①] "Путин поручил Минобороны защищать национальные интересы в Арктике," 6 Марта 2020, https://niros.ru/obschestvo/putin-poruchil-minoborony-zashhishhat-naczionalnye-interesy-v-arktike.html.

[②] "Северный морской путь: оценки зарубежных специалствов," Владивосток: Дальневост. гос. Морская академ. адмирала Г. И., Невельского, 2002.

方海航道目前的基础设施无法满足目前以及将来的开发和利用需求。与苏联时期北方海航道的货运量相比，2015 年前的过境运输量大大减少。为了全面实现俄罗斯北方海航道的通航潜力，俄罗斯逐步放宽了对外国船只通过北方海航道的要求。同时俄罗斯力求做到以下几点：

（1）保障船只的航线安全，对此需要建立搜救服务。截至 2017 年，俄罗斯紧急情况部在北极地区建立了 6 个救援中心、4 个地区搜救队、196 个消防救援单位，以及位于摩尔曼斯克和迪克森的两个海上救援协调中心；[1]

（2）为所有船员不间断提供所有路段的天气和冰况信息；

（3）专业技术人才的培养，适用于该地区特殊和陌生的恶劣环境；同时培养专业语言人才，用以顺利沟通；

（4）保证国家对建设破冰船和辅助舰艇的支持，对已有港口进行现代化改造，考虑建设货物新航线以拓宽北极矿物资源的运输潜力。

这些条件不仅是为了满足俄罗斯北极国内运输的需要，更是为了将北方海航道作为国际航运的一部分，它将为俄罗斯带来可观的经济收入。

当然，实现北极地区作为有效的跨境航空航线同样需要建立及维护相应的基础设施。这不仅对于全方位保障俄罗斯北极利益是必要的，同时对于跨北极地区的商业航行发展也有独特意义。

2013—2015 年，新组建的海军航空兵团包括米格 - 29K/KUB 战机、Ⅱ - 38 反潜机的现代化计划正在进行。俄罗斯海军少将科钦说，将对所有苏 - 33 战斗机进行现代化改造，以打击海空目标。2016 年底，北方舰队海军航空兵补充了两架苏 - 30SM 多用途战斗机。[2] 这些飞机预计将在未来几年对俄罗斯北极地区航空部门进行补充。

应当指出，在危急情况下，航空航天部队可以加强北极地区的分组，多功能战斗机将大大增强俄罗斯航空在北极地区的打击潜力。如苏 - 30SM 的重新武装将有可能创建紧凑型小组，以解决航空战斗面临的各种任务。这对于北极的小型机场极为重要，因为在此类机场很难部

---

[1] "В Арктике до 2019 года будет создано два центра приема космической информации," 15 июля 2017, https://news.rambler.ru/fire/37407429-v-arktike-do-2019-goda-budet-sozdano-dva-tsentra-priema-kosmicheskoy-informatsii/.

[2] "Военная авиация в Арктике: состояние и перспективы," 20 августа 2017, https://topwar.ru/122917-voennaya-aviaciya-v-arktike-sostoyanie-i-perspektivy.html.

署大量的专业飞机。①

为了实现防空利益，俄罗斯重建机场网络并建立了统一的报告系统。绍伊古强调，为了保护国家利益，俄罗斯国防部不仅为北极地区，还为千岛群岛（日本称北方四岛）的大规模建设创造条件。

为发展国防基础设施提供资金是俄罗斯政府工作的优先事项。俄罗斯商务咨询公司指出，按照2020年地区发展战略的构想，俄罗斯政府将拨款340亿卢布。这是在2017年6月的一系列会议上做出的决定，副总理罗戈津作为政府的北极事务负责人参加了会议。②

除对苏联时期军事基础设施的维修改造外，建设新的军事基础设施同样成为俄罗斯加强北极军事建设的"重头戏"。

俄军在北纬80度拥有两处军事综合设施，一处是位于科捷利内岛的"北方三叶草"军事基地，可为250名军人提供维持12个月的舒适生活，执行雷达控制、空域控制和"控制北方海航道"的任务，所有装备和武器均经过测试和改装，可在北极极低的温度下使用。该基地配备了"堡垒"反舰导弹系统和两个铠甲防空导弹—火炮系统。"堡垒"反舰导弹系统可用于攻击包括航空母舰级别在内的任何水面舰艇，有效攻击距离为300千米。防空导弹—火炮系统可以击中范围为15千米高和20千米距离内的空中、水面和海岸目标。③ 另一处是位于法兰士约瑟夫地群岛的"北极三叶草"军事基地，飞机可以全年降落。该基地包括两个简易机场，一个用于补给飞机，另一个用于军事航空，并配备至少两套先进的"棱堡"反舰导弹系统，可有效打击200千米以内的北约各型军舰。"铠甲"防空系统可以在零下50摄氏度的情况下快速启动，有效打击来自中低空的各种目标，车辆和飞机都可以在没有卫星信号的情况下使用导航系统。④ 该基地拥有机动的海岸导弹系统，用于攻击任

---

① "Военная авиация в Арктике: состояние и перспективы," 20 августа 2017, https://topwar.ru/122917-voennaya-aviaciya-v-arktike-sostoyanie-i-perspektivy.html.

② "Военная авиация в Арктике: состояние и перспективы," 20 августа 2017, https://topwar.ru/122917-voennaya-aviaciya-v-arktike-sostoyanie-i-perspektivy.html.

③ "Чисто клевер. В Арктике база на Котельном охраняет границы," Коммуникации и экологию, 11 Апреля 2019, https://rg.ru/2019/04/11/kak-ustroena-baza-minoborony-severnyj-klever-v-arktike.html.

④ 《央视独家！神秘的俄北极"三叶草"基地首次对外媒开放》，央视网，2019年4月6日，http://military.cctv.com/2019/04/06/ARTIgUxrgNbaLLcxCtt1MeSP190406.shtml?spm = C96370.PWZlnA98wIvO.E06RcJ1yHnku.15。

何级别的水面舰艇，包括航空母舰。该基地配备了齐全的生活设施，破冰船队负责运送食物和武器，足以在没有外部支持的情况下供150名军人使用18个月。①

根据公开资料，在北极地区至少有6个俄罗斯军事基地，分别位于新西伯利亚群岛的科捷利内岛、北地群岛的中岛，法兰士约瑟夫地群岛的亚历山大岛、新地岛的罗加乔夫镇、楚科奇的弗兰格尔岛和施密特岛。截至2020年初俄罗斯在北极有18个海洋港口，其中俄罗斯的欧洲北极地区有12个，亚洲北极地区有6个，每个港口都配备有基础设施用以保障在该地区的经济活动，比如码头、库房、港口补给船、装卸设备，配套的公路和铁路等。② 俄罗斯计划在北极地区共建立13个机场和10个技术雷达点。③

在北极水域，除了军舰外，还有油轮、散货船、拖网渔船、驳船和拖船、破冰船、补给船等。海上交通主要有三种用途：运输自然资源、给当地居民运送货物以及旅游需求。

北极地区重要的基础设施之一为俄美加在北极地区用于运输石油和天然气的管道。同时，在北极上空有空中航线，连接欧洲、北美和亚洲。北极地区的机场很多，但是其中的大部分为小型机场。

（二）调整军事机构及部队

苏联解体后，俄罗斯失去了大部分东欧地区以及在盟国部署的军事基地。北方舰队成为俄罗斯海军的关键力量。进入北极发展新时期后，俄罗斯军事机构不断调整与优化，军事化程度提高。

北方舰队是俄罗斯目前最强大的海军编队。为了保护俄罗斯在北极的战略与经济利益，北方舰队联合战略司令部于2014年12月在北极成立，这是俄罗斯设立的新军事机构，北方舰队和北极地区主要的陆军及

---

① "Путин поручил Минобороны защищать национальные интересы в Арктике," 6 Марта 2020, https://niros.ru/obschestvo/putin-poruchil-minoborony-zashhishhat-naczionalnye-interesy-v-arktike.html.

② "Реестр морских портов," Министерство транспорта Российской Федерации. Федеральное агентство морского и речного транспорта, https://www.morflot.ru/portyi_rf/reestr_mp.html.

③ "Защита Арктики: Россия развернула на Новой Земле радиолокационную станцию," EurAsia, 24 октября 2019, https://eadaily.com/ru/news/2019/10/24/zashchita-arktiki-rossiya-razvernula-na-novoy-zemle-radiolokacionnuyu-stanciyu.

空军的下属部队以及其他管理部门都由其管理,[1] 其管辖范围从摩尔曼斯克到阿纳德尔。北方联合战略司令部还配备了现代化反舰系统的战术小组,它的成立强化了北极地区军事能力的针对性和专业性,[2] 使俄罗斯成为北极地区军事力量最强大的国家。北极战略司令部还在摩尔曼斯克州和亚马尔—涅涅茨自治区分别组建了针对北极地貌特点的摩托化独立步兵旅。两个旅由海军陆战队、陆军特种部队和空降兵组成,同时配备了雪地摩托艇等雪地特战装备。国防部长绍伊古表示,在北极这样气候极端的地方,部队能够提供及时保障具有重要意义。[3]

2014年3月14日,俄罗斯空降兵和军事装备首次在北极大规模降落,来自俄罗斯第98空降师的350人着陆,有4个战斗装备降落在平台上,还有约40吨的各种货物、军事装备和物资。根据俄罗斯空降部队司令沙马诺夫上校的说法,世界上没有任何国家在北极进行过如此大规模的空降演习。在这样的天气条件下,除俄罗斯人外,世界上没有人能够跳伞,俄罗斯在跳伞训练方面仍保持着世界领先地位。空降兵营降落在位于北极科捷利内岛上的"速度"机场,自1993年以来,该机场被废弃,于2013年10月29日重新开放,目前该机场允许接收军用运输机。[4] 2020年4月26日,俄罗斯空降兵从1万米高空空降到北极地区的法兰士约瑟夫地群岛,再次成为世界上进行此类演习的首个国家。俄罗斯国防部副部长耶夫库罗夫表示,虽然今天是历史上第一次,但在2021年后将成为普遍现象,因为部分侦察兵部队将转为高空空降部队。同时,在北方领土上的这些生存和防御技能已成为俄罗斯武装部的"教科书",它将用于北极的进一步发展。[5]

随着北极国家及域外国家在该地区的海洋研究活动的强度增加,俄罗斯联邦安全局的海岸警卫队发挥着独特作用,它的重组是俄罗斯军队

---

[1] 钱宗旗:《俄罗斯北极战略与"冰上丝绸之路"》,时事出版社2018年版,第293页。
[2] 王曾琛:《俄罗斯增强北极地区军事力量动因分析》,《现代军事》,2017年第7期,第82—86页。
[3]《美俄北极战略博弈升温 俄"向北突围"抗衡美压制》,新华网,2016年12月30日,http://www.xinhuanet.com/mil/2016-12/30/c_129426701.htm。
[4] "Российские десантники покорили Арктику," Topwar, 17 марта 2014, https://topwar.ru/41589-rossiyskie-desantniki-pokorili-arktiku.html.
[5] Алексей Кошкин, "Четыре минуты свободного падения: как прошло историческое десантирование ВДВ с высоты 10 км в Арктике," ТВЗВЕЗДА, 26 апреля 2020, https://tvzvezda.ru/news/forces/content/2020426912-jwKBT.html.

的另一大结构性变化。改组后的俄罗斯海岸警卫队优化其组成及兵力，将边防组织转为边防机构，提升了作战能力，作为俄罗斯联邦安全局的一部分，成为实质上的新边界管理系统。除了保护国界，俄罗斯海岸警卫队还参与以下具体任务：确保海洋经济活动对象的安全，打击海上恐怖主义，监视北方海航道的航行制度，保护海洋生物资源以及监视研究活动等特定任务，搜救海上遇险人员、船舶和物体，确保国家保护设施的安全，对水面情况进行环境监测等。俄罗斯联邦安全局海岸警卫队负责人海军上将梅德韦杰夫表示，在过去的十年中，海岸警卫队已有386艘有效执行边境任务的船只，现代船舶的比例达到66%。[1] 海岸警卫队北极地区的边境管理机构职责范围覆盖了5个北极海域、领土和沿海地区，水域长度超过2.25万千米。2016年，俄罗斯联邦安全局加强了东北大西洋渔业委员会在巴伦支海管制区域内的俄罗斯大陆架边界工作，保护了相关经济利益。

为了更好的保障北极安全，俄罗斯联邦安全局还在北极的东部和西部分别建立新的边境管理机构——俄罗斯北极东部和西部边境分局。其中，东部边境分局位于堪察加彼得罗巴甫洛夫斯克，负责北极东部的区域安全任务，包括反情报活动、边界活动、打击恐怖主义、打击犯罪活动、确保信息安全以及法律规定的其他活动；西部边境分局位于摩尔曼斯克州，负责从挪威边界到克拉斯诺亚尔斯克地区的泰米尔半岛的海洋部分，将俄罗斯的7个北极地区联合起来，负责长度超过1.05万千米。它还包括内陆海水、领海、专属经济区以及在巴伦支海、怀特海和喀拉海中的俄罗斯大陆架。该部门还负责解决斯瓦尔巴群岛附近的海域以及俄罗斯专属经济区以外的监管区域的问题。边境管理分局与远程管理部门和地方当局进行机构协调工作，在北极地区边界安全的事务上开展合作。

俄罗斯国防部特别关注北极防空体系建设。2015年12月，俄罗斯组建了北方舰队第45空防集团军，俄罗斯北极的空中利益得到有效加强。在新地岛、北方岛、弗兰茨约瑟夫岛、新西伯利亚群岛装备了无线电技术部队和防空导弹部队，以及全空域、多用途防空导弹系统 C-300。[2] 在

---

[1] "ФСБ: приоритет Береговой охраны-в вертолетонесущих судах," ТАСС, 28 мая 2019, https://tass.ru/interviews/6475692.

[2] "В составе СФ сформирована 45-я армия ВВС и ПВО," 1 февраля 2016, https://topwar.ru/90127-v-sostave-sf-sformirovana-45-ya-armiya-vvs-i-pvo.html.

俄罗斯的军事基地部署了雷达站、军用机场等空天防御军的独立设施。俄罗斯正在加强北极地区的防空系统，并已分别于 2015 年和 2020 年部署两个防空师，到 2020 年底俄罗斯北方舰队还将接收 180 多件适应北极作战的新型武器装备。①

（三）扩充和升级军事装备

2020 年 3 月，俄罗斯国防部长绍伊古指出，俄罗斯军事极地探险者才是高纬度地区主要的开拓者，具有长期的基础，可以毫不夸张地说，"当今世界的北极文明是俄罗斯军队"。②

俄罗斯积极研发和部署新型的极地装备，并对多种原装备进行升级，以适用于北极地区的恶劣环境。2012 年 12 月 20 日，"北风之神"级首艇"尤里·多尔戈鲁基"正式服役至北方舰队，艇上装有 RSM - 56 弹道导弹，射程在 8000 千米以上，能承受 500 米的核爆炸冲击。该导弹被认为是俄罗斯未来几十年的主要战略核力量，能够轻易地对其所处半球的任何一处实施战略核打击。③

2015 年 1 月，北极部队接收了新的 S - 400 防空导弹系统，与部署在科拉半岛北部的 S - 300 防空系统共同保障北极的空中安全。2019 年 9 月，俄罗斯武装部在新地岛的北方舰队部署了首批 S - 400 防空导弹系统，并投入战斗值班。S - 400 防空导弹系统可用于攻击敌方侦察机、潜艇、雷达侦察机以及干扰机、中程导弹等现代先进空中攻击武器，并可用于打击地面目标，其最大射程可达 400 千米，④ 可探测目标可达 600 千米。⑤ S - 400 防空导弹系统不仅可以避免俄罗斯北部边界受到空中威胁，而且可以保护其北方海航道。同时俄罗斯正在重建苏联解体后就不再存在的北极防空体系。

---

① "Северный флот получит более 180 единиц вооружения и техники, адаптированных для Арктики," 28 февраля 2020, https：//tvzvezda. ru/news/forces/content/2020228133 - 8wzZK. html.

② Сергей Никаноров, "Армия России-как арктическая цивилизация," 17 марта 2020, https：//yandex. ru/turbo/s/ng. ru/armies/2020 - 03 - 17/100_arctic170320. hml.

③ 《和中国万山车谁牛？首见俄军最强潜射导弹载车》，中华网，2016 年 9 月 5 日，http：//js. china. com/jctp/11172988/20160905/23473065_16. html.

④ "Зенитная ракетная система С - 400," MILITARYARMS. RU, https：//militaryarms. ru/boepripasy/rakety/zrk-s-400-triumf/.

⑤ "Эксперт: системы С-400 в Арктике на порядок усилят потенциал ПВО," WAR THUNDER, 10 декабря 2019, https：//tvzvezda. ru/news/opk/content/201912101714-AqKi0. html.

2018 年，俄罗斯海军补充了 400 多件现代化武器和军事装备。其中，第一艘配备口径巡航导弹的军舰 22350 型护卫舰首舰"苏联戈尔什科夫海军元帅"出现在北方舰队上，驻地北莫尔斯克。这是苏联解体后俄罗斯设计建造的第一艘大型水面战舰，也是俄罗斯海军的最高造舰成就之一。

2019 年 10 月，俄罗斯首艘 23550 型海军多功能破冰巡逻舰"伊万·帕帕宁"在圣彼得堡下水，破冰巡航舰配备有现代火炮、巡航导弹和防空导弹等武器。① 有专家指出，"伊万·帕帕宁"号是一艘具有破冰功能的巡逻舰，甚至可以成为驱逐舰，战斗舰船的军事属性非常明确。②

据俄罗斯《消息报》报道，2019 年底，俄罗斯多用途攻击型核潜艇 15 年来首次完成北极特殊的军事演习，885、885M"亚森"级多用途攻击型核潜艇已能够在北极冰层下搭载高超声速导弹"锆石"进行军事打击。俄罗斯海军表示，建造这些攻击性核潜艇使用了更现代化的基础原料，并对设备和材料进行了优化。新设计不仅减少了噪音，同时降低了机组人员发生事故和遭受辐射的可能性。反应堆无需充电即可运行 25—30 年，与核潜艇本身寿命相当。装备的"缟玛瑙""锆石"或"口径"导弹在打击水面和地面目标上都非常有效，射程超过 1500 千米，可以突破任何防空系统，速度是现代防空系统的极限。③ 有西方专家指出，该核潜艇系统是专门为北极地区作战而设计的，可以执行各种战斗任务，从突击地面目标到打击潜艇，并可用超声速反舰导弹和鱼雷摧毁所有类型的水面舰艇。该项目独特的技术特点使得核潜艇在面对最新的反潜武器系统时几乎无懈可击。在许多方面，885M"亚森"级多用途攻击型核潜艇的性能优于美国的"海狼"，而后者曾被认为是 21 世纪最好的核潜艇。④ 俄罗斯国防部已经批准了 885M"亚森"级多用途攻击型核潜艇部署的最终计划。在即将进入海军的 7 艘潜艇中，有 5

---

① Александр Широкорад, "Военный вектор Арктики, Чем опасна интернационализация Северного морского пути," 15 ноября 2019, http: //nvo. ng. ru/nvo/2019 - 11 - 15/1 _1070 _vector. html.

② 解放军新闻传播中心：《俄海军"能打仗的破冰船"下水!》，2019 年 11 月 3 日，https: //baijiahao. baidu. com/s? id = 1649160643428583033&wfr = spider&for = pc。

③ "Подлёдное время: лодки проекта 《Ясень》 смогут запускать 《Цирконы》 в Арктике," Известия, 2июня 2020, https: //iz. ru/1018369/aleksei-ramm-bogdan-stepovoi/podlednoe-vremia-lodki-proekta-iasen-smogut-zapuskat-tcirkony-v-arktike.

④ "Чёрный страж Арктики," Российская Газета, 16 января 2014, http: //www. rg. ru/2014/01/16/podlodki. html.

艘会部署到北方舰队，目前，"喀山"和"新西伯利亚"两艘同类潜艇正在进行测试。① 部署后的北方舰队导弹射程可覆盖所有北约国家。

2020年6月12日，在"俄罗斯日"，首艘"北风之神－A"级核潜艇"弗拉基米尔大公"入驻北极，成为俄罗斯最强的战舰，和美国的"俄亥俄"级别保持一致，能携带12枚导弹，对美国本土作战形成巨大挑战。② 该导弹除动力足、航速高与自动化程度高以外，在动力系统方面采用的先进工艺增强了其隐身能力，采用俄罗斯"格洛纳斯"卫星导航系统进行导航，命中精度会得到有效提高。据悉，俄罗斯海军共订购了7艘"北风之神－A"级核潜艇，未来将成为俄罗斯海军核打击力量重要的组成部分。现代武器在北方舰队中的占比正在增加。③

2020年7月27日，俄罗斯海军舰队和国防工业企业试验了首艘搭载"波塞冬"无人潜航器的核潜艇。普京总统在2018年联邦议会上首次谈到了俄罗斯在无人驾驶潜航器方面的发展，这种水下航行器可以在很深的深度高速行驶，可携带常规武器和核武器，这将使它们能够袭击航空母舰群、沿海防御工事和基础设施。根据公开消息，它的排水量约为1万吨，自主航行能力长达120天，乘员不少于100人。④ "别尔哥罗德"多功能核潜艇是"波塞冬"无人潜航器的试验舰，2019年4月在北德文斯克北方机械制造厂下水，可在北极冰层下工作。

俄罗斯军方表示，2021年重型飞机巡洋舰"库兹涅佐夫海军上将"应恢复使用。俄罗斯唯一的航空母舰正在进行维修和现代化改造，维修将使其寿命延长至少10年。在维修工作中，将对航空母舰的主要动力装置进行重要更新。此外，该航空母舰还将配备现代雷达和无线电电子

---

① "Подлёдное время： лодки проекта《Ясень》смогут запускать《Цирконы》в Арктике," Известия，2 июня 2020，https：//iz.ru/1018369/aleksei-ramm-bogdan-stepovoi/podlednoe-vremia-lodki-proekta-iasen-smogut-zapuskat-tcirkony-v-arktike.

② 《俄首艘北风之神－A型核潜艇加盟北海舰队，有何战略意图?》，人民网，2020年6月23日，http：//military.people.com.cn/n1/2020/0623/c1011-31757250.html.

③ "Северный флот получит более 180 единиц вооружения и техники，адаптированных для Арктики，" 28 февраля 2020，звезда плюс，https：//tvzvezda.ru/news/forces/content/2020228133-8wzZK.html.

④ "В Минобороны заявили об испытаниях подлодки—носителя 'Посейдонов'," 26 июль 2020，рианоности，https：//ria.ru/20200726/1574934569.html.

武器，以及新的防空系统。①

此外，在北极的极端条件下，俄罗斯对武器和军事装备的现代化模型试验每年仍在继续。

表 2-4　近年来进入俄罗斯北方舰队的主要舰艇力量

时间	舰艇	作用及意义
2012 年 12 月	"北风之神"级首艇"尤里多尔戈鲁基"正式服役于北方舰队	能够轻易地对其所处的半球任何一处实施战略核打击
2013 年 9 月	北方舰队旗舰"彼得大帝"核动力巡洋舰为首的舰艇编队抵达新西伯利亚群岛科捷利内岛	俄军重返北极，开始建造军事基地
2018 年 7 月	22350 型护卫舰"苏联戈尔什科夫海军元帅"驻地北莫尔斯克	苏联解体后俄罗斯涉及建造的第一艘大型水面战舰
2018 年 10 月	11711 型登陆舰"伊万格林"抵达北鄂木斯克	从波罗的海舰队过渡到北方舰队。排水量为 5000 吨，可载 13 辆主战坦克或 36 辆装甲运兵车、300 名伞兵
2019 年底	885、885M "亚森"级多用途攻击型核潜艇搭载高超声速导弹"锆石"在北极冰面下进行军事打击	核潜艇在面对最新反潜武器系统时几乎无懈可击，在许多方面，"亚森"级多用途潜艇的性能优于美国的"海狼"
2019 年 10 月	首艘 23550 型海军多功能破冰巡逻舰"伊万·帕帕宁"在圣彼得堡下水，入驻北方舰队	具有破冰功能的巡逻舰，可成驱逐舰，还可从事搜救和科研任务
2020 年 5 月	22350 型护卫舰"戈洛夫科海军上将"	俄海军造舰历史上首次比计划提前完成的项目
2020 年 6 月	9K333 "柳树"便携式防空导弹系统驻扎布里亚特	对付战役战术航空兵飞机及攻击直升机，垂直打击范围为 10—4500 米，水平打击范围为 500—6500 米
2020 年 6 月	"北风之神-A"级核潜艇入驻北极	和美国的"俄亥俄"核潜艇级别保持一致，动力足、航速高、自动化程度高、隐身力强

资料来源：笔者根据相关资料自制。

---

① "Оружие для войны в Арктике," Военное обозрение, 25 октября 2018, https://topwar.ru/148840-oruzhie-dlja-vojny-v-arktike.html.

第四节 俄罗斯北极政策的话语权研究

冷战结束后,随着北极在国家战略中的地位下降,俄罗斯民众对这个遥远的冰冷区域不再那么关注。当俄罗斯政府重新将北极定位为战略区域后,努力通过不同方式加强民众对北极的了解、重视,并在俄罗斯民众的社会生活中做出了追求北极战略认同的不同尝试。其中,媒体宣传是俄罗斯政府宣传北极政策的主要方式。如俄罗斯 REGNUM 通讯社就于 2017 年进行了名为"为北极而战""为什么俄罗斯需要北极"等的调查,调查问卷中涉及"您知道北极的位置吗?""您知道北极的作用吗?""您了解北极居民吗?"等问题,号召俄罗斯民众加强对北极的关注。[1]

媒体是国际战略传播者,可以在塑造公众对某一特定问题的看法方面发挥核心作用。在当今的数字通信领域,影响政治认知和优先事项的媒体叙述也可能具有地缘政治影响。[2] 发言人的身份、发言地点、听众地位均对公众接收和判断信息有重要影响。同时,发言人内容的真伪,是个人观点还是官方意见都是需要认真揣摩才能得出结论。

(一)领导人发言强调北极建设的重要性

领导人是国际政治的参与者,其在公共场所发表的言论对公众判断国家事务具有举足轻重的作用,通常也被用来当作政策判断的重要依据。近年来,随着俄罗斯军队回归北极,北极事务的不断增加和细化,俄罗斯领导人针对北极的言论逐渐增多。总体而言,俄领导人针对北极地区军事领域的表态有以下类型:

第一,北极是俄罗斯的传统地域,俄罗斯要回归这里并尽全力维护该地区。2013 年 9 月 16 日,北方舰队的舰艇编队抵达新西伯利亚群岛科捷利内岛,开始着手修建基地。普京总统在同日与国防部举行的电话会议上强调:"北冰洋是非常重要的一个地点,是开发北冰洋航线的新

---

[1] Александр Шимберг, "Барьба за Арктику," Иа Regnum, 5 октября 2018, https://regnum.ru/project/fight_for_the_arctic.html.

[2] Nilsson A. E, Christensen M., "Arctic Geopolitics, Media and Power," Basingstoke, 2019.

基地。我们在这里不仅将恢复军事基地，还将恢复机场，使紧急情况部的代表、水文学家、应对气候问题的专家能够参与共同工作，以确保北方海航道上的工作安全和高效进行。"① 同年 12 月 10 日，普京再次在俄罗斯国防部扩大会议上表示，"俄罗斯要更加积极地开发这一充满希望的地区，要重返该地区，并且用一切手段保护本国安全和俄罗斯在该地区的国家利益"。② 俄罗斯政治研究中心顾问耶夫斯塔菲耶夫认为，北极历来是检验一国军力和战斗力水平的地区，俄罗斯应成立北极部队。③

第二，俄罗斯北极地区正面临严峻挑战，关系到整个俄罗斯的安全利益，俄罗斯在北极的任何军事部署主要出于防御目的。2017 年，在每年一度的"总统连线"中普京表达了北极对于俄罗斯重要的军事作用，并强调美国在北极地区的部署对俄罗斯形成威胁。普京称："美国部署在挪威北部的核潜艇只需 15 分钟就可以到达莫斯科。我们必须明白那里会发生什么。我们必须采取相应措施保护海岸。"④ 在此背景下，普京强调俄罗斯加强导弹预警系统的必要性。俄罗斯国防部社会委员会成员科罗特琴科曾表示，倘若在北极事态发展到动武的地步，则俄罗斯不是要与个别国家打仗，而是同北约作战。尽管西方国家为争夺北极，既与俄罗斯竞争，也相互竞争，但它们不会兵戎相见。⑤ 以上发言都强调了俄罗斯北极地区存在的风险以及来源，突出了俄罗斯在北极地区没有盟友的事实以及面临的强大挑战。2019 年普京在发表国情咨文时称："俄罗斯将被迫制造和部署武器"，"俄罗斯没有对任何人构成威胁，在安全领域采取的一切举措都是防御性质的"。⑥

---

① "Путин: Россия воссоздаст военную базу на Новосибирских островах，"Взгляд，16 сентября 2013，https：//vz.ru/news/2013/9/16/650581.html? ysclid = ll7ta6tuo9721189818.

② "Путин велел главе Минобороны обеспечить России'всеми рычагами для защиты национальных интересов'в Арктике，" 10 декабря 2013，https：//www.newsru.com/russia/10dec2013/arctic.html.

③ Рустем Фаляхов，"За нефть и газ стоит ледовая дружина Россия готовится воевать в Арктике，" газета.ru，10 декабрь 2013，https：//test.gazeta.ru/business/2013/12/10/5796761.shtml.

④ "Прямая линия с Владимиром Путиным，" 15 июня 2017，http：//www.kremlin.ru/events/president/news/54790.

⑤ "Прямая линия с Владимиром Путиным，" 15 июня 2017，http：//www.kremlin.ru/events/president/news/54790.

⑥ "Путин рассказал，как будет действовать，если США разместят ракеты в Европе，" 20 февраля 2019，https：//ria.ru/20190220/1551140747.html.

以上言论显示，俄罗斯官方强调其在北极增加军事力量的防御目的，以寻求国际话语权及世界认同。

第三，如果其他国家经北极对俄罗斯造成威胁，俄罗斯将迅速对等还击。普京除了强调俄罗斯在北极军事部署是为防御之外，还多次表示，如果其他国家通过部署导弹对俄罗斯造成威胁，那么俄罗斯会进行反击，以期达到威慑目的。如普京在给联邦会议的发言中表示："俄罗斯不会首先在欧洲部署导弹，美国生产和交付导弹到欧洲将严重加大国际安全隐患，并对俄罗斯构成威胁。如果对俄罗斯的威胁成为事实，俄罗斯将立即做出对等和不对称反应，不仅针对美国部署武器的国家，同时也包括那些下令发射导弹的决策中心所在地区（即美国）。"[1] 在俄罗斯恢复了北极和其他地区的远程反潜飞机空中巡逻后，普京表示，需要进一步加强战略核力量的作战潜力。[2] 同时用威慑姿态保障本国的北极安全。

此外，可以发现，俄罗斯针对北极安全对内和对外具有两种不同的表述。普京在国内和国际上的表态也不一致。在国际舞台上，普京普遍表示，北极是和平与合作区域，否认北极存在特殊的军事紧张。然而在国内会议或公开表态上，却强调北极安全的危险局势，要求俄罗斯国防部建立北极部队，全方位保障北极国家安全。如 2010 年普京任国家总理时表示，关于北极地区的大多数令人生畏的预测都是没有根据的。虽然在北极地区有地缘政治和经济利益的交织，但是绝大多数的北极问题，包括大陆架问题，可以通过现有的国际法律规范解决。[3] 在 2019 年的第五届"北极—对话区域"国际北极论坛上，普京同样表示："北极对我们构成了巨大挑战，我们只能共同有效地应对它们"，"我相信我们的建设性对话将有助于建立对北极地区的信任，从而建立北极地区的和平与可持续发展"。[4] 但他在国内却大肆发表关于北极面临国家威胁

---

[1] "Путин заявил о готовности России нацелить ракеты на США в случае угрозы," ТАСС, 20 февраля 2019, https://tass.ru/politika/6138275.

[2] "Северный флот восстановил воздушное патрулирование Арктики," известие, 18 декабря 2018, https://iz.ru/825074/2018-12-18/severnyi-flot-vosstanovil-vozdushnoe-patrulirovanie-arktiki.

[3] Рустем Фаляхов, "За нефть и газ стоит ледовая дружина Россия готовится воевать в Арктике," газета.ru, 10 декабрь 2013, https://test.gazeta.ru/business/2013/12/10/5796761.shtml.

[4] Кира Латухина, "Два капитала Россия намерена использовать государственные и частные инвестиции для развития Севморпути," RGRU, 9 апреля 2019, https://rg.ru/2019/04/09/reg-szfo/putin-sankcii-ne-mogut-ostanovit-process-osvoeniia-arktiki.html.

的言论。其实，早在 2010 年 2 月 27 日的国防部成员会议上，他就警告北极有"军事化"的可能，[①] 明确提出要加紧完善北极地区的军事力量构成和基础设施建设。

（二）俄罗斯官方媒体关注北极政治问题

随着经济全球化的发展以及网络的普及，人们接触国际信息的渠道更加多元化，除信息量的急剧增加外，信息来源的可靠性与真实性挑战着"观众"的分辨能力。同时，鉴于媒体感知与地缘政治动态之间的相互联系，各政治主体对媒体工具的利用成为不同政治力量角力的重要方式。

过去十年，北极国家的媒体对北极地区的兴趣大大增加。随着北极理事会观察员的增加，东北亚国家媒体也在逐渐加大对该区域的报道。从气候变化、海冰减少到北部地区的发展，再到地缘政治资源争夺，均成为媒体关注的焦点。研究发现，尽管各国媒体对该地区的报道言辞和报道重点有所不同，但主要围绕不同国家之间的利益争夺或环境保护与经济发展目标之间的冲突等。媒体类型很多，该部分内容主要强调的是俄罗斯政府借助媒体向社会公众传达军事化北极政策的手段，所以选取了三种类型的媒体作为研究对象，包括官方媒体、有官方背景的社会媒体以及纯粹的独立媒体。

近年来，俄罗斯媒体对北极的新闻报道主要关注能源开发和利用、经济制裁和安全问题。[②] 巴瑞·布赞等人认为，俄罗斯将"安全化"置于"北极安全"框架内可以有效地使国家某些机制和行为合理化，无论这些领域和主体是否真的对国家的利益构成威胁。[③]

斯德哥尔摩国际和平研究所对报道北极新闻的俄罗斯媒体进行了研究，该研究成果可以为本书的观点提供很好的证明。该研究选取了三个媒体：《俄罗斯报》《信息报》和《新报》，分别代表上述媒体的三种类型。其中，《俄罗斯报》是俄罗斯政府于 1990 年创办的官方日报，负责发布法律和总统令等国家文件。《信息报》是俄罗斯主要的社会政治和

[①] Рустем Фаляхов, "За нефть и газ стоит ледовая дружина Россия готовится воевать в Арктике," Газета. ru, 10 декабрь 2013, https://test.gazeta.ru/business/2013/12/10/5796761.shtml.

[②] Gritsenko D., "'Vodka on Ice? Unveiling Russian Media Perceptions of the Arctic'," *Energy Research & Social Science*, Arctic Energy: Views from the Social Sciences, NO. 6, 2016, pp. 8 – 12.

[③] Buzan B., Wæver O., Wilde J. D., *Security: A New Framework for Analysis*, Lynne Rienner Publishers: Boulder, CO, 1998.

商业日报，于 1917 年创立，1991 年停刊。1992 年 11 月 3 日，在经济私有化过程中，《信息报》成立了开放的股份公司，负责编辑和发行工作，① 目前由国家媒体集团所有。《新报》是俄罗斯唯一一家独立的报纸，75% 资产归其员工所有。它是由一群 1993 年离开《共青团真理报》的记者创立的。《新报》以其调查性新闻而闻名，例如报道 1999 年的公寓爆炸案、别斯兰学校围困事件、北奥斯特城围困事件以及库尔斯克潜艇事故等。自 2009 年以来，每周发行 3 次。② 这三家媒体分别代表了俄罗斯官方媒体、有官方背景的社会媒体和纯粹的独立媒体。

研究表明，作为政府官方媒体，《俄罗斯报》对北极问题的广泛报道表明了俄罗斯政府对北极地区的高度重视。2007 年当俄罗斯科考队在海底插上俄罗斯国旗时，该报大量报道了官方声明，并转述了部分专家的强硬态度。这种类型的报道一直持续到 2011 年，当官方言论转为北极开发的主要任务为经济发展、资源开发以及北方海航道的建设等有关问题时才大为减少。当 2014 年乌克兰危机爆发后，俄罗斯官方语言再次强硬时，《俄罗斯报》保持了同样步调。通过官方媒体的报道，俄罗斯政府希望公众认识到北极地区对俄罗斯的安全、经济以及国家未来繁荣的重要意义。此类报道还突出了俄罗斯政府对自身北极活动的自豪程度，以及这些活动如何增强俄罗斯作为历史悠久的北部国家的民族形象。此外，军事演习的相关报道将俄罗斯描绘成一个强大的国家，随时准备通过扩大军事力量来捍卫其利益。尽管《俄罗斯报》的报道也强调了俄罗斯打算和平解决任何争端的意图，特别是强调其对《联合国海洋法公约》的遵守，但同时突出了潜在的安全隐患，以证明俄罗斯军事存在的正当性。③

《俄罗斯报》和《信息报》所报道的涉及北极的内容与俄罗斯政府确定的优先事项高度契合，特别是石油和天然气资源的开采、北方海航

---

① "Основные этапы развития газеты 'Известия'," Риа новости, 12 марта 2012, https://ria.ru/20120313/592628788.html.

② Ekaterina Klimenko, Annika E., Nilsson, Miyase Christensen, "Narratives in the Russian Media of Conflict and Cooperation in the Arctic," *SIPRI Insights on Peace and Security*, NO. 5, Aug. 2019.

③ Ekaterina Klimenko, Annika E., Nilsson, Miyase Christensen, "Narratives in the Russian Media of Conflict and Cooperation in the Arctic," *SIPRI Insights on Peace and Security*, NO. 5, Aug. 2019.

道的发展以及该地区的军事姿态。此外，它们还报道了俄罗斯核破冰船舰队的现代化、科考和治理行动。而针对诸如气候变化、环境破坏、社会经济问题和原住民权利等更具争议性的问题，则会出现在《新报》的报道中。

《新报》作为受政府影响较小的独立媒体，对北极地区的报道与官方立场大相径庭。比如，对俄罗斯军事政策的报道，《新报》会提及有关军事装备老化对俄罗斯构成的威胁、俄罗斯对北极邻国存在挑衅等内容，对该地区工业发展的报道突显了北极项目资源的浪费，对环境安全的缺乏重视以及管理不善等弊端。

表2-5 俄罗斯媒体对北极报道内容比较

名称	《俄罗斯报》	《信息报》	《新报》
性质	官方媒体	持有国家股份的媒体	独立媒体
报道特征	与官方言论保持一致	具有俄罗斯反对党的政治倾向	突显北极政策及建设的问题
报道主题及内容	"冲突和战略"（25%）、"科技"（25%）、"经济发展和竞争力"（21%）、"治理和政策"（12%）、"环境"（10%）、"社会进步和人类福祉"（6%）；俄罗斯是传统北极大国，北极是其历史根基；北极对俄罗斯安全和经济的重要性；北极面临外部威胁；俄罗斯积极有效开发北极，并取得丰富成效；军事演习显示俄罗斯军事实力	与《俄罗斯报》关注主题基本保持一致，对"经济发展和竞争力"关注更多（28%）	"治理和政策"（28%）、"社会发展和人类福祉"（13%）、"科技"（9%）；俄罗斯军事装备老化；俄罗斯对北极邻国的挑衅及对方的反应；不重视环境安全及资源浪费

资料来源：Ekaterina Klimenko, Annika E., Nilsson and Miyase Christensen, "Narratives in the Russian Media of Conflict and Cooperation in the Arctic," SIPRI Insights on Peace and Security, NO. 5, Aug. 2019.

本章小结

本章对俄罗斯的新北极政策进行了分析，研究内容从四部分展开，包括俄罗斯北极政策文件解读、俄罗斯北极经济发展研究、俄罗斯北极军事建设分析及俄罗斯北极政策的话语权研究。

对俄罗斯北极政策文件的分析表明，俄罗斯逐步加大对北极地区的重视。这不仅体现在21世纪以来俄罗斯各类北极区域性政策文件的密集出台，以及其对北极政治、经济、军事等多领域的覆盖上，也呈现于北极地区在国家安全战略、海洋战略、军事战略等国家性战略中所占的越来越大的比重上。政策文件中对北极地区的关注从无到有，从能源和航道领域逐渐向高级政治领域偏移，从边界问题不断扩大纵深。俄罗斯对北极安全局势的走向进行判断，对与北极西方国家的双多边关系发生合作、竞争、可能性冲突的变化，对其与美国为首的西方国家的对立关系逐渐明确，对其可能会使用包括核武器在内的一切军事手段捍卫国家北极主权的立场愈发鲜明。同时，需要指出的是，俄罗斯政府对北极地区给予了特殊重视，将其赋予了战略意义。

俄罗斯北极地区拥有丰富的能源及渔业资源，人口虽只占国家总人口的2%，却贡献了全国约15%的国民生产总值和22%的出口总量，所以，俄罗斯将其作为国家能源战略基地，将经济发展作为俄罗斯北极政策的重要目标。俄罗斯政府大力发展北极航运及能源开发，并将吸引外国投资参与俄罗斯北极经济项目作为实现其北极社会发展任务的主要措施，同时制定了系列优惠政策，吸引本国私企的投资。但从经济发展指标来看，俄罗斯北极地区的经济发展仍然比较落后，无法按期完成预期计划，对此，俄罗斯将继续出台优惠政策，优化北极的营商环境，吸引投资的同时发展公私伙伴关系，并大力发展军民融合项目。

俄罗斯在北极的军事建设体现在多个方面，首先，整个北极地区的安全政策是在俄罗斯新一轮的军事改革中进行的。在此背景下，俄军加强了军事理论与军事部署，加大了军事支出，扩充并升级了军事装备，并且积极发展军事技术，俄罗斯国家军事水平明显提升。其次，俄罗斯的军事开支占国民生产总值的比例远远高于其他国家，而部署于北极的战略核武器在其中占有很大比例。为了大力发展北极的军事力量，俄罗斯不断扩建北极地区的军事基础设施、调整军事机构及部队并扩充和升级军事装备。

除以上夯实法律基础和加强硬实力外，俄罗斯政府借助媒体手段宣传北极进行军事建设的必要性，对加强俄罗斯民众北极的"家园情怀"、抵御西方国家威胁从而引发的捍卫北极权益的决心有重要作用。

第三章　比较视角下的俄罗斯新北极政策分析

在现代国际关系中，北极地区的作用正稳步增加。北极国家和域外国家[①]的利益在这里紧密相连。它们对该地区的兴趣并非偶然，大量的碳氢化合物、矿物和生物资源集中在这里，极地冰雪融化的趋势为利用北冰洋海域进行商业运输开辟了广阔的前景。然而，除了北极项目开发带来巨大的经济利益预期外，该地区还具有相当严重的竞争和冲突潜力。在过去的近二十年中，北极地区的军事化趋势日趋明显，在俄罗斯与西方国家国际关系普遍紧张的背景下，这可能加速该地区地缘政治局势的不稳定。近年来，关于俄罗斯在北极加大军事存在的言论不断增加，俄罗斯的北极安全政策成为解读俄罗斯北极政策的重要组成部分，所以，本章的内容也将聚焦安全领域。

首先，对相关研究对象进行界定。本章进行分析的国家主要包括俄罗斯、美国、加拿大、挪威和丹麦，即普遍认同的北极五国。它们在北极地区拥有本国的武装部队，是对俄罗斯北极政策产生影响的关键因素。而北极国家中的其他三国，从军事政治角度看，芬兰和瑞典无法直接进入北冰洋，而冰岛则根本没有正规的武装部队，不具备威慑能力，所以不对其进行单独的安全分析。此外，亚太国家虽然具备有竞争力的军事力量，但在北极没有任何的军事基础设施，并且目前尚不具备向北极进行远程军力投送的条件和能力，所以同样不作为本章的分析对象。在对北极国家的分析中，本书将其分成三组，分别为美国、加拿大及北欧五国，用以代表地区大国、中等强国及小国三种类型。

其次，本章研究的地区安全组织为全球最大的安全组织——北约。北约是欧洲和北美国家为实现联合防卫而建立的国际组织，其领导者为

[①] 指在北极地区没有领土的国家，即域外国家。

美国，在除俄罗斯外的北极国家中，其他北极五国成员都是北约国家（加拿大、挪威、丹麦、冰岛）。克里米亚入俄后，瑞典、芬兰两国对本国的自卫能力感到担忧，考虑是否放弃两个世纪的中立政策，加入北约寻求庇护。[①] 俄乌冲突爆发后，瑞典和芬兰也已经提交了加入北约的申请，并在过去的时间中长期和北约保持紧密联系。北约成为执行成员国北极政策的重要载体。同时，众多非北极国家的北约成员国也欲通过该组织实现本国的北极政治诉求。所以，对北约的军事政策及军事潜力进行研究具有重要意义。

如图所示，政策文件是分析各国北极政策的基础，从中可以得出该国对北极安全局势的态度和立场。军事潜力是一国维护安全利益的能力，也显示了其作用于地区安全的影响力，而军事演习和巡航等军事行动则显示了该国利用军事手段维护本国利益的决心。因北极国家中除俄罗斯外其他北极国家均为北约成员国或合作伙伴，所以，在对各国北极政策文件的分析中特别关注了北约成员国对俄罗斯北极政策的立场。

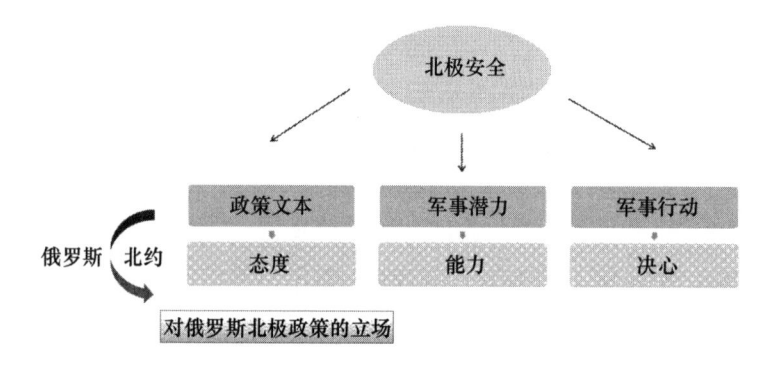

图3-1 北极安全局势分析结构图

第一节 北极各行为体的北极安全战略比较

在对俄罗斯与其他北极主要行为体北极安全政策的横向比较中，主

[①] 《瑞典和芬兰考虑放弃中立申请加入北约》，中国新闻网，2014年4月2日，http://www.chinanews.com/gj/2014/04-02/6023457.shtml。

要分为三部分，前两部分分别为对俄罗斯和其他北极国家及组织的安全政策分析，第三部分则以前两部分的分析结果为基础，分析其他北极行为体对北极安全态势的看法，尤其是对俄罗斯北极政策的立场和态度。因各国政治体制和决策机制不同，本节对文件的选择视具体情况而定。选择标准在于以下几个方面：第一，由国家重要职能部门制定并予以通过的法律法规；第二，政策文件属于对国家整体战略具有重要影响的法律基础；第三，对北极地区或北极事务进行了深入且广泛的探讨；第四，不同年份出台的相同文件对北极地区的内容描述不同，具有重要参考意义。

一、俄罗斯北极安全战略分析

西方政界普遍认为，俄罗斯于2007年开始北极地区的资源争夺。2007年俄罗斯考察队在北极进行海底研究，并在北冰洋海底插入了本国国旗。西方国家指责俄罗斯试图"主张对这片领土的权利"，是"在其他北极国家的神经上玩耍"。[①] 在这次事件之后，几乎所有北极国家都将北部地区的发展问题提到一个新高度，包括在军事安全领域。

对俄罗斯出台的北极官方文件分析，在第二章已经进行了较为详尽的分析，本章主要总结其政策特征，以用来与西方北极国家的政策进行比较。

总体上来看，首先，俄罗斯的北极战略文件数量上不断增加，从2008年出台第一个关于北极地区的战略文件开始，截至2023年末已先后出台了近10个政策文件，内容涉及俄罗斯北极地区的陆地领土范围、北方海航道的通行权利和使用规则、社会经济发展、能源开采、战略安全等多方面。

其次，政策内容上关于北极地区重要的战略地位以及俄罗斯将采用有效且强硬手段应对可能威胁的立场也逐渐清晰、明确。俄罗斯对北极地区的安全地位进行了升级，军事安全领域的规定从"确保俄罗斯北极地区的有利行动制度，维持武装部队及其他部队必要的作战潜力，确保该地区国家边界的军事安全"[②] 提升到"为准备战斗和动员状态做全面

[①] "Лавров защитил флаг России на Северном полюсе от США и Канады," 3 августа 2007, https://lenta.ru/news/2007/08/03/lavrov/. 3 августа 2007.

[②] "Об Основах государственной политики России в Арктике на период до 2020 года и дальнейшую перспективу," 18 сентября 2008, http://government.ru/info/18359/.

保障，以防止俄罗斯及盟友受到军事威胁和侵略，确保俄罗斯的北极主权权利，消除内外部军事威胁，确保战略威慑力。如果发生武装冲突，则在符合俄罗斯联邦利益的条件下击退侵略并终止军事行动"。① 《2035年前俄罗斯联邦北极地区发展和国家安全战略》指出，北极地区出现冲突的可能性在增加，并再次强调了部署战略威慑力量对防止敌人入侵的意义，俄罗斯将持续提高驻北极武装力量和军事单位的战斗能力。②

除针对北极地区创建的法律规定外，俄罗斯政府在《海洋学说》《海军行动政策原则》《军事学说》及《国家安全构想》等国家战略文件中逐渐加大了对北极的关注。20世纪末至21世纪初的文件中几乎未提及北极地区的情况，这与北极地区的整体国际形势保持一致，即21世纪的前十年，北极地区较好地维持了"北极例外论"，保持和平与稳定，远离地缘政治的纷争。而进入21世纪第二个十年后，俄罗斯明确指出了其在北冰洋和北方海航道的压制和威胁，强调了北极地区在海洋、军事、国家安全方面特殊的战略重要性。

总之，通过对俄罗斯北极安全战略的政策文本解读可以看出，坚持加强北极地区的军事建设是俄罗斯建设北极的长期主张，俄罗斯政府通过法律制定、实施、监管等多种手段促进俄罗斯北极地区的社会发展和国家安全，通过"硬实力"保障本国在该地区的经济、政治、军事和航道利益。

二、西方北极国家及北约的北极安全战略分析

对北极国家的安全政策文本进行分析，可以从中得出各国对目前北极安全局势的态度和立场。因国家体制不同，出台的政策文件类型不同，所以具体参考的文件也有所区别。但文本选取的总体标准一致，即涉及到该国对北极安全领域的法律规定，具体包括本国的北极政策安全领域规定以及其他相关安全文件，如国家安全构想、国防部战略报告、军事学说、国防协定或计划等。

---

① "О Стратегии развития Арктической зоны Российской Федерации и обеспечения национальной безопасности на период до 2020 года," Правительство России, 20 февраля 2013，http：//government.ru/info/18360/.

② "Указ Президента Российской Федерации о Стратегии развитии Арктической зоны Российской Федерации и обеспечения национальной безопасности на период до 2035 года," 26 октября 2020，http：//www.kremlin.ru/acts/news/64274.

（一）美国的北极安全战略

在美国，北极被视为常规军事活动的外围地区，[1] 没有可以部署非战略力量的永久军事基地。2009年之前，美国甚至没有针对北极地区的明确政策。但是随着北极地区的重要性突显，美国的北极战略加强并更具多样化。随着朝鲜对可到达美国本土的洲际弹道导弹的开发，北极也具有了新的意义，导弹必须穿过北极才能到达美国。

北极地区的阿拉斯加驻军是美国太平洋司令部的一部分。尽管美国的多用途核潜艇定期从其西海岸的基地到北极水域进行巡逻，但海军没有水面舰艇和破冰船可在北极海域部署。美国海军作为国防部的海事部门，具有全球领导力，负责为包括北冰洋在内的当前行动和应急响应提供现役部队。[2]

2009年美国武装部的任务是，在研究北极军事威胁和气候变化的影响后，评估其在北极海洋存在的必要性。2010年美国国防部向国会提交了《关于北极行动和西北航道的报告》，报告对国家战略性安全目标、所需的任务能力、统一指挥计划、基础设施以及破冰船的状况进行了分析，并指出，尽管该地区目前没有军事威胁，但由于条件变化和人员增加而产生的经济和政治利益活动可能会导致各利益冲突方的分歧。北极国家之间的关系总体上保持稳定与合作的状态，并建立了共同的法律管理该区域，为地区安全提供了坚实基础。美国国防部将采取负责任的措施，为短期（2010—2020年）、中期（2020—2030年）和长期（2030年以后）的北极行动做好预测准备，同时需要重新评估能力，必须解决与其他国家存在的差距，以便为在更容易到达的北极地区作战做好准备。[3]

2014年，美国海军出台了《2014—2030年美国海军北极路线图》，预计该地区将保持在低威胁的安全环境中，各国和平解决分歧，而美国海军将为防止冲突做准备，并确保国家利益得到保护。[4] 该路线图还指

---

[1] "Report to Congress on Arctic Operationsand the Northwest. Department of Defense," May. 2011, p. 12, https://dod.defense.gov/Portals/1/Documents/pubs/Tab_A_Arctic_Report_Public.pdf.

[2] "The United States Navy Arctic Roadmap for 2014—2030," Feb. 2014, https://info.publicintelligence.net/USNavy-ArcticRoadmap.pdf.

[3] "Report to Congress on Arctic Operationsand the Northwest. Department of Defense," May. 2011, https://dod.defense.gov/Portals/1/Documents/pubs/Tab_A_Arctic_Report_Public.pdf.

[4] "The United States Navy Arctic Roadmap for 2014—2030," Feb. 2014, https://info.publicintelligence.net/USNavy-ArcticRoadmap.pdf.

出，短期内（2014—2020 年）北极地区对增加海军参与的需求会很低，当前的海军能力足以满足该时期的作战需求。美国海军将完善理论、作战程序与战术技术，以指导未来在北极地区的潜在作战行动。在中期（2020—2030 年），美国海军将向美国战斗指挥官、海岸警卫队和其他美国政府机构提供支持。从长远（2030 年以后）来看，无冰条件的持续时间会增加，这可能要求美国海军更加常规的扩大这种支持。该路线图指出，需要谨慎地平衡地区需求和国家目标来引导投资。①

在乌克兰危机的背景下，美国讨论了"遏制"俄罗斯的措施，也包括北极政策相关的问题。2015 年，美国考虑到俄罗斯在该地区军事实力的增强，要求国防部评估为保护美国在北极利益所需要的力量和手段。2016 年初，美国恢复了位于冰岛凯夫拉维克的海军航空基地，该基地曾在冷战时为美军运送物资，提供补给，监视出没于北大西洋的苏联潜艇，做出重要贡献。2006 年由于美国全球战略调整，美军撤出了该基地。十年后的回归以及大规模升级改造可能与俄罗斯的核潜艇频繁进入大西洋地区有关。

2016 年 12 月，美国国防部向国会提交了一份报告，评估了北极地区的国家安全需求。尽管该报告的语气有所变化，但在评估该地区武装部队的需求时，并没有产生根本性变化。该报告确认了美国对沿海基础设施进行投资的必要性和未来海军在该地区的勘查活动，同时反复重申，北极军事发展的决定必须考虑到其他海洋资源的有限性。②

2019 年 6 月，美国国防部向国会提交的北极战略报告认为，北极的安全环境非常复杂，该地区持续存在积极的合作趋势，但随着某些问题的战略趋势不断加深，该地区的不确定性日益增加，最终使地区的安全局势恶化。③ 在该报告中，指出俄罗斯在该地区日益增加军事建设，试图对北方海航道的武力控制。同时，美国认为，北极地区仍然容易受

---

① "The United States Navy Arctic Roadmap for 2014—2030," Feb. 2014, https：//info.publicintelligence.net/USNavy-ArcticRoadmap.pdf.
② "Report to Congress on Strategy to Protect United States National Security Interests in the Arctic Region," Department of Defense, Dec. 2016.
③ "Report to Congress Department of Defense Arctic Strategy," Office of the Under Secretary of Defense for Policy, Jun. 2019, p. 2.

到其他地区紧张、竞争或冲突的"战略溢出"影响。① 为此，美国和其北极盟友及其他合作伙伴必须能够阻止，并且在必要的时候抵御侵略行为。国防部的优先任务是削弱北极地区大国的竞争优势，确保印度—太平洋地区和欧洲地区的权力平衡。国防部将寻求在北极地区的军事活动，发展一支更具杀伤力、更具弹性、更灵活和准备就绪的联合部队，确保联合部队不仅在战略竞争的关键地区，而且在全球范围内保持竞争优势。美国应在北极地区保持可靠的威慑力，了解和塑造北极地区的地缘战略格局，独立或与其他国家合作有效应对北极地区的突发事件。② 该报告还规定，维持北极地区稳定的三种战略方式为：建立北极意识、加强北极作业、加强北极地区秩序。

2020年6月9日，特朗普政府签署了《捍卫美国在南北极地区的国家利益》备忘录。这份白宫面向国防部、国土安全部、预算局等部门的备忘录致力于在2029年建成一支强大的极地破冰团队，用以确保美国及其盟友和伙伴在南北极的国家利益。③ 该备忘录要求在60天之内制定出加强美国北极国家安全和经济安全的所有可能性计划，确定破冰船的最佳数量和类型，以确保美国在北极地区的永久存在。此外，美国将在本土和海外分别建造两个军事基地。④ 由此可以看出，美国在加快北极的军事建设进程。即使在破冰船数量上短期内不可能和俄罗斯相提并论，但美国仍是全球水面舰艇当之无愧的佼佼者，其在大西洋和太平洋的第6舰队与第7舰队共拥有5—6艘航空母舰、400多架战机，以及多艘巡洋舰、驱逐舰、核潜艇，还有大量护卫舰、轻护舰、登陆舰等，拥有约9万多名军人。⑤ 美国可能会与加拿大、芬兰、挪威、丹麦等国合作，共同扩大北极存在。如果从两大洋对北极地区形成包围阵势，仅有破冰船是远远

---

① "Report to Congress Department of Defense Arctic Strategy," Office of the Under Secretary of Defense for Policy, Jun. 2019, p. 7.

② "Report to Congress Department of Defense Arctic Strategy," Office of the Under Secretary of Defense for Policy, Jun. 2019, p. 9.

③ "Трамп поручил разработать программу создания полярного флота из ледоколов," Тасс, 10 июня 2020, https://tass.ru/mezhdunarodnaya-panorama/8689349.

④ "Трамп распорядился милитаризировать присутствие США в Арктике и Антарктике," Русская газета, 10 июля 2020, https://rg.ru/2020/06/10/tramp-rasporiadilsia-militarizirovat-prisutstvie-ssha-v-arktike-i-antarktike.html.

⑤《特朗普北极新战略：既对俄，也冲着中国而来》，华语智库，2020年7月3日，https://mp.weixin.qq.com/s/zjZ97QiVZNe2cW8Cu4XF7A。

不够的。从这个角度来说,俄罗斯可能存在来自西方国家的威胁。

2021年1月5日,美国海军和海军陆战队共同签署发布了《蓝色北极:北极战略蓝图》战略文件。该战略文件指出,未来十几年,美国将面临北极自然环境变化、航行与资源开发难度降低、俄罗斯经济军事活动增加并试图改变北极治理机制的复杂挑战。北极地区"快速上升的威权主义和修正主义倾向"将削弱美国应对风险挑战的能力。对此,美国海军部门将采取果断行动,在北极建立常驻海军部队,加强北极安全和行动,整合海军、海军陆战队和海岸警卫队力量,统筹各个舰队力量。同时加强北极合作伙伴关系,建立强大的北极海上力量。[1]

据文件分析显示,美国的北极战略根本上在于与俄罗斯保持战略平衡,同时,不扩散大规模毁灭性武器、制止国际恐怖主义,以及解决东北亚和北大西洋的军事问题,但北极不作为美国非战略军事行动的一个独立方向。从文件内容上看,在21世纪的第二个十年中,美国整体上对这个非战略性地区的投资是不积极的。但对该地区的重视程度正在加强,并对军事安全领域赋予了相当的关注。整合海上力量和舰队力量,利用北极合作伙伴关系,是美国保护本国北极利益的重要方式。

(二) 加拿大的北极安全战略

加拿大相关政策指出,北极地区是加拿大人国家认同的基础,是育空地区、西北地区、努纳武特的原住民以及加拿大许多北部地区加拿大人的家园。北极的地缘政治重要性和加拿大在该地区的利益从未如此重大。加拿大北极安全政策的首要考虑便是捍卫主权。加拿大想要通过北极对外政策传达一个明确信息:加拿大控制着北极的领土和水域,并认真对待其管理工作和应有的责任。当其他行为体采取影响国家利益的立场或行动、破坏已建立的合作关系以及损害北极人民或国家的利益时,加拿大会作出回应。

2006—2008年加拿大在北极地区的军事建设计划被认为是对地区武装部队和军事基础设施进行现代化的过程。[2] 加拿大计划为其海军建

---

[1] 王晨光:《美国海军发布新北极战略》,"战略前沿技术"微信公众号,2021年1月13日。

[2] Конышев В. Н., Сергунин А. А., "Ремилитаризация Арктики и безопасность России," Арктический регион: Проблемы международного сотрудничества: хрестоматия в 3 томах, Под. ред. И. С. Иванова Т. 1. М. : Аспект Пресс, 2013, С. 284 – 302.

造 6—8 艘巡逻护卫舰、建造深水港用以为海军舰艇提供后勤保障，在其北部建立军事训练中心并增加当地志愿者用以在北部低人口地区巡逻。① 但是，由于资金长期不足，哈珀政府的政策实施落后于原本计划。军事装备采购方案的执行率很低，为了节省预算，北极巡逻护卫舰的新建数量减少到 5—6 艘。第一艘巡逻护卫舰在 2016 年建成，比原计划延迟了一年。整个计划的完成日期推迟到 2018—2022 年。② 北部深水港的建设计划同样由于资金问题迟迟未能落实。海军舰船的后勤中心无法得到保障，因为其加油站只有在航行季节才可以使用，所以舰船的建设已从 2015 年推迟到 2018 年。加拿大海岸警卫队新破冰船的建造从 2013 年开始搁置，相应资金用于建造该国海军其他区域的补给船。从相关报告来看，加拿大海岸警卫队的新破冰船要到 2022—2023 年才会建造完成。③

同时，加拿大在北极也采取了一些军事动作，如从 2008 年开始在北极进行定期军事演习，以保护加拿大在北极地区的主权。2010 年 4 月，"猎鹰" SS-117 飞机从北极冰盖上起飞，这是加拿大军事演习历史上的第一次，并进行了长时间的冰上潜水演练。④ 此外，加拿大武装部队加入了北美空天防御司令部，从而使加拿大导弹防御系统能够与美国优化部分军事开支，并发展联合防空系统的协同功能，包括空中巡逻、海洋观察和破冰作业等。为了提高战斗训练水平和在恶劣气候条件下的行动准备，加拿大国防部定期参加和组织北极地区的军事演习，例如自 2010 年 8 月以来每年都会举行的"纳努克"军事演习。虽然加拿大与美国和丹麦存在领土或大陆架纷争，但两国海军均参加了加拿大组织的部分北极演习。⑤ 2011 年，加拿大领导层关于发展国家北极武装部队的政策方针发生了一些变化。加拿大综合发展委员会对俄罗斯领导层

---

① Dean R., Lackenbauer P. W., Lajeunesse A., "Canadian Arctic Defence Policy—A Synthesis of Key Documents, 1970 - 2013," Calgary: University of Calgary, 2014, p. 82.

② Загорский А. В., "Военное строительство в Арктике в условиях конфронтации России и Запада," Арктика и Север, NO. 31, 2018, C. 80 - 97.

③ "Forget P. Bridging the Gap: The Limitations of Pre-AOPS Operations in Arctic Waters," Canadian Naval Review, Vol. 7, NO. 4, 2012, pp. 6 - 20.

④ Конышев В. Н., Сергунин А. А., Субботин С. В., "Военная стратегия Канады в Арктике. Арктический вектор международной политики," Том 11, NO. 2, 2015, C. 21 - 40.

⑤ "Evolution of Operation NANOOK," Aug. 27, 2012, https://www.canada.ca/en/news/archive/2012/08/evolution-operation-nanook-canadian-armed-forces.html.

关于部署更多部队的决定十分关切。①

值得注意的是，加拿大的官方军事学说不仅主张通过军事潜力保护国家主权，而且还通过非军事手段来确保该国的军事安全。在北极建立无核区是加拿大关于北极非军事化政策的重要倡议之一。加拿大通过军事外交，在军事领域建立了国家间的信任。俄罗斯与加拿大采取了某些努力来建立安全领域的合作，如在气候变化方面和经济活动扩展带来的新威胁和新挑战方面的研究得到了发展。但乌克兰危机后，加拿大跟随其他西方国家对俄罗斯的签证、金融和经济进行制裁，加拿大总理斯蒂芬·哈珀宣布中止加拿大和俄罗斯军队在北极的所有双边接触，并在一系列讲话中对俄罗斯在北极地区增加军事存在表示关切。

贾斯廷·特鲁多领导的自由党政府于2015年底上任，于2016年开始审查加拿大的国防政策，并对如何确定加拿大北部武装力量的最佳规模和形式以及军事建设的高昂费用等问题进行了讨论。② 审查结果最终肯定了前任政府削减北极部队的建设计划，将北方建设的重点确立为：与美国、丹麦和挪威合作，对空袭预警系统进行现代化改造；对空中和地面状况进行监测；对北美航空航天防御司令部雷达的现代化和扩大国家防空范围。③ 加拿大政府已决定在此后十年为加拿大海军采购15艘巡逻护卫舰。然而，它们并非用于北极地区，而是与加拿大海军一样，驻扎在气候相对没有那么恶劣的南部地区。哈珀政府提出的用F-35战斗机更换F-18战斗机的计划被否定，而换成更符合预算的F/A-18/E战斗机。驻扎在加拿大南部的战斗机可对北部领空进行巡逻，主要任务是拦截在北极恢复飞行的俄罗斯战略轰炸机。④

虽然在加拿大国防政策审查文件中提出了恢复大国竞争和威慑政策的观点，但这并不适用于北极地区。贾斯廷·特鲁多政府的主要关切是保护

---

① Писахов В. В., "Север России в военно-морском отношении. Арктической зона," Труды научно-исследовательского отдела Института военной истории, Т. 6, кн. 2: Север России в военно-морском и экономическом отношениях, Политехника-сервис, 2013, С. 82.

② "Defence Policy Review," Public Consultation Document 2016, Ottawa: National Defence—Canadian Armed Forces, 2016, p. 10.

③ "Strong, Secure, Engaged. Canada's Defence Policy," Ottawa: Naitonal Defence, 2017, pp. 79-80, 90, 102-113.

④ Wezeman S. T., "Military Capabilities in the Arctic: A New Cold War in the High North?" Stockholm: SIPRI, 2016, p. 4.

北约组织的海上通信，这使得加拿大的北极地区在军事上更加边缘化。尽管加拿大参议院越来越迫切希望政府对俄罗斯在北极地区的军事建设做出反应，但在加拿大的新军事学说中，并没有指出该地区存在军事威胁，武装部队的任务在于协助应对非军事安全风险方面的需求。[1]

（三）北欧国家的北极安全战略

1. 挪威的北极安全战略

虽然挪威在2006年便出台了本国的第一部北极政策，是冷战后北极地区首个出台北极战略的国家，但是其中几乎没有涉及军事领域。然而在2009年的《北方新基石：挪威政府高北战略的下一步行动》中，郑重提出了挪威在北极地区主权的必要性，并强调了该地区的安全问题，尤其将发展海上、空中和边境的检测系统，进一步加强其在北极的军事存在，为维护挪威在200海里内的主权提供监测、情报和危机管理系统等必要的资源。[2]

随着乌克兰危机的爆发，挪威对北极军事政治局势的可能变化做出了比其他北极国家更为敏锐的反应。挪威是北约唯一与俄罗斯接壤的北极国家。奥斯陆认为，俄罗斯在北极的军事活动目前并不针对挪威，但也不排除在波罗的海对峙升级的情况下存在与俄罗斯发生冲突的可能性。[3] 挪威近年来讨论了中长期建设武装部队的各种备选方案。2015年，挪威总参谋部公布了关于发展国家武装力量的建议：倾向于大幅度增加在北部的军事力量和防御能力，特别是建议加强反潜防御能力，包括采购现代化的反潜飞机、从2025年开始增加潜艇数量、提高地面部队的战备水平并将部队集中在北部地区、组建第二旅、为军队购置新的直升机、提高军队高精度武器的使用能力。[4] 在经过激烈讨论之后，2016年，挪威国防部颁布了新的长期计划。该计划表明，国防部还将

---

[1] Regehr E., "Arctic Security and the Canadian Defence Policy Statement of 2017," Disarming Arctic Security, Aug. 31, 2017, Vancouver: The Simons Foundation, 2017, p. 11.

[2] "New Building Blocks in The North—The Next Step in the Government's High North Strategy," Norwegian Ministry of Foreign Affairs, https://www.regjeringen.no/globalassets/upload/ud/vedlegg/nordomradene/new_building_blocks_in_the_north.pdf.

[3] "Norwegian Armed Forces in Transition, Strategic Defence Review by the Norwegian Chief of Defence, Abridged Version," Oslo, Norwegian Armed Forces, 2015, p. 5.

[4] Käpylä J., Mikkola H., "On Arctic Exceptionalism. Critical Reflections in the Light of the Arctic Sunrise Case and the Crisis in Ukraine," Helsinki: FIIA, 2015, p. 22.

进一步合理化武装部队的基地结构以腾出资金用于训练和行动。比如,将关闭11个旧设施,建立专门的极地防御部队和远程防空部队,最大限度地提高招聘培训人员的效率,以维护和维持F-35战斗机和其他当前及未来的航空平台。[1]

在新的国防计划中,挪威对国际形势做出了不容乐观的判断。其指出,国际安全局势日趋复杂,全球和挪威附近地区的情况都在恶化。挪威安全环境中最严重的变化是俄罗斯军事实力的增强和武力使用。2014年俄罗斯对克里米亚的吞并和乌克兰东部的持续动荡一再证明了俄罗斯愿意使用包括军事力量的各种手段以维持其不可动摇的国际影响力。尽管俄罗斯不构成对挪威的军事威胁,但军事现代化及通过军事力量施加影响的意愿使得俄罗斯成为挪威国防计划制定的核心因素。挪威附近地区也是俄罗斯核威慑的中心,不能排除在给定情况下俄罗斯将考虑使用武力作为一种相关工具的可能性。尽管挪威附近地区不太可能爆发潜在危机,但其他地方爆发的冲突可能会直接对其产生影响。[2]

对此,挪威政府的应对之策是,一方面加强国防、增加对危机的管理能力、提高战备水平和战斗力,另一方面发展基础设施,提高接收盟军增援能力以及增加盟军的军事存在和更频繁的演习及训练。同时,挪威意识到可能存在对双方军事活动的误解风险,因此特别重视保持挪威总参谋部与俄罗斯北方舰队以及俄罗斯总参谋部之间的沟通,加强与俄罗斯在北极地区的发展合作。[3]

2. 丹麦的北极安全战略

从2010年起,北极地区在丹麦政党协议中脱颖而出,成为国防政策的独立方向,而较早的文件中未提及该区域。丹麦管辖范围内的格陵兰岛除了战略重要性外,随着天然气储量的发现,经济重要性与日俱增,丹麦将积极绘制北极海底地图,以寻求更多资源,同时增加军事存在。丹麦的主张很可能一直延伸到北极点,并以海军的存在来支持自己

---

[1] "Capable and Sustainable—Long Term Defence Plan. Norwegian Ministry of Defence," Jun. 17, 2016, p. 15.

[2] "Capable and Sustainable—Long Term Defence Plan. Norwegian Ministry of Defence," Jun. 17, 2016, p. 9.

[3] "Capable and Sustainable—Long Term Defence Plan. Norwegian Ministry of Defence," Jun. 17, 2016, p. 10.

的主张。①

2012 年，丹麦北极联合指挥部在格陵兰岛的努克成立，用于指挥格陵兰岛和法罗群岛在内的北极事务，并协调发展北大西洋和北极地区的军事力量。② 格陵兰岛本身除了拥有一支小型的雪橇巡逻队和一支潜水队外，没有任何永久性的常驻部队。③

丹麦武装部队的北极活动仅限于在格陵兰岛和法罗群岛的水域和领空巡逻，任务包括监测局势、海上和空中搜救、处理海洋污染、鱼类保护以及协助消除紧急情况。1990 年左右建造的一艘"泰提斯"级巡逻护卫舰负责格陵兰岛和法罗群岛水域的巡逻任务。北极部队进行了现代化改造，由 3 艘"库纳德·罗姆森"级巡洋舰和九架"海鹰"直升机取代了服役超过 40 年的 3 艘"阿格莱克"级巡逻舰和舰船，用直升机取代了海军航空直升机，3 架 CL-604"挑战者"海军飞机对包括波罗的海在内的丹麦海域进行空中巡逻。④

《丹麦国防协定》是对丹麦北极军事政策分析的重要基础。《2010—2014 年丹麦国防协定》指出，将建立不同的北极快速反应部队，但不是在北方部署新的部队，而是在北极联合司令部需要时从其他常规部队抽调军力以提供部队和资金支持。2012 年《2013—2017 年丹麦国防协定》出台，对 2017 年前国家武装力量在北极地区的未来任务和行动做了分析。丹麦国防部于 2016 年 6 月出具了相应报告，该报告指出，对格陵兰和法罗群岛水域航行发展的预测表明，2012 年制定的军事计划及其现代化足以应对北极地区的未来挑战，可加强对太空到空中的作战情况监测、通信系统发展以及对武装部队的控制。该报告中唯一强调增强在北极地区海军力量的措施是，增加"伊弗·惠特费尔特"护卫舰在格陵兰岛的夏季活动频率。2018 年 1 月，《2018—2023 年丹麦国防协定》得以批准。该协定规定：国防开支在 6 年内增加 20%，从该国国内生

---

① "The NATO Alliance's Role in Arctic Security," Jun. 19, 2019, https://www.maritime-executive.com/editorials/the-nato-alliance-s-role-in-arctic-security.

② "Создано арктическое командование," Красная звезда, Dec. 11, 2012, http://archive.redstar.ru/index.php/newspaper/item/5752-sozdano-arkticheskoe-komandovanie.

③ "Denmark—Army-Defence Agreement 2010 – 2014," https://www.globalsecurity.org/military/world/europe/dk-army-2010-2014.htm.

④ Wezeman S. T., "Military Capabilities in the Arctic," Stockholm: SIPRI, 2012, p. 16, https://www.sipri.org/publications/2012/sipri-background-papers/military-capabilities-arctic.

产总值占比的 1.2% 增至 1.3%，资金主要用于支持自 2016 年以来在波罗的海三国和波兰部署的多国部队轮换；将组建轻步兵营和新的旅参加北约更大的防御行动；军事发展的优先方向是为巡逻护卫舰配备反潜防御系统，使防空系统现代化；长期计划为建立短程弹道导弹防御系统，用现代 F-35 战斗机替换 F-16 战斗机。[1] 此外，该协定还通过了增加对北极地区武装部队资助的决定，将吸引更多资金，特别是用于恢复美国在格陵兰岛的军事设施和购买防止污染的设备。[2] 丹麦武装力量的政策反映了其对北约东边（波罗的海）和北大西洋不断变化的军事政治局势的新评估，但重点不在北极地区。由于资源有限，丹麦在北极地区的军事活动不会明显增加。

（四）北约的北极安全战略

在北极地区，除了地理上具有先天优势的北极五国对地区安全有重大影响外，国际军事组织在该地区的安全政策同样不容忽视。北约可谓是在该地区没有竞争对手的军事组织，因此其为这部分内容的主要研究对象。北约的北极成员国对北极地区表现出持续的兴趣，计划扩大其在该地区的活动。北极五国中，除俄罗斯外都是北约成员国，在军事上形成了俄罗斯与北约两大阵营的局势。所以，对北约在北极地区的安全政策进行分析意义重大。

作为全球最大的军事政治组织，加强对北极安全事务的关注似乎是理所当然的，但是北约尚未正式出台有关北极地区完整的官方战略或政策。这与其成员国间复杂的利益关系相关，北极地区对于每个成员国的影响与作用具有明显的差异性。有观点认为，在北约国家中，加拿大是最不乐见北约盟军在北极出现的国家。他们倾向于用外交和北极理事会中政府间的作用来解决问题，而不是采用军事政策。[3] 但是，冰盖的融化可能会使高北地区的军事形势发生改变，加拿大军方已经在寒冷的偏远地区发展作战能力，并开始增加对北极安全战略的拨款。相反，在北

---

[1] Lorenz W., "Denmark Increases Its Contribution to the Deterrence of Russia," Bulletin：PISM（The Polish Institute of International Affairs），NO. 2，2018，p. 2.

[2] "Defence Agreement 2018-2023," Copenhagen：Danish Ministry of Defence, Jan. 28, 2018, pp. 10-11, https：//fmn. dk/globalassets/fmn/dokumenter/forlig/-danish-defence-agreement-2018-2023-pdfa-2018. pdf.

[3] "The NATO Alliance's Role in Arctic Security," Jun. 19, 2019, https：//www. maritime-executive. com/editorials/the-nato-alliance-s-role-in-arctic-security.

约成员国中，挪威在北极地区拥有最活跃的军事力量。他们将该地区视为北约联盟不设防的侧翼，不断促使其他成员国充分了解北极情况，以做好战斗准备。

近年来，北极局势紧张，北约有意拉拢瑞典和芬兰两国加入。2018年5月，北约与两国签署协议，允许两国军队参加北约演习，并使用北约的武器指挥系统。作为回报，瑞典和芬兰允许北约军队使用两国的空域和水域。[①] 两国是美国制衡俄罗斯的重要前哨，其他欧洲国家在北极没有完整的军事政策，在军事领域的行为互动主要是在北约框架内进行的。

冰岛是北极地区唯一一个没有自己军事力量的北约成员国，虽没有自己国家的常备军，但却为北约做出重要贡献。在冷战期间，冰岛被视为"不沉的航空母舰"。在北极可能发生的新一轮"冷战"中，冰岛不希望在俄美中间做选择，而希望北极成为合作区，这样，冰岛首都雷克雅未克将成为北大西洋贸易路线的停靠站和中心位置，200海里的专属经济区可以发挥其经济增长潜力。如果建立了自由贸易区，或者在选边站中陷入困境，冰岛可能会与美国保持军事距离。而如果冰岛自身感觉受到威胁，他们也可能会向美国海军求助。同时，美国也是丹麦的亲密盟友，这种紧密的联盟和不断增加的相互防御需要可能使两国进一步进入北约并更接近美国。

其他北约成员国也不希望在北极问题上在俄美之间选边站，因为俄罗斯已具有明显的军事和基础设施优势，其他北约成员国加强在该地区的军事存在不仅将极大消耗本国经济，而且也不会在短期内取得实质性效果。通过现有国际法，如《联合国海洋法公约》，像解决俄挪海洋边界问题的方式处理北极国家间的事务更符合北约成员国的利益。

2009年，北约秘书长夏侯雅伯就北极的安全前景发表讲话，确认北极是一个重要的战略区域，需要予以持续关注，建议运用新的手段解决地区问题，这是北约高层首次全面论述其北极政策的可能前景。2010年与2012年的北约峰会均未提及北极的安全问题。北约秘书长拉斯穆森多次明确表示，北约不支持北极军事化，也不会增加在北极的军事存

---

① 《北约拉拢瑞典和芬兰"搞军事"，俄方表担忧并将予以回应》，环球网，2018年7月26日，https://baijiahao.baidu.com/s?id=1607031211206046440&wfr=spider&for=pc。

在，北极地区存在的争议最好能通过对话磋商的和平方式解决。①

有观点认为，更多地介入北极地区并不会促进北约联盟或其他成员国的利益。但是，俄罗斯研发的新型导弹使得洲际之间的距离更近，波罗的海和挪威海都有可能成为巴伦支海和陆地攻击的目标，俄罗斯从陆上、潜艇和空中发射的巡航导弹正在挑战北约加强欧洲大陆和北大西洋安全的能力。② 北约认为成员国有履行威慑和防御俄罗斯的义务。③ 靠美国无法单独应对俄罗斯的挑战，尤其是欧洲战区北部，所以需要北约盟国和合作伙伴的帮助起到制衡作用。

北约认为，在北极提供安全保障不需要一支庞大的部队，而是一支装备精良、机动灵活的部队。④ 北约成员国参加的北极军事演习将有助于在联合作战中发现问题。北约成员国认为，只有联盟强大，才会阻止俄罗斯采取极端鲁莽的行动，北极才会继续和平下去。然而，北约的实际能力却要小得多。北极地区的特点对所有行动施加了限制。北纬地区的行动需要具备相关特性的船只，陆军则需要拥有特殊的装备。北极圈附近只有美国（阿拉斯加州）、加拿大、丹麦、冰岛和挪威五个北约国家有港口和军事基地可供本国军队和盟军使用。

所以，北约面临着艰难选择：一方面担心俄罗斯的军事部署可能改变北极军事关系，北约不希望自己措手不及；另一方面，防备因过早地进入北极从而破坏了与俄罗斯自冷战结束以来取得的外交与合作进展，从而使俄罗斯的北极行动升级。所以，西方学者认为，北极地区不同于北大西洋地区，在这片尚未出现明显战略竞争的区域，北约应谨慎行事，避免地缘政治局势升级。

---

① 李尧：《北约与北极——兼论相关国家对北约介入北极的立场》，《太平洋学报》，2014年第3期，第53—65页。

② Rolf Tamnes, "The Significance of the North Atlantic and the Norwegian Contribution," Whitehall Papers, NO. 1, 2016, pp. 8 – 31, https://www.tandfonline.com/doi/abs/10.1080/02681307.2016.1291018.

③ Henrik Breitenbauch, Kristian Søby Kristensen, Jonas Groesmeyer, "Military and Environmental Challenges in the Arctic"; Tomáš Valášek, "New Perspectives on Shared Security: NATO's Next 70 Years," Nov. 28, 2019, https://carnegieeurope.eu/2019/11/28/military-and-environmental-challenges-in-arctic-pub-80424.

④ "The NATO Alliance's Role in Arctic Security," Jul. 19, 2019, https://www.maritime-executive.com/editorials/the-nato-alliance-s-role-in-arctic-security.

三、北极各行为体对北极安全态势及俄罗斯政策的立场

通过以上对北极主要行为体安全政策的分析可以看出，各国出于对本国利益的维护采取了不同的北极安全政策，对俄罗斯的北极军事行动做出了不同理解与应对。

首先，北极各主要行为体均认为北极地区安全局势不容乐观，地缘政治竞争加剧。除气候变化带来的自然威胁等非传统安全威胁外，因西方国家与俄罗斯两大对立方的组成，双方都将威胁来源归因于对方。其中，视俄罗斯为地区最大威胁的是美国和北约。近年来美国的安全政策发生了明显变化，乔治·布什政府和奥巴马政府时期的北极政策更加温和，主张与各国合作，共同致力于推动北极地区的政治、经济、生态等领域的和平与发展。进入特朗普政府时期，美国的北极政策发生了一定的转变，由前期的不够重视逐渐加强关注，不仅出台了新的北极法律，将部分国家视为北极地区的安全威胁，同时增加了在该地区的军事行动，与北约盟友加强了战略合作，多次开展明显针对俄罗斯的军事演习，抓紧研制和生产适应北极特殊地理条件的舰船及武器。北约为与苏联对抗而生，即使在苏联解体后也从未放松对俄罗斯的警惕，在北极重新引起国际政治关注的新时期，北约逐渐加大了在北极地区的军事存在。然而，北约的北极政策仍未出台，其成员国出于不同的国家利益，对北约在北极的参与战略持不同观点，这在某种程度上增添了北约在北极地区战略的复杂性和不确定性。

挪威同样认为北极地区的安全形势不容乐观，主要不确定因素在于俄罗斯不断加强的军事存在。2010年俄挪海洋边界划定后，两国在油气资源开发与渔业资源利用方面取得了不错的成绩。然而，挪威对于俄罗斯在北极的军事存在表现出强烈的反应，对俄罗斯运用军事手段实现本国战略目标的行为表示忌惮。但是，与美国相比，挪威对北极安全局势的判断略有不同。挪威认为，北极地区发生危机事件的可能性较小，但其他地区的冲突可能会对该地区的安全形势产生影响。对此，挪威加强了本国的军事建设，但同时也加强了与俄罗斯军方的沟通，避免出现信息误判。在地方事务上，挪威与俄罗斯之间是竞争与合作并存的关系。

相比之下，加拿大与丹麦对北极安全局势的态度较为稳定。加拿大

同样非常看重北极拥有的战略重要性，认为北极对于加拿大有"家园"的特殊意义，强调负责任处理北极事务的态度和捍卫加拿大北极主权的决心。在这一方面，加拿大和俄罗斯有相似之处，具有很强的竞争性。因此，加拿大在其北极政策中注重加强军事建设，积极参与北约的军事演习，对俄罗斯的军事活动深表关切。但与其盟友美国不同，加拿大非常注重用非军事手段来保障该国的军事安全，积极推动北极无核区的建立。同时，加拿大将西北航道视作其国内航线的一部分，与俄罗斯在北方海航道的利用上有相似之处，所以两国在部分国际活动中拥有相同的立场，处于竞争与合作并存的状态。近年来加拿大增加了本国的安全建设，但北极不是其关注重点，在相关文件中并未指出北极地区及俄罗斯的军事威胁。而丹麦则将对北极的关注重点放在与格陵兰岛的关系以及格陵兰岛的经济开发问题上。丹麦武装部队在北极地区的活动非常有限，在地区的军事部署上没有采取明显转变，将主要安全行动置于北约框架内进行。在应对俄罗斯的北极威胁上，没有明显的严厉表态。

第二节　北极各行为体的地区军事潜力比较

一国的地区军事潜力是该国在相关区域进行安全防御、威慑，甚至进攻能力的重要指标。相对于上一节讲到的政策文件所透露的"态度和意愿"，军事潜力更突出的是"硬实力"。本节对北极主要行为体的军事潜力进行比较，研究对象主要集中于北极各行为体的海军、陆军、空军的武装部队和军事设备，同时包括军事基础设施以及对于边防安全具有重要作用的海岸警卫队力量。从影响北极地区军事关系的主体出发，该部分将俄罗斯和北极地区的北约成员国两大部分作为研究对象。

一、俄罗斯北极军事潜力优势明显

20世纪90年代，苏联大多数北部地区的军事设施关闭，主要军事力量集中在科拉半岛，北方舰队的战斗人员急剧减少。俄罗斯与美国及其他西方国家合作处置了大量苏联核潜艇。从20世纪90年代开始俄罗斯对边防军进行改革，北极边防军集团多次进行改组、更名以及变换组织结构。2008年在通过2020年前后俄北极政策基础后，每个边防检查站由15—20名边防警卫守卫，并计划在北极地区的大陆附近设立9个前哨站，促进前哨站和俄罗斯紧急情况部之间的互动。①

北极地区部署着俄罗斯实力最强的舰队——北方舰队。北方舰队的战略核力量超过了俄罗斯其他舰队的数量之和，并且在过去十年不断进行扩充和现代化更换。2014年，北方舰队联合战略司令部成立，负责俄罗斯北极地区的军事任务。北方舰队是俄罗斯联邦武装部队的跨部门战略集团，旨在保护北极地区及其他海域的国家利益。北方舰队的作战力量包括潜艇部队、陆军、海岸部队、第45航空防空军、科拉区舰队和白海海军基地。②

表3-1 俄罗斯各大舰队的潜艇力量　　　　　　　　（单位：艘）

	大西洋舰队	黑海舰队	北方舰队	太平洋舰队	里海舰队	总数
弹道导弹核潜艇	0	0	8	6	0	14
巡航导弹核潜艇	0	0	5	7	0	12
多用途核潜艇	0	0	12	4	0	16
特种核潜艇	0	0	10	0	0	10
特种柴电潜艇	0	0	1	0	0	1
柴电潜艇	1	7	7	10	0	25
						共计：78

资料来源：笔者根据相关资料自制。

截至2024年5月，北方舰队的海军力量共拥有43艘潜艇，包括35艘核潜艇和8艘柴电潜艇。超过其他国家的总数之和，拥有俄罗斯3/4的战略弹道导弹核潜艇，并且所有核潜艇都具有破冰功能。战斗舰船包括重型航空母舰、重型核导弹巡洋舰、导弹巡洋舰、大型反潜舰、护卫

---

① Pettersen T., "На севере России появятся новые погранзаставы," Barents Observer, Apr. 16, 2012, http://barentsobserver.com/ru/bezopasnost/na-severe-rossii-poyavyatsya-novye-pogranzastavy.

② Рамм А., Козаченко А., Степовой Б., "Полярное влияние: Северный флот получит статус военного округа," Известия, 19 апреля 2019, https://iz.ru/869512/aleksei-ramm-aleksei-kozachenko-bogdan-stepovoi/poliarnoe-vliianie-severnyi-flot-poluchit-statusvoennogo-okruga.

舰、驱逐舰等，包括唯一的俄罗斯重型航空母舰"苏联库兹涅佐夫海军上将"和2艘重型核动力导弹巡洋舰——"彼得大帝"和"纳希莫夫海军上将"。2019年10月，俄罗斯首艘23550型海军多功能破冰巡逻舰"伊万·帕帕宁"在圣彼得堡下水，同时具备拖船、破冰船和巡逻舰的功能。北方舰队的水面舰艇力量强大、种类丰富，经过长期的实践训练，可以胜任北极特殊气候条件下的军事任务。

表3-2 俄罗斯北方舰队舰船类型及数量 （单位：艘）

类型	数量	类型	数量
重型航空母舰	1	小型导弹舰	1
重型核导弹巡洋舰	2	炮艇	1
导弹巡洋舰	1	海上扫雷舰	2
大型反潜舰	5	基地扫雷舰	6
护卫舰	3	停泊场扫雷舰	1
驱逐舰	1	大型登陆舰	6
小型反潜舰	6	登陆艇	7

共计：43

俄罗斯北方舰队的空军由图-142和伊尔-38型反潜飞机、苏-33舰载歼击机、卡-27直升机以及安-12和安-26运输机组成，拥有苏-25UTG航母舰载训练机。图-142和伊尔-38型反潜飞机被广泛用于海军侦察（视觉和无线电技术）以及搜救系统。如果没有空中力量，沿北海航线航行的船舶将不能正常航行。[①] 北方舰队的舰载航空飞行员经常参加飞行训练，执行各种特技飞行元素，包括最简单和最复杂的特技飞行，以提高其空战和拦截的技能。北极区域的气象变化很大，仪器通常会出现严重误差，而俄罗斯在跳伞训练方面仍保持着世界领先地位。2014年3月14日，俄罗斯350名空降兵携40吨军事装备首次在北极大规模降落，成为世界上首个在北极进行如此大规模空降演习的国家。2020年4月26日，俄罗斯空降兵从1万米高空空降到俄罗斯北极地区的法兰士约瑟夫地群岛，再次成为世界上进行此类演习的首个

---

① "Авиация северного флота," Avia pro, Aug. 14, 2014, https://avia.pro/blog/aviaciya-severnogo-flota.

国家。① 2020 年 12 月 15 日，俄军做出了为俄罗斯北方舰队海军航空兵配备"匕首"高超声速导弹系统的原则性决定，并于 2021 年开始培训负责维护和操作的人员，并准备相关基础设施。"匕首"高超声速导弹系统能够打击距离 2000 千米以内的目标，斯堪的纳维亚半岛、波罗的海国家和大部分北极航道水域都在其射程之内。② 俄罗斯第 1 防空师的第 45 航空防空军及海军航空兵隶属北方舰队。

俄罗斯北方舰队的主要地面打击力量是第 14 集团军，主要由两个旅组成，一个是位于摩尔曼斯克州的第 200 独立摩托化步兵旅，于 2012 年进入北方舰队沿海部队，成为俄罗斯其他北极旅的训练中心；另一个为第 80 独立摩托化机动步兵旅，于 2015 年在与芬兰接壤的摩尔曼斯克成立。此外，第 61 独立海军陆战队直接隶属北方舰队。

除了庞大的海陆空军事力量外，俄罗斯近年来大量恢复苏联时期的旧军事基地和机场，并新建立多个军事基础设施，包括位于世界最北边的军事基地——"北极三叶草"基地。俄罗斯也是唯一一个在这里长期部署海军舰队的国家。

俄罗斯边防局海岸警卫队对于俄罗斯北极边界安全意义重大。2015 年，俄罗斯联邦海岸警卫队再次进行了重组，俄罗斯联邦安全局于 4 月和 5 月在摩尔曼斯克和彼得罗巴甫洛夫斯克—勘察加斯基设立了北极西部地区边境管理局和东部地区边境管理局。为了优化相关部门之间的信息交互，在以上两个地区成立了部门间区域信息和协调中心。俄罗斯北极海岸警卫队的舰艇组成也已经形成，到 2020 年底，它共有 27 艘舰艇，包括巡逻舰、护卫舰和保障船。③ 海岸警卫队的主要任务是保卫和保护国家边界，保护国家的经济利益、监督法律和国际协定的执行、海上救援、保障北方海航道的安全以及环境保护。边境巡逻舰和联邦安全

---

① "Российские десантники покорили Арктику," Topwar, 17 марта 2014, https://topwar.ru/41589-rossiyskie-desantniki-pokorili-arktiku.html; Алексей Кошкин, "Четыре минуты свободного падения: как прошло историческое десантирование ВДВ с высоты 10 км в Арктике," ТВЗВЕЗДА, 26 апреля 2020, https://tvzvezda.ru/news/forces/content/2020426912-jwKBT.html.

② 《俄北方舰队将装备"匕首"导弹提升北极军力反制北约》，《参考消息》，2020 年 12 月 16 日，http://www.cankaoxiaoxi.com/mil/20201216/2427287_2.shtml。

③ "Сводная таблица по БОХР России 2020," 17 Декабря 2020, http://russianships.info/bohr/.

局的飞机负责巡逻其北极海域及斯匹茨卑尔根群岛的捕鱼区。①

俄军正在部署空中、水面和水下环境的统一综合照明系统，该系统可以实现对北极地区的全覆盖。其中电子站是不可分割的重要部分，主要用于保障北方海航道航线安全，并控制该地区的电子环境。电子战系统可对非法侵犯俄罗斯国界的舰艇和飞机的通信、导航和指挥系统进行干扰。②该系统的建设从21世纪初便开始了，原计划于2015年建成，但是目前只完成了其中的几个部分，预计到2025年全部完成。③已建立的基础设施不需要大量人员留守，只需要在必要时能够从海上和空中调动部队，将其部署到该区域。④

值得一提的是，考虑到北方舰队的任务，其部队和资产很难区分属于战略或非战略、北极或非北极。北方舰队的中心任务之一是保持海军战略核力量始终处于战备状态，保持核威慑。北方舰队的所有海军和航空部队都必须对北方海航道进行保护，使其免受美国潜艇和水面舰艇的可能攻击。俄罗斯专家认为，北方舰队对该地区自然和气候条件的可能性变化非常敏感，夏季北极冰层的融化使俄罗斯的战略潜艇更加脆弱，需要增加武装力量和装备以加强掩护。同时可以抵御美国可能在北方海域部署的导弹防御系统。⑤

二、西方北极国家的军事潜力各异

对北约成员国在北极地区的军事装备分析，本部分选取了美国、加拿大、丹麦、挪威、冰岛五个国家。这五个国家在该地区拥有具有竞争力的军事潜力，或可为北约提供重要的战略力量，对平衡或对抗俄罗斯的地区地位有重要作用。

---

① Кудинов Н. Н., "Береговая охрана Федеральной службы безопасности России и защита хозяйственной морской деятельности в Арктике," Вестник МГТУ, Т. 18, NO. 3, 2015, С. 434 – 440, http://vestnik.mstu.edu.ru/v18_3_n62/11_kudinov_434_440.pdf.

② 《俄部署新式电子战系统保北方海航道安全》，《中国国防报》，2019年6月10日。

③ "Россия до 2025 года создаст комплексную систему контроля Арктики," РИА Новости, 7 августа 2015, https://ria.ru/20150807/1169094511.html.

④ "Качать маятник，Смысл внезапных проверок российской военной машиныхъ," LENTA.RU, 22 марта 2015, https://lenta.ru/articles/2015/03/20/army/.

⑤ Арбатов А. Г., Дворкин В. З., "Военно-стратегическая деятельность," Международно-политические условия развития Арктической зоны Российской Федерации, С. 170 – 171.

（一） 美国的军事潜力

2009—2014 年，美国出台了系列文件，既制定了该国的总体北极战略，也制定了相关部门的政策。从美国非战略军事活动的角度来看，北极仍然属于周边地区，在更广泛的全球战略对抗背景下，北极从未被美国视为常规军事活动的独立战场。

冷战结束以后，北极对美国仍然具有军事战略意义，因此美国在这里部署了导弹袭击预警系统与防空反导预警系统，美国多用途核潜艇继续在北极水域巡逻。北美防空防天司令部的武装力量和装备也部署在这里，可以控制美国和加拿大的空中和近地空间。同时，该地区还部署了拥有俄罗斯战略核力量的北方舰队。所以，对美国来说，重要的是保持在北极的战略空运能力和海上转移能力。[1] 2002 年美国创建了北方司令部，其负责的地理区域包括美国本土、阿拉斯加、加拿大、墨西哥和加勒比海部分地区。在 2011 年的军事改革过程中，太平洋司令部不再负责北极事务，而把其负责北极地区的军事活动以及与美国和外国部门的协调活动转交给北方司令部。但是，北方司令部在这里没有自己的部队和军事设备，北方司令部的职能仅限于决策规划、协调和组织军事机构与准军事部队和执法机构之间的互动。[2] 在这种情况下，北方司令部成立了阿拉斯加行动小组，并与太平洋司令部达成协议，对阿拉斯加指挥部的指挥人员和其他工作人员采取了协调行动。阿拉斯加行动小组的领导和人员同时服从于两个美国陆军司令部——印度洋—太平洋司令部和北方司令部。

据估计，美国的 51 艘多用途潜艇中，有 41 艘配备了在北极和南极冰层下的航行装备。每两年这 41 艘的其中两艘会参加北极地区的冰原演习，在演习之外的时间，美国核潜艇舰队会在北冰洋进行定期巡逻，穿过白令海峡，随后到达大西洋，最后通过北冰洋返回基地，主要为执行战略任务，也可以执行非战略任务。[3]

美国海军没有具备破冰能力的水面舰艇和破冰船，因此，其部队和

---

[1] Regehr E., "America's Arctic Security Strategy: The Simons Foundation Briefing Paper," May. 1, 2015.

[2] Загорский А. В., "Безопасность в Арктике," Москва ИМЭМО РАН, 2019, C. 86.

[3] Ознобищев С. К., "Нестратегическая военная деятельность. Магистр: Международно-политические условия развития Арктической зоны Российской Федерации," 2015, C. 145 – 146.

设备无法到达常年冰冻的水域中。2004—2009 年，包括航空母舰在内的美国海军舰艇参加了太平洋司令部在阿拉斯加举行的演习，但是没有进入北冰洋。破冰船的发展问题在美国的北极政策中占有特殊位置。美国的破冰船舰队由两艘重型破冰船"北极星"与"北极海"① 以及一艘中型破冰船"希利"组成。"北极海"因发动机损坏已于 2011 年停止使用。美国没有忽视俄罗斯利用破冰船获得自然资源所做的努力，因而积极讨论增加破冰船相关资金的方案。但是，金融危机造成的后果使得这些计划具有很大的不确定性，美国只能对旧的柴油破冰船队进行升级。2012 年，"北极星"破冰船经过维修，使用期限可延长 7—10 年②；2013 年美国国土安全部宣布，美国的破冰船队不仅落后于俄罗斯，还落后于瑞典、芬兰和加拿大，因此必须将破冰船扩充至 6 艘，包括 3 艘重型和 3 艘中型破冰船。③ 预计第一艘新破冰船将于 2024—2025 年建成，造价约 10 亿美元。④

美国海军在阿拉斯加有两处军事基地——艾尔森空军基地和埃尔门多夫—理查森联合基地。两个基地都位于北极圈以南，是印度—太平洋司令部的一部分。基地部署了战斗机和支援飞机，包括多用途战斗机 F-22 战斗机、F-15 战斗机、F-16 战斗机和远程雷达侦察机。2016 年，美国空军决定从 2020 年起在艾尔森空军基地部署 F-35A 战斗机。有可能在阿拉斯加空军基地部署更多的部队和装备，而空军也可能利用位于格陵兰岛的图勒基地。

美国拥有 200 多架远程海上巡逻机，包括 HC-130 型军用运输机。但是，其只有少数部队在白令海峡和北极地区进行空中巡逻。位于阿拉斯加的地面部队包括美国陆军印度—太平洋司令部第 25 轻步兵师的两个旅——机械化步兵旅和空运旅，另外两个旅及司令部设在夏威夷。这

---

① 有部分媒体将其对应翻译成"极地星"和"极地海"，此处笔者采用了中国网、央广网和中国青年网中的统一用法——"北极星"和"北极海"。

② Паничкин И. В., Давыдова В. С., "Разработка морских нефтегазовых ресурсов Арктики. Историческая ретроспектива и текущее состояние," 2019, С. 54. 笔者注：船只的初始使用期限为 30 年。

③ "Department of Homeland Security, Polar Icebreaking Recapitalization Project Mission Need Statement, Version 1.0," DHS, Jun. 28, 2013, p. 9.

④ Паничкин И. В., Давыдова В. С., "Разработка морских нефтегазовых ресурсов Арктики," Историческая ретроспектива и текущее состояние, 2019, С. 54.

些兵力与国民警卫队的军人一起约两万人。①

美国在北极的非战略力量和手段是有限的。在北极圈以北，美国没有永久军事基地供其部署非战略力量。

（二）加拿大的军事潜力

北极地区的军事计划独立列入加拿大军事发展建设是在自由党执政期间，其明显的标志是国防部在 2005 年 4 月发表的声明。② 但是，在北极地区进行军事存在的具体计划是由哈柏领导的保守党政府在 2006 年初制定的，并被列入 2008 年制定的《加拿大第一国防政策》。③ 因此，大部分学者认为，2006—2008 年加拿大在北极地区进行了武装力量和军事基础设施现代化的军事建设计划。④

与加拿大整体的武装力量相比，在北极的军事建设相对温和，目前主要在于保障北极领土内的日常生活、维持北美防御及美加互动、保障国家领土内大型国际事件的安全、应对重大恐怖袭击等。⑤ 2007 年哈柏政府决定不再按 2005 年的计划购买 3 艘重型破冰船，而是为海岸警卫队建设 6—8 艘北极巡逻舰，用以取代部分海岸警卫队破冰船。将加拿大游骑兵的数量增加到 5000 人，在加拿大北部建设军事训练中心，在努纳武特省建造深水港，为海军舰船提供物资技术保障。⑥ 这些计划的实施由于资金长期不足而拖延，本身也在进行削减，只是部分加强了该国武装部队人员的军事训练，以便在该地区开展行动。

加拿大武装部队的兵力和装备都不多。几乎所有部队和单位都部署

---

① Wezeman S. T., "Military Capabilities in the Arctic: A New Cold War in the High North?" SIPRI Background Paper, 2016, p. 19.

② Dean R., Lackenbauer P. W., Lajeunesse A., "Canadian Arctic Defence Policy, A Synthesis of Key Documents, 1970 – 2013," Calgary.

③ "Canada First Defence Strategy," Ottawa: Department of National Defence, 2008, http://www.forces.gc.ca/assets/FORCES_Internet/docs/en/about/CFDS-SDCD-eng.pdf.

④ Конышев В. Н., Сергунин А. А., "Ремилитаризация Арктики и безопасность России," Арктический регион: Проблемы международного сотрудничества: хрестоматия в 3 томах, Под. ред. И. С. Иванова. Т. 1. М.: Аспект Пресс, 2013, C. 288.

⑤ "Canada First Defence Strategy," Ottawa: Department of National Defence, 2008, pp. 7 – 10, http://www.forces.gc.ca/assets/FORCES_Internet/docs/en/about/CFDS-SDCD-eng.pdf.

⑥ Huebert R., "The Continually Changing Arctic Security Environment," Calgary: The Society Of Naval Architects And Marine Engineers, Arctic Section, 2012, p. 24.

在北纬50度以南，远距离运输能力有限。① 加拿大北极地区的安全工作主要由海岸警卫队和当地加拿大游骑兵负责。

加拿大的海军作战力量由13艘大型军舰组成。首先是"哈利法克斯"护卫舰，巡逻范围从南部基地部署到北极水域。尽管它们定期参加北极水域的演习，但因为护卫舰没有破冰功能，所以它们的快速部署能力非常有限。② 加拿大海军没有自己的破冰船和登陆舰。北极舰艇的建设延迟，原本计划2015年服役的巡逻舰到2018年9月才正式下水，于2019年交付加拿大海军，6艘巡逻舰全部建造完成预计要到2025年。③ 同时，北极舰艇的建设计划在加拿大国内引起激烈争论，国家安全与国防委员会对哈珀政府选择的正确性产生怀疑。

加拿大空军拥有18架CP-140（P-3C）反潜飞机，可以完成从该国东海岸基地到北极的空中巡逻。北极地区的空中巡逻也由加拿大空军的直升机和运输机进行。近年来购买的C-130J和C-17运输机也打算用于北极任务。加拿大计划用17架新飞机取代旧的C-130飞机，目的是解决北部纬度地区的航空搜救问题。但是，这些计划同样被推迟到2025年执行，北极的航空搜索和救援任务将由DHC-6运输飞机来解决。加拿大防空司令部空军有77架F/A-18战斗机，其基地位于加拿大东南部和中部。它们定期在北极领空飞行，主要任务是在俄罗斯战略轰炸机和侦察机接近该国领空时拦截它们。加拿大空军歼击机可以使用4个北方备用机场、2个西北备用机场及2个努纳武特备用机场，还有7架加油机，增加了F/A-18战斗机的飞行距离。④

加拿大在北极没有永久驻扎的地面部队。但是，人员在低温下进行战斗训练，其某些武器和军事装备已适应寒冷的天气条件。从2021年起，加拿大陆军计划开始接收新的冬季装备。2013年，建立了北极作

---

① Храмчихин А. А., "Военно-политическая ситуация в Арктике и сценарии возможных конфликтов," Северный（Арктический）федеральный университет им. М. В. Ломоносова（Архангельск）, С. 329.

② Forget P., "Bridging the Gap: The Limitations of Pre-AOPS Operations in Arctic Waters," Canadian Naval Review, Vol. 7, No. 4, 2012.

③ "Arctic and off Shore Patrol Ships," Government of Canada, Dec. 7, 2018, https://www.canada.ca/en/department-national-defence/services/procurement/arctic-off shore-patrol-ships.html.

④ Wezeman S. T., "Military Capabilities in the Arctic: A New Cold War in the High North?" SIPRI Background Paper, 2016, p. 8.

战训练中心,在冬季为100—120名军事人员进行军事训练。① 自2008年以来,北方特遣部队已部署在西北地区的耶洛奈克,协助民政当局恢复因自然灾害或事故受损的关键基础设施,由游骑兵部队进行地面搜索和救援作业。②

(三) 北欧国家的军事潜力

挪威是北约成员国,但是在挪威领土上没有北约国家的军事基地。冷战结束后,挪威快速调整了其与北约及俄罗斯(苏联)的关系,力图实现平衡。最近几十年来,挪威一直与北欧其他国家保持紧密的合作关系,尤其是在波罗的海地区。这种合作也具有军事政治意义,因此,挪威的安全与防御政策不管是在"北极"方向还是在波罗的海方向都得到了显著发展。③

挪威的军事发展不仅取决于北约内部国防和国家的考虑,而且还取决于该国参与联合国和北约在世界不同地区主持下进行的国际维和、稳定和危机管理行动。挪威还与欧盟签署了一项协议,其中规定了根据共同安全与防务政策参加欧盟危机管理任务的条件。④

挪威负责海事国防任务的是挪威海岸警卫队,于1977年作为海军内部的独立机构创建。开始时建立了200海里的渔业保护区,随后成为专属经济区。它的任务包括渔业保护、海关法规、海洋边界保护、搜救行动以及保护海洋环境免受专属经济区、领海和内陆水域的污染。警卫队包括15艘各种级别的船只,船舶的操作区域分为"外部"(在200海里区域)和"内部"(领海和内水)。在专属经济区内挪威有8艘带有轻型武器的舰船,其中最大的是具有破冰能力的"斯瓦尔巴群岛"巡逻舰,3艘"巴伦支哈瓦"巡逻舰可在轻冰条件下进行海上巡逻。

从2007年开始,北极在挪威的政策声明中成为一个独立的优先领域。斯托尔滕贝格国际政策研究所将北极列为该国外交政策的优先领域之一,挪威的北极政策是由政府在不同阶段的文件中进行定义并具体

---

① Дубров Сергей Николаевич, "Мероприятия приарктических государств по усилению военного присутствия в Арктике," Геополитика и Безопасность, NO. 3, 2017, C. 53 – 62.

② "Canadian Armed Forces. Joint Task Force (JTF) North," Government of Canada, Apr. 7, 2018, http: //www. forces. gc. ca/en/operations-regional-jtf-north/jtf-north. page.

③ ЗагорскогоА. В., "Международно-политические условия развития Арктической зоны Российской Федерации," ИМЭМО РАН, 2015, C. 153 – 163.

④ Загорский А. В., "Безопасность в Арктике," Москва ИМЭМО РАН, 2019, C. 82.

化的。

  近年来，挪威的紧凑型武装部队正在进行计划中的现代化。北极地区在 2008 年批准的军事发展计划中被强调为该国的优先投资领域。[①] 这些计划的实施在一定程度上减弱了 2008 年金融危机对挪威的影响。2009 年，挪威的军事建设重点转向北极，海岸警卫队进一步向北靠近纳尔维克的苏特兰。陆军司令部位于该国北部，同时挪威海军的主要基地仍位于该国南部卑尔根，少量挪威武装部分和分区平均分布于全国。

  随着挪威武装部队的现代化进程，国家拥有现代化的海军。挪威海军拥有 5 艘带有直升机的南森级护卫舰，到 2011 年，6 艘"盾牌"导弹舰替换了 20 世纪 90 年代初期建造的"乌拉"柴油潜艇以及登陆舰，旧护卫舰的更新换代工作完成。这些护卫舰就像"盾牌"导弹舰一样，装备有现代 NSM 反舰导弹。2014 年，挪威决定对海军的潜艇舰队进行现代化改造，并从下一个十年中期开始用新潜艇替换现有潜艇。[②] 新的护卫舰更适合在北部水域航行，然而，挪威并没有加强破冰船建设，因为除远征外，其作战部署的主要地区都位于挪威和巴伦支海的不冻水域。[③] 值得一提的是，挪威海军不仅在北海巡逻，而且还在海洋的各个区域执行任务。南森级护卫舰加入挪威海军作战组织后的第一个任务是参加北约国家的海军行动，以制止亚丁湾的海盗活动。

  挪威空军大约有 60 架 F－16 战斗机，其中大部分位于博德航空基地。挪威空军计划用 52 架第五代 F－35 战斗机进行更换。前两架 F－35 战斗机于 2017 年开始启用，加拿大计划于 2017—2020 年再购入 28 架。2019 年 11 月，挪威空军首批新歼击机舰队接受了作战值班任务。根据现有计划，挪威空军的全部战斗机将在 2025 年更新完成。[④] 新歼击机群将驻扎在南部，同时保留在北方进行空中巡逻的可能性，并在北方纳维克设有一个小型空军基地。挪威空军的 F－35 战斗机装备了挪威

[①] "Norwegian Defence 2008," Norwegian Ministry of Defence, 2008, p. 7, http：//www.operationspaix. net/DATA/DOCUMENT/809 ~ v ~ Norwegian_Defence_2008. pdf.

[②] Храмчихин А. А.，"Военно-политическая ситуация в Арктике и сценарии возможных конфликтов," С. 330.

[③] Загорский А. В.，"Военное строительство в Арктике в условиях конфронтации России и Запада," Арктика и Север，NO. 31，2018，С. 80－97.

[④] "The Air Force," Norwegian Defence Ministry, Nov. 28, 2019, https：//forsvaret. no/en/organisation/airforce.

NSM 反舰导弹。然而，由于 F-16 战斗机和 F-35 战斗机的射程以及空中加油能力缺乏，其作战使用区域将受到限制。2014 年，挪威、波兰和荷兰同意联合采购 4 架 A330 MRT 型加油机。①

挪威在北极地区使用的空军机队基础为 6 架 20 世纪 70 年代建造的 R-3 "猎户座" 反潜机以及在该国北部空军基地的 12 架 "海王" 反潜直升机。"海王" 反潜直升机的服役期为 2017—2028 年，并从 2022 年起计划用 P-8 "波塞冬" 反潜机取而代之，并使用潜艇和无人驾驶飞行器的空间探测系统。②

在 2009 年进行改革后，挪威陆军的主要力量是机械化旅 "北方"，它由两个机械化营和一个轻步兵营组成，部队维持较低的战备水平，负责执行训练任务，并且可以作为国际部队的一部分在挪威境内和境外部署。2011 年，该国武装部队总参谋长建议将其中机械化营的数量减少到一个。但是一年后，决定不改变原有结构。③ 其人员在冬季进行战斗训练，同时计划进行现代化改造，采用适应挪威北部气候条件的现代武器来替换现有军事装备。

丹麦没有本国的海岸警卫队。21 世纪的前十年，丹麦在北极几乎没有值得关注的军事活动。丹麦的武装部队规模很小，几乎完全位于日德兰半岛和邻近的岛屿。在冷战结束后，其武装力量减少，从武装人员、武器装备和技术设备的数量来看，丹麦是北约成员国中武装力量最小的国家，其装备和战斗训练主要用于北约和联合国的跨国特遣队，参与军事和人道主义的国际行动。北极地区位于丹麦武装部队主要活动清单的最后一项，目的也不在于参加北约的活动，而是为确保国家主权。④ 这一传统在其后续的国防政策有关文件中得以保留。⑤

---

① Wezeman S. T., "Military Capabilities in the Arctic: A New Cold War in the High North?" SIPRI Background Paper, 2016, p. 18, https://www.sipri.org/publications/2016/sipri-background-papers/military-capabilities-arctic.

② Храмчихин А. А., "Военно-политическая ситуация в Арктике и сценарии возможных конфликтов," С. 330.

③ Храмчихин А. А., "Страна боевых ледоколов," военное обозрение, 21 августа 2016 года, https://topwar.ru/99417-strana-boevyh-ledokolov.html?ysclid=lt6pn57spe867675786.

④ "Danish Defence Agreement 2013-2017," Nov. 30, 2012, pp. 1-2, http://www.fmn.dk/eng/allabout/Documents/TheDanishDefenceAgrement2013-2017english-version.pdf.

⑤ "Danish Diplomacy and Defence in Times of Change," Copenhagen: Ministry of Foreign Affairs of Denmark, 2016, p. 12.

2012年，丹麦武装部北极司令部在努克成立。该司令部通过优化、合并先前的法罗群岛司令部和格陵兰司令部而组成，主要任务是改善民政部门与该国武装部队之间的协调能力，解决在北极面临的海陆空巡逻、监视、搜救及海洋问题。① 北极司令部可以从丹麦武装部队获取部队和装备，临时或长期部署在格陵兰岛和法罗群岛，并在必要时可迅速加强这些部队。同时，丹麦从武装部队中分出一些部门组建了"北极反应部队"，主要为北极司令部在北极地区可能的部署做准备，促进互动与协调。②

丹麦巡逻护卫舰"特提斯"在格陵兰岛和法罗群岛海域履行武装海岸警卫队的职能，并于1989—1991年加入丹麦海军。"拉斯穆森"巡逻舰是丹麦的一级巡逻舰。带有破冰功能的首舰"拉斯穆森"和2号舰于2007—2008年进入海军服役，取代了20世纪70年代建造的两艘"阿克莱克"巡逻舰。3号舰2017年进入海军服役，取代了最后一艘"阿格莱克"巡逻舰。③ 自2011年以来，3艘"伊万·休特菲尔德"护卫舰用以替换服役达25年的"尼尔斯·朱尔"护卫舰，但是这些护卫舰与丹麦海军的其他舰船一样，没有破冰功能。

目前，丹麦地面部队非常有限：一个师，包含两个旅，其中一个用于完成训练任务。在格陵兰岛，北极司令部实际上只有一个由十几个人组成的雪橇队在无人居住的东北沿线地区巡逻，而且主要在夏季巡逻。④

三、北极各行为体的军事潜力分析

通过以上对俄罗斯及其他北极国家的军事潜力分析，可以看出，从

---

① "A Joint Military Command for the Arctic and North Atlantic Region," Copenhagen: Danish Ministry of Defence, 2015, p. 4, http://www2.forsvaret.dk/omos/organisation/arktisk/Documents/Arktisk-Kommando_DK_UK.pdf.

② Wezeman S. T., "Military Capabilities in the Arctic: A New Cold War in the High North?" SIPRI Background Paper, 2016, p. 11.

③ "Danish Navy Commissions Third Knud Rasmussen-Class Patrol Vessel," Baird Maritime, Dec. 11, 2017, https://www.bairdmaritime.com/work-boat-world/maritime-security-world/naval/ships-naval/danish-navycommissions-third-knud-rasmussen-class-patrol-vessel/.

④ Brook B., "On patrol with the Arctic Sirius Dog Sled Squad, the Loneliest Beat in the World," Dec. 30, 2016, http://www.news.com.au/travel/travel-ideas/adventure/on-patrol-with-the-arctic-sirius-dog-sledsquad-the-loneliest-beat-in-the-world/news-story/6aae898a6f239bf7845a82764242dbe5.

单个国家在北极地区的军事潜力来看,俄罗斯具有明显优势。俄罗斯是世界唯一在北极拥有永久军事基地的国家,其实力最强的海军舰队驻扎北极。与其他国家相比,俄罗斯在北极拥有数量最多的核动力破冰船、最多的军事基地及基础设施,并且部署了重型航空母舰"苏联库兹涅佐夫海军上将"。其水下、水面、空中力量以及陆军相对完善,拥有专属的军力和设备。近年来进行了现代化改革,俄罗斯在北极地区的军事现代化程度已经超过了历史上的任何时期。同时,俄罗斯在北极的军队人数最多,他们长期在极度恶劣及复杂的自然环境下生活和训练,多个领域的技能居于世界领先地位。

北约成员国中,最具军事竞争力的是美国,其在北极拥有导弹袭击预警系统、防空反导预警系统、多用途核潜艇等,以此来与俄罗斯的战略核力量形成平衡,实现威慑。美国具有强大的海军力量,但是在北极地区的部署较为有限。同时,在北极圈以北,美国没有永久军事基地供其部署非战略力量,海军也没有拥有破冰能力的水面舰艇和破冰船。破冰船具有提供机动和补给远程基地的能力,建造破冰船的能力对于北极地区的安全和科学至关重要。与俄罗斯相比,美国在这方面处于很大劣势,甚至不及其他北极国家。

表3-3 世界各国破冰船数量(单位:艘)

国家	数量	国家	数量
俄罗斯	38	日本	1
瑞典	7	德国	1
芬兰	7	智利	1
加拿大	6	中国	1
美国	5	韩国	1
丹麦	4	挪威	1
澳大利亚	1	南非	1

此外,加拿大近年来对北极地区的安全态势给予了更多关注,其北极安全政策也有所调整。但是,由于资金短缺的原因,加拿大扩充或更新北极军备的计划进行了缩减和延期。与加拿大整体上广泛的武装力量

相比，在北极的军事建设相对温和，北极地区武装部队的兵力和装备都不多，远距离运输能力有限。挪威和冰岛的军事潜力相对较弱，主要依靠与盟国合作的方式加强本国安全。它们虽然不具备军事优势，但是能够为北约提供战略支撑，如冰岛重要的战略位置，对北约在可能的危险状况下具有重要的地缘政治意义。

北约成员国近年来不断加强北极合作。位于格陵兰岛的图勒空军基地有大约400名丹麦人、50名格陵兰人、3名加拿大人和140名美国人。虽然地理位置极端，位于北极圈上方约1127千米处，但这是北约成员国间合作的一个很好的模板。有学者表示，预计北极地区的活动将增加，并可能在未来建立类似的基地。[①]

需要说明的是，北欧小国的军事力量虽然无法与美俄两大国相媲美，但是其重要的战略位置对该地区的地缘政治博弈具有重要作用。如冰岛虽然没有国家军队，但却为美军提供了重要作战场地，位于距冰岛雷克雅未克50千米处的凯夫拉维克机场被美国用作欧洲作战的跳板。根据两国缔结的《美国—冰岛防卫协定》[②]，北约成员国可在冰岛境内凯夫拉维克机场驻扎兵力，包括潜水艇、军舰、巡逻机、直升机和雷达，可用来监视别国航空兵和潜艇的活动。冰岛、格陵兰岛和英伦三岛基本控制住了北冰洋、挪威海和北大西洋的海上交通。冷战期间，这些水上航道是苏联潜艇进入北大西洋的必经之路，现在依然如此。同样，美国在丹麦拥有军事基地，美国可以借助盟友的力量自由进出世界海洋。

在评价进一步的力量建设可能性时，应该指出，俄罗斯和北约的情况不同。北约拥有相对较少的北极基础设施，主要设施集中在挪威，而从冰岛到阿拉斯加只有零星的几个。但是，北约却有相当大的资金潜力。从中长期来看，北约联盟，首先是美国，能够大大提高其在该地区的存在水平。但是，如上文所提到的，北约成员国对北极安全局势的态度有自身的立场和考量，北极地区未来安全形势有很大的不确定性。

---

① "The NATO Alliance's Role in Arctic Security," Jul. 19, 2019, https://www.maritime-executive.com/editorials/the-nato-alliance-s-role-in-arctic-security.

② "Взаимодействие Исландии и НАТО," НАТО.РФ, https://xn—80azep.xn—p1ai/ru/iceland.html.

第三节 北极各行为体的地区军事行动比较

研究表明，就北极地区的军事力量而言，俄罗斯与美国的实力最为强大，加拿大、丹麦、挪威则正积极增加其在该地区的军事力量，其军事和政治领导也并未掩盖对北极地区安全局势的担忧。近年来，西方国家与俄罗斯之间的信任度下降，部分军事合作已暂停。

一、俄罗斯北极军事行动增加

自俄罗斯决定重返北极之日起，军事行动就是其中的重要部分，主要包括军事演习、军事巡航、军事训练和北方海航道军事建设等方面。早在2012年，北方舰队就以"彼得大帝"核动力巡洋舰作为旗舰在北方海航道附近举行了一系列军事演习，海军陆战队在俄罗斯海军历史上首次出现在新西伯利亚群岛的科捷利内岛。[1] 2013年10月，俄海军10艘军舰组成编队，核动力巡洋舰"彼得大帝"在"50年胜利"等4艘原子破冰船的护卫下，在巴伦支海、卡拉海和拉普捷夫海进行了远征，向科捷利内岛运送了40多台技术设备、大型基础设施和1000多吨材料、设备及汽油、机油和润滑剂。航行计划包括在弗朗茨-约瑟夫群岛的最北端岛屿鲁道夫岛登陆。[2] 这项行动在许多方面都是独一无二的：涉及的作战单位数量、艰难的行进路线，以及将设备和货物运送到偏远的基地，这实际上是其他国家无法实现的。

俄罗斯在北极地区军事演习的目的包括以下三个方面：首先，俄罗斯预通过军事演习对以美国为首的西方国家形成战略遏制。俄罗斯希望通过军事演习展示其对北极的封锁能力以及在北方海航线的高度机动，

---

[1] "В Арктике совершена уникальная проводка отряда кораблей Северного флота четырьмя атомными ледоколами," 11 сентября 2013, https：//flot.com/news/navy/index.php? ELEMENT_ID = 152163.

[2] "Военные возможности России в Арктике," 23 января 2014, https：//topwar.ru/ 38727-voennye-vozmozhnosti-rossii-v-arktike.html.

展示其保护北极地区能源投资和掌控北方海航道的能力。① 2006 年 9 月，俄罗斯海上战略核力量举行核潜艇实弹演习，分别在北冰洋和太平洋成功发射 RSM－54 洲际导弹，并成功命中目标，这是十一年来俄罗斯首次在北冰洋发射洲际弹道导弹，这与北约东扩，不断在独联体地区推动"颜色革命"，挤压俄罗斯的战略空间有关。此举意在向西方国家施压，对其东扩进程形成遏制。

其次，俄罗斯频繁进行军事演习的目的是提高部队在北极地区的协同作战能力和生存能力，为应对可能发生的冲突做准备。② 2019 年 9 月，俄罗斯北方舰队在北极举行两栖军演，出动了包括海军陆战队、蛙人部队等兵力以及装甲车、卡－27 直升机等军事装备。参演舰艇包括"库拉科夫海军中将"反潜驱逐舰、"亚历山大·奥特拉科夫斯基"大型登陆舰以及"坎多波加"坦克登陆舰等，多为主战装备，此次军事演习充分展示了俄军在北极环境的战斗能力。③

最后，俄罗斯北极军事演习是对北约成员国及北极国家军事演习的回应。北方舰队司令亚历山大·莫伊谢耶夫海军中将在 2019 年 12 月在"北极：现在与未来"论坛上说，过去五年来，外国在北极地区举行的军事活动数量翻了一番，北约国家的联合部队在俄罗斯北部边界附近进行了几十次规模不同的演习，演习单位包括核潜艇、航空母舰打击编队和特种作战部队等。瑞典和芬兰等不结盟国家的军事组织越来越积极地参与该地区的演习和战斗训练活动。④ 2018 年 10 月 25 日—11 月 7 日，北约成员国在挪威举行冷战后规模最大的"三叉戟接点 2018"军事演习，有来自 29 个国家的 5 万名军事官兵参加，包括北极中立国瑞典和芬兰。⑤ 虽然此次军事演习有俄罗斯的观察员参加，并将其定位为防御性

---

① "FP: российские учения в Арктике—не повод пугать новой войной," 22 мая 2019 года, https://russian.rt.com/inotv/2019-05-22/FP-rossijskie-ucheniya-v-Arktike.

② 刘财君、张有源:《俄罗斯加强北极军力的战略背景及影响》,《国际资料信息》, 2012 年第 3 期，第 21—24 页。

③ 《俄海军北方舰队举行极地两栖军演，出动多种主战装备》,《参考消息》, 2019 年 9 月 29 日, http://www.cankaoxiaoxi.com/mil/20190929/2392181.shtml。

④ "За пять лет число иностранных военных учений в Арктике удвоилось," ТАСС, 6 декабря 2019, https://tass.ru/armiya-i-opk/7284625.

⑤ "В НАТО надеются на профессионализм России во время учений в Норвегии," Риа новости, 31 октября 2018, https://ria.ru/20181031/1531892572.html?referrer_block=index_archive_10.

军事行动，但明显带有反俄罗斯性质。① 对此，11 月 6 日起，俄罗斯在距离挪威很近的公海进行了持续 3 天的军事演习，虽然俄罗斯事先正式通知在公海的导弹演习，但从时间和区域上可以看出，这明显是对北约军事演习的回应。俄罗斯军事演习的地点和北约军事演习地点有重叠部分。②

2020 年 7 月 7 日，北方舰队各兵种力量在巴伦支海集结，演练导弹攻击。此次演练的指挥官——北方舰队海军中将莫伊谢耶夫表示，"计划中的 2020 年战斗训练由各集团部队和海军部队的一系列任务组成，包括不同的战术演习，进行导弹、防空、炮兵、鱼雷等射击项目"。③该计划将在不同阶段部署 30 多艘水面舰艇、潜艇和船队补给船，20 多架飞机和 40 多件部队装备。本次集群的核心为，北方舰队主力舰向位于导弹最大射程处的假想敌发射反舰巡航导弹。④

总体而言，近年来俄罗斯北极军事演习的特点可概括为：

第一，数量上有所增加。2006 年，俄罗斯海军北方舰队在北冰洋举行了 20 多次各类军事演习。⑤ 北方舰队司令部的报告显示，2018 年北方舰队共进行了约 3800 次战斗训练，2019 年的次数比 2018 年增长了 10% 以上，大约进行了 4200 次，其中一半以上为实战演习。俄罗斯全年举行了 187 次军事演习和 152 次导弹发射。潜艇的总在航率超过计划指标 41%，水面舰艇超出 3%。⑥ 军事演习类型逐渐丰富，包括空中演习、登陆演习、两栖演习、联合演习等。

第二，军事演习规模不断突破。军事演习规模主要包括参演人员的数量和军事设备方面。近年来俄罗斯北极军事演习不断突破冷战后的历

---

① 《还击！俄罗斯将以导弹演习回应北约冷战后最大军演》，《人民日报（海外版）》，2018 年 10 月 31 日，https：//baijiahao. baidu. com/s? id = 1615800068282284025&wfr = spider&for = pc。

② "НАТО штурмует берега Норвегии, Россия отвечает ракетными стрельбами," Независимое, 31 октября 2018, https：//nvo. ng. ru/news/631773. html.

③ "В Баренцевом море начался сбор-поход разнородных сил Северного флота," Министерство обороны Российской Федерации, 7 июля 2020, https：//structure. mil. ru/structure/okruga/north/news/more. htm? id = 12300689@ egNews.

④ "В Баренцевом море развернуты группировки разнородных сил Северного флота," Министерство обороны Российской Федерации, https：//structure. mil. ru/structure/okruga/north/news/more. htm? id = 12300692@ egNews.

⑤ 刘财君、张有源：《俄罗斯加强北极军力的战略背景及影响》，《国际资料信息》，2012 年第 3 期，第 21—24 页。

⑥ "Флот надёжно защищает Арктику. Красная звезда," Красная звезда, 9 декабря 2019, http：//redstar. ru/flot-nadyozhno-zashhishhaet-arktiku/.

史规模。2020年8月，俄罗斯海军在阿拉斯加附近举行了有数十艘军舰和战机参加的大规模军事演习，这是苏联时期以来该地区举行的最大规模的此类演习。①除俄罗斯在该地区的军事演习规模不断上升外，北极其他国家，如美国、挪威、加拿大以及北约都不断突破本国在该地区的军事演习规模。②

第三，军事演习难度日益加大。俄罗斯北极军队比其他北极国家更能适应北极的恶劣气候和环境，在多次军事演习中创下世界之最，如跳伞、核潜艇破冰等方面尤为明显。2020年4月26日，在俄罗斯国防部长绍伊古的命令下，空降部队军人世界上首次从1万米的高度在北极进行了跳伞演习。伞兵使用了新一代专用降落伞系统。如国防部所述，除了新的降落伞外，军方还测试了氧气设备、导航设备、专用设备和制服。俄国防部副部长叶夫库罗夫表示，这样的演习将"每年在北极的不同地区举行，参加人员的组成不同，接受的培训时间也不同"。他解释说，北极圈以外的"夏季"条件有其自身的特点，需要所有类别的军人具备特殊的知识和技能，因为他们将不得不在没有道路、没有大量水库和沼泽等因素的情况下采取行动。③

第四，军事演习地点逐渐深入。俄罗斯在北极进行军事演习的地点不仅包括其北方岛屿，如摩尔曼斯克、阿尔汉格尔斯等外，也经常在与北极国家的边境举行，如在2018年北约"三叉戟接点2018"军事演习期间在挪威以西公海海域进行导弹试射，同时多次在阿拉斯加附近举行大规模军事演习。

此外，加强军事巡航也是俄罗斯在北极进行军事建设的重要标志。2007年8月17日0点0分，20架战略导弹轰炸机从俄罗斯7个位于不同地区的机场升空，开始定期执行飞行任务。俄罗斯15年来首次恢复北冰洋上空战略导弹轰炸机的空中巡航。导弹轰炸机将与海军合作，在空中加油完

---

① 《俄海军在阿拉斯加附近举行大规模军演，加强北极军事存在》，《参考消息》，2020年8月29日，https://baijiahao.baidu.com/s?id=1676331668067037054&wfr=spider&for=pc。

② 2007年8月加拿大在北极举行了名为"主权行动"的军事演习，为北极历来最大规模的军事演习，挪威于2015年3月在北极地区与俄罗斯接壤的芬马克郡举行该地区近50年最大规模军事演习，北约于2018年10月举行"三叉戟接点2018"军事演习，为近20年最大规模的军事演习。

③ "Российские десантники впервые в мире прыгнули с парашютами в Арктике с высоты 10 км," ТАСС, 26 апреля 2020, https://tass.ru/armiya-i-opk/8337763。

成20个小时的连续飞行，并加强战略导弹核潜艇在北极冰层下的巡航。对此，美国表示，其导弹防御系统正在密切监视俄罗斯远程轰炸机的飞行，并注意到它们最近的活动有所增加，但不认为这会对美方造成威胁。他们认为，"俄罗斯在空中升起飞机，那是俄罗斯自己的事情"。[1]

2019年，米格-31战机恢复了中断近30年的北极区域军事巡航，2020年4月俄军飞行员驾驶最新型的米格-31BM战斗机在北极进行作战任务演练。该战斗机是俄罗斯空军主力战斗机之一，具有速度快、重量大、载弹多、截击能力强等显著特点。同时，该型号战斗机可搭载"匕首"导弹，使在2000千米外的航空母舰战斗群灰飞烟灭。这不仅可以弥补俄罗斯北极人口稀少及偏远地区防空网络薄弱的不足，也能对驻扎在阿拉斯加的美国F-22战机形成一定牵制，为俄罗斯雄心勃勃的北极军事扩张和自然资源勘探战略保驾护航。[2]

近十年来，俄罗斯武装力量在北极的战斗训练强度和规模不断增长。2010年，紧急情况部和边防局在弗朗茨-约瑟夫群岛举行了联合军事演习，在这一过程中检查了它们在应对紧急情况方面的相互配合。这次演习表明，正在建立的紧急救援中心和边防部队之间进行合作是有益的。边境巡逻队的成员接受紧急情况部救援人员培训，并获得有关的紧急救援证书，这使得边防部队能够在武装部队抵达之前对各种紧急情况做出迅速反应；2012年9月，俄罗斯在摩尔曼斯克州和巴伦支海进行了跨军种联合作战演习，有20余艘军舰和潜艇、30余架飞机、150余武器和7000余人参与，内容包括官兵对独立设施的防护及空降行动；[3] 2013年9月俄罗斯太平洋舰队海军陆战队进行了登陆演习，共有近3000名军人、10多艘舰艇与装甲车参加了此次行动；同月，北方舰队的大约30艘水面舰艇和潜艇参加了在巴伦支海和喀拉海的舰队演习[4]；

---

[1] "Россия впервые за 15 лет возобновила полеты стратегической авиации," 17 августа 2007，https://www.newsru.com/russia/17aug2007/aviacia.html.
[2] 张强：《米格-31战机出征北极 誓要成为酷寒地带"空中利刃"》，《科技日报》，2020年4月29日。
[3] "Проводятся военные учения по защите интересов России в Арктике," Арктика-Инфо，21 сентября 2012，http://www.arctic-info.ru/News/Page/provodatsa-voennie-ycenia-po-zasite-interesov-rossii-v-arktike.
[4] "Около 30 кораблей принимают участие в учениях в Баренцевом море," Арктика-Инфо，23 сентября 2013，http://www.arctic-info.ru/News/Page/okolo-30-korablei-prinimaut-ycastie-v-yceniah-v-barencevom-more.

2015年3月举行的军事演习是俄罗斯北极地区规模最大的演习,对北极集团军的作战状态进行了突击检查,包括3.8万名军人、3360件军事装备、41艘舰艇、15艘潜艇和110架飞机。在该演习期间,第98空降师登陆了新地岛和弗朗茨-约瑟夫群岛的冰上靶场。该演习包括在新地岛和约瑟夫岛的军队集结、远程特种部队重组、保护俄罗斯空中和海上边界、反击敌人的密集导弹以及空中打击等项目①,2016年的7—9月,北方舰队进行了为期数月的大规模演习,空天部队、地面部队和岸防部队参加了演习,并出动了舰艇、潜艇、远程轰炸机、战斗机、C-300和S-400防空系统、摩托化步兵旅和海军陆战队。该演习测试了来自北方联合战略司令部,保护俄罗斯北部地区免受来自巴伦支海、楚科奇海和北极方向大规模攻击的侦察队能力,除北方联合战略司令部参与外,还动员了其他区域包括远程航空在内的俄罗斯航空航天部队参与。②

2019年,俄罗斯北方舰队还首次参与了在挪威北部和南部海域举行的"海洋之盾-2019"大规模跨舰队演习,其在演习的不同阶段共出动了4500多名官兵,以及20艘战舰、潜艇和保障船,另有约20架反潜、歼击和轰炸机和直升机参演。③ 俄罗斯的"中部-2019"军事演习也有部分项目在北极进行,主要检验了在极寒条件下作战装备的性能。

近年来,俄罗斯国防部不断加大对北方海航道的军力建设,从2012年起北方舰队恢复了在北方海航道通航期间的定期巡航。2012年,北方舰队的海军陆战队在未部署装备的新西伯利亚群岛之一的科捷利内岛海岸进行了登陆。2013年,由核动力巡洋舰"彼得大帝"作为旗舰,北方舰队向新西伯利亚群岛运送了设备和物资,用以恢复新西伯利亚群

---

① "Начата внезапная проверка боеготовности Арктической группировки Вооруженных Сил России," Военный обозреватель, 16 марта 2015, https: //warsonline. info/rossiyskaya-armiya/nachata-vnezapnaya-proverka-boegotovnosti-arkticheskoy-gruppirovki-vooruzhennich-sil-rossii. html.

② Рамм А., "《Север》защитил Арктику, Старт《Булавы》был частью самых масштабных за всю историю учений в Заполярье," Известия, 30 сентября 2016, http: //izvestia. ru/news/635049.

③ Рамм А., "《Север》защитил Арктику, Старт《Булавы》был частью самых масштабных за всю историю учений в Заполярье," Известия, 30 сентября 2016, http: //izvestia. ru/news/635049.

岛的"速度"军事基地。2014年，北方舰队远征期间在新西伯利亚群岛举行了保护俄罗斯北极岛屿及海岸的演习。① 2018年，北方舰队的部分战舰和保障船经北方海航道完成了巴伦支海和白令海峡之间的双向航行，其中包括36艘水面舰艇和潜艇与保障船、14架飞机、36件装备以及其他军事设备。航行期间开展了跨部门演习，演习项目为保护季克西地区的海洋和岛屿领土。② 2019年9月5日，大型登陆舰"亚历山大·奥斯特洛夫斯基"由俄罗斯西北地区的摩尔曼斯克出发，通过北方海航道横渡至巴伦支海和科拉半岛，向无装卸设备的海岸卸载货物、投送武器装备和人员，并在途中完成了一系列海上防空演习。③ 从2019年起，伊尔-38N"诺韦拉"反潜机在此执行巡逻任务。北方舰队空军基地和太平洋舰队两个混合航空团的飞行员，每天都会对这一重要的贸易航道进行巡逻，密切监视该区域舰艇的活动轨迹。④

二、西方北极国家与北约的地区军事行动不一

美国陆军欧洲司令部没有在北大西洋和北极邻近地区的北纬举行单独的演习，但积极参加由北欧国家组织的军事训练活动"寒冷回应"和"北极挑战"，以及在双边基础上进行的联合训练。在北极地区的东部靠近太平洋的地区，美国印度—太平洋司令部的武装部队从1993年起每年在阿拉斯加湾开展战术军事演习"北方利刃"，每年的军事演习任务有所不同，以训练空军、陆军和海军各部门在空中演习中的相互配合为主要目标。从2005年开始实行了新的实践活动——奇数年的军事演习为训练军事部门和阿拉斯加民政部门对紧急情况的反应和应对能力，偶数年的军事演习为武装力量在亚太地区的军事实践。2004—2009年，美国航空母舰编队参加了军事演习。⑤

20世纪90年代初期，美国军事演习的人数为0.9万—1.5万，到

---

① "Северный флот Новости 2017," Военно-технический сборник Бастион, 11 августа 2017, http://bastion-karpenko.ru/north-fleet-2017-2/.

② "Северный флот. Новости 2018-2019," 15 декабря.

③ "БДК 'Александр Отраковский' и тральщик 'Владимир Гуманенко' завершили арктический поход," ТАСС, 5 сентября 2019, https://tass.ru/armiya-i-opk/9379993.

④ 李军：《俄在北方海航道频繁练兵备战》，中国军网，2019年7月26日，http://www.81.cn/gfbmap/content/2019-07/26/content_239299.htm。

⑤ Загорский А. В., "Безопасность в Арктике," Москва ИМЭМО РАН, 2019, С.108.

2000 年后，最大规模为 9000 人。2012 年，美国政府财政紧缩，各部门面临压缩经费的压力，军事演习被暂停。2015 年，中断三年的亚太地区危机应对演习在阿拉斯加举行，6000 人参加了演习，演习地点距离俄罗斯边境仅有几千米。① 2017 年的"北方利刃"军事演习有 6000 名飞行员、海军陆战队员、海军和陆军人员，200 多架飞机，以及海军船只和商船参加。2018 年 3 月，北美防空司令部联合美国北方司令部进行多军种联合军事演习。与本系列三十年以来的军事演习性质不同，这次军事演习是首次不以提高军事机构和民政部门的相互协调技能为目的，而是进行国土防御行动，准备和测试军事力量在北极极寒的天气条件下战术作战能力，包括美国海军陆战队在内的大约 1500 名美军人员参加了本次演习，演习地点为阿拉斯加南部海岸的太平洋司令部靶场和阿拉斯加远程雷达系统基地。② 2019 年 5 月，美国武装部队在阿拉斯加进行大型军事演习"北部边缘"，这是十年来的首次航空母舰打击小组参加。总共约有 1 万名士兵和军官参与本次演习，约有 250 架来自美国武装部队所有类型的飞机，其中包括海军陆战队和空军的第五代 F-35B 战斗轰炸机以及 5 艘舰船。③ 2019 年 9 月，海军第三远征突击队和海军陆战队与美国海岸警卫队一起组织了第一次"北极远征能力"军事演习，大约 3000 名海军陆战队士兵参加，本次演习在阿拉斯加南部海岸和南加州进行，使用了白令海阿留申群岛的守卫基地。④

近年来，美国在阿拉斯加进行的军事演习性质发生了变化，这与 2016 年和 2019 年华盛顿制定的北极战略保持一致，将在北极地区逐步建立临时部署及远征行动，但不会长期部署大量作战部队。

即使在 2020 年的 5 月，当全球都因新冠疫情而忙碌时，美国空军第 18 侵略者中队正在遥远的阿拉斯加联合靶场进行演习，其总部所在

---

① "Show of U. S. Strength Just Miles from Putin's Borders: Thousands of Troops Conduct Exercises by Air, Land and Sea over Alaska Amid Mounting Tensions with Russia," Daily Mail, Jun. 24, 2015, http://www.dailymail.co.uk/news/article-3136856/Military-conducting-large-exercise-Alaska.html.

② "Arctic Edge Exercise Dates Announced," Defense Visual Information Distribution Service, Feb. 12, 2018, https://www.dvidshub.net/news/265770/arctic-edge-exercise-dates-announced.

③ "США впервые за 10 лет проводят на Аляске военные учения с участием авианосца," ТАСС, 17 Мая 2019, https://tass.ru/mezhdunarodnaya-panorama/6444145.

④ "U. S. Navy, Marine Corps Achieve First in Arctic Exercise," Defpost, Sep. 23, 2019, https://defpost.com/u-s-navy-marine-corps-achieve-first-in-arctic-exercise.

的艾尔森空军基地正在储备更多的空军先进隐形战斗机 F-35，用以对抗包括俄罗斯在内的对手。该空军基地还将新建两个战斗机中队，飞行员人数从约 1750 人增加到 3200 人，扩建位置就位于北极，从而使其航程达到东欧、朝鲜半岛和全球其他地区。①

从 2007 年开始，加拿大武装部队联合联邦当局、海岸警卫队和加拿大游骑兵每年在北极地区进行演习。其中最大的是"纳努克"军事演习。参加人数除 2010—2012 年达到约 1500 人外，通常不到 1000 人。该演习的主要内容是提高武装部队和民政部门对紧急情况的处理技能，包括地震、漏油、撤离遇难船只、组织搜救行动、在北部水域和领地巡逻等。个别年份会有美国、丹麦、英国和法国的观察员参加。其他的年度军事演习（如"努纳武特"）的规模不大。在加拿大西部和东部的北极和亚北极地区，这些巡逻队的基本技能得到了提高。

2014 年乌克兰危机后，加拿大军事演习的性质、规模、强度都没有改变，近年来甚至明显落后于危机前 2010—2012 年高峰时的指标。在加拿大北极地区进行的演习规模已不能与区域外的演习或加拿大武装力量参加的其他国家举行的演习规模相提并论。②

自 2006 年以来，挪威定期在其领土上（通常是指每年三月在其北极地区）举行"寒冷反应"大型军事演习，地面部队、空军和海军部队都会参加。在 2010 年之前，这些活动每年举行一次，但现在每两年举行一次，有时会进行规模较小的冬季战斗训练活动。北约所有的成员国以及北约组织都可能会被邀请参加军事演习，通常一半数量的受邀国家会参加。此外，从 2006 年的演习开始，芬兰每年都参加军事演习，2010 年，瑞典也加入其中。2006 年和 2007 年参加军事演习的国家数量均为 11 个，参演人数约为 1 万人和 8500 人，2009 年和 2010 年参演国家达到 14 个，2012 年为 15 个，2014 年为 16 个，2016 年为 14 个。③ 2008 年未举行军事演习。同年，北约在挪威举行冷战后规模最大的"三叉戟接点

---

① 《美空军大幅扩建阿拉斯加基地》，《参考消息》，2020 年 5 月 16 日。

② "Military Exercises. National Defence and the Canadian Armed Forces," Government of Canada, Feb. 5, 2019, https://www.canada.ca/en/department-national-defence/services/operations/exercises.html.

③ Загорский А. В., "Нестратегические вопросы безопасности и сотрудничества в Арктике," ИМЭМО РАН, 2016, C. 55.

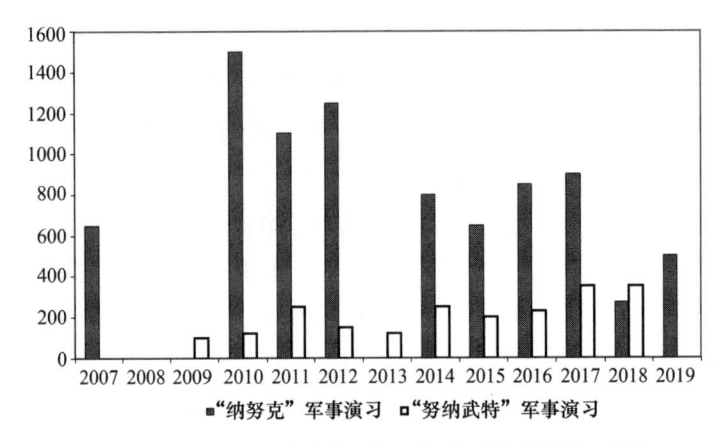

图 3-2 2007—2019 年加拿大主要军事演习人数情况①（单位：人）

2018"军事演习。2020 年的"寒冷反应"军事演习原计划有来自美国、英国、法国、德国、丹麦、芬兰等 10 个国家共 1.5 万名士兵参加，但由于疫情原因取消。② 近十年"寒冷反应"军事演习除参演国家数量有所增加外，参演人数也有明显变化。"寒冷反应"军事演习每次的方案不同，但主要目的在于提高多国武装力量行动的一致性以及在国际危机行动中的相互协调性。

此外，作为北欧防务合作组织的发起者之一，挪威积极参与包括军事演习在内的各项组织活动。2013 年，由瑞典领导的空军演习转变为由北欧防务合作组织成员国的联合军事演习"北极挑战"，自 2015 年起成为欧洲最大的空军演习，有数百架战斗机和数千名军事人员参加。军事演习在挪威、芬兰和瑞典境内进行。在 2017 年和 2019 年的军事演习中，北约成员国英国、德国、丹麦、西班牙、荷兰、美国、法国、比利时以及中立国瑞士参加，2019 年，北约的空中预警与控制系统飞机参与了军事演习。③

---

① Загорский А. В., "Безопасность в Арктике," Москва ИМЭМО РАН, 2019, C. 105.

② "В Норвегии из-за вспышки COVID-19 свернули учения НАТО Cold Response 20," EurAsia Daily, 12 марта 2020, https://eadaily.com/ru/news/2020/03/12/v-norvegii-iz-za-vspy-shki-covid-19-otmeneny-ucheniya-nato-cold-response-20.

③ "The Third Biennial Arctic Challenge Exercise," Norwegian Ministry of Defence, Mar. 7, 2017, https://forsvaret.no/en/press/the-third-biennial-arctic-challenge-exercise; Nordic Cooperation-in the Concept of Cross Border Training," Swedish Armed Forces, May. 28, 2019, https://www.forsvarsmakten.se/en/activities/exercises/arctic-challenge-exercise-2019/.

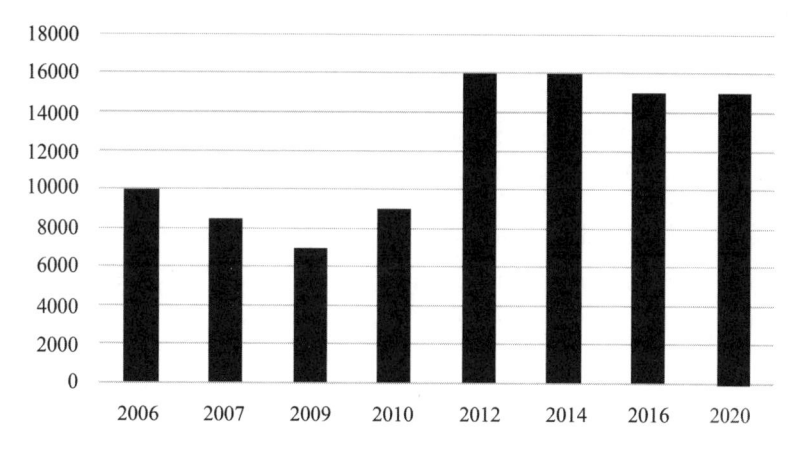

图 3-3　2006—2020 年挪威"寒冷反应"军事演习人数情况（单位：人）

数据来源："НАТО и новая повестка дня в Арктике," РСМД, 24 сентября 2013, https://russiancouncil.ru/analytics-and-comments/analytics/nato-i-novaya-povestka-dnya-v-arktike/; "НАТО готовит 《холодный ответ》 агрессорам," коммерсант, 2 марта 2016, https://www.kommersant.ru/doc/2928257; "Cold Response 2014: Военные учения в Северной Норвегии," военное обозрение, 18 марта 2014, https://topwar.ru/41656-cold-response-2014-voennye-ucheniya-v-severnoy-norvegii-foto.html.

　　不足为奇的是，欧洲北部军事演习的加强，特别是大规模的北约综合演习引起了俄罗斯的强烈反应，俄罗斯军事领导人对此进行了广泛关注。但欧洲的军事演习整体上并没有超出正常的军事训练规模范围，俄罗斯北方舰队司令莫伊谢耶夫海军中将表示，"北约在北极地区继续增加演习训练的频率和规模，增加幅度达17%。侦察行动也增加15%。但北方舰队所负责的边界地区整体军事政治局势稳定，并处于掌控之中"。①

　　北约是世界上最大的军事联盟，具有强大的军事力量。2013年，瑞典、芬兰和挪威开展了第一次联合军事演习，并邀请英国和美国参加。2015年5月25日—6月5日，北约空军在北极开展了大型军事演习"北极挑战"，进行了瑞典、芬兰和挪威间的第二次联合军事演习，英国、德国、挪威、美国、法国、荷兰和3个中立国瑞典、瑞士与芬兰参加了此次军事演习，根据挪威国防部新闻处的消息，共有115架以上不同型号的作战飞机和辅助飞机以及3600名军人参与。② 在参演国家、

---

① "В Северном флоте России заявили об усилении разведки НАТО в Арктике," 27 декабря 2019, https://www.gazeta.ru/army/news/2019/12/27/13865486.shtml.

② "Военные учения Actic Challenge вызвали критику в Швеции," Риа новости, 26 Мая 2015, https://ria.ru/20150526/1066458830.html.

人员数量和军备上都有所增加。在演习中,练习了多国空军的互动、空中加油、空战以及击败地面目标,包括防空压制作战。据专家称,本次演习与俄罗斯武装部队在北极地区和波罗的海增加活动有关。① 同年6月5日,北约开始了规模更大的"巴尔托普斯2015"军事演习,来自17个国家的军人参加了该次军事演习。"巴尔托普斯"军事演习是波罗的海最大的演习系列,参与者来自丹麦、法国、德国、挪威、土耳其,英国和美国等西方主要大国以及中立国芬兰及瑞典。

"三叉戟接点2018"军事演习在挪威的中部和东部以及波罗的海和冰岛在内的北大西洋举行,是北约自2002年以来最大的此类演习,冰岛、芬兰和瑞典也加入其中。② 这也是在挪威举行的最大规模的军事演习,并在军事演习中组织了集体防御行动。美国第6舰队自1991年以来首次驶进北极区域。③ 此次军事演习被认为是成功的,它们成功地与31个不同国家的军队进行了互动,并找出了培训中的薄弱环节。④

三、北极各行为体的军事行动分析

军事行动是行为体显示本国军事实力、实现本国军事安全政策的决心。根据俄罗斯与北极其他行为体在北极的军事行动比较结果显示,俄罗斯的军事演习数量明显增加,演习装备的类型逐步多样化,军力不断加强。通过演习,俄罗斯不仅检验了在极端寒冷条件下的军队作战能力及设备性能,演练了多种突发情况及战略任务的执行能力,并将位于北极地区的军事基础设施不断完善,做好了随时应对挑战的准备。俄罗斯众多高精尖端科技武器陆续"光临"北极地区,加剧了地区的紧张气氛。其中,如俄罗斯伞兵万米高空降落的军事演习项目,凸显了俄罗斯在北极严峻气候条件下的军事实力优势。

---

① "Учения ВВС НАТО в Арктике," 26 Мая 2015, Виртуальная энциклопедия военной авиации, http://pro-samolet.ru/blog-pro-samolet/1214-ucheniya-vvs-nato-v-arktike.

② "Trident Juncture 18," Norwegian Armed Forces, Oct. 25, 2018, https://www.nato.int/cps/en/natohq/news_158620.htm.

③ Paul M., "Polar Power USA: Full Steam ahead into the Arctic," SWP Comment, NO. 42, Nov. 2019, p. 3, https://www.swp-berlin.org/fileadmin/contents/products/comments/2019C42_pau.pdf.

④ "НАТО в Арктике. Потенциал, проблемы, отставание," Военное обозрение, 7 апреля 2019, https://topwar.ru/156912-nato-v-arktike-potencial-problemy-i-otstavanie.html.

近年来，美国在北极的军事行动愈加频繁，在阿拉斯加举行的军事演习性质也发生了明显改变，军事演习的目的逐渐由提高军事机构与民事机构的技能协调变为国土防御。参加军事演习的军力及装备不断升级，海军陆战队、战略轰炸机以及航空母舰纷纷登场。美国的军事演习主要在"北美防空司令部"及"北约"框架内进行，演练了美国及其盟军在极地环境下的军队配合。2021年1月，美国宣布将在北极海岸进行定期巡逻，用以应对该地区日益增加的安全风险。北约在美国等国家的带领下也增加了在北极的军事行动，主要在挪威境内及周边地区进行，参加军事演习的国家日益扩大化，但是因每个国家的战略利益及目标不同，北约尚未形成统一的北极政策，同时受到极地作战的技术限制，短期内与俄罗斯进行冲突的可能性有限，在资金方面有较大的潜力。值得一提的是，美国与俄罗斯在北极边界的空中巡逻与监视已成常态，两国军机经常在该区域"伴飞"对手，但多数情况下飞行没有违反国际法，尚未达到剑拔弩张的程度。

加拿大的军事行动数据表明，近年来加拿大在北极的军事演习并没有增加，反而有所收缩。这与加拿大的北极政策基本保持一致，虽然加拿大看重北极的战略意义，但是并不主张用单纯的军事手段实现政策目标。加拿大在北极的军事行动并没有显示出对俄罗斯的敌对关系。相对来说，挪威的北极军事演习有较为明显的变化。从2010年之后，挪威的军事演习规模不断扩大，并停留在约1.5万名军人参演的高水平，参演国家不仅包括北约成员国，瑞典、芬兰等中立国也加入了演习，挪威也积极邀请北约在北极地区进行更多的军事存在。这在一定程度上对俄罗斯的北极安全形成挑战。

总之，从俄罗斯与其他北极行为体的军事行动来看，双方的军事对峙有所升级，俄罗斯在地区行动上采取主动方式，并形成先发制人的态势，美国及其北约盟友加强了在北极地区的军事演习存在，但短期内俄罗斯仍具有明显优势，发生冲突的概率比较有限。

第四节　俄罗斯与西方媒体关于北极的叙事比较

通过比较俄罗斯媒体与西方媒体就同期北极事务的报道发现，两者既存在相同主题，同时也有诸多差异。

2007年以前，世界媒体关注北极较少，对北极的关注对象丰富且相对均衡，更多地从气候、资源、环境、海洋等角度出发，在政治或军事方面的报道非常有限。然后，2007—2009年，俄罗斯与西方媒体的有关北极的报道数量急剧上升，关注的焦点多是"北极领土和资源的争夺"，重点是200海里以外专属经济区及大陆架的主权主张。可以认为，这是继2007年俄罗斯探险队在北冰洋底插入俄罗斯国旗事件后的持续探讨与争论。区别在于，西方媒体的主要观点认为，俄罗斯违反了国际法，该举动会促使远离北极地区的冲突蔓延到该地区。俄罗斯媒体则更多将重点置于北极邻国的军事集结，并将其描述为对俄罗斯的潜在威胁。

2014年之后，俄罗斯与欧洲的关系急转直下，西方对俄罗斯实施了严重制裁，这同样影响到曾经被认为是"例外区域"的北极。俄罗斯媒体和西方媒体对该地区的巡航、军事演习、对抗等相关报道乐此不疲，但双方的报道角度有所不同。俄媒主要的报道主题包括西方在俄边境举行联合军事演习，对其安全造成严重威胁；俄军在北极大量投入基础设施建设，部署了重量级战略武器，军队现代化程度不断提高；俄罗斯是北极地区军事现代化最强的国家，没有任何国家可以比拟。俄媒大量引用官方发言，表明俄罗斯的军事行动是为了捍卫其北极国家利益，主要出于防御和威慑目的，一切部署是合理的。而西方国家则大肆渲染俄罗斯在北极不断加大军事力量，在北极搞军事化。

俄罗斯官方媒体与西方媒体对于北方海航道报道的差异也非常突出，如俄罗斯官方媒体除积极宣传北方海航道的航运能力，以及作为国际航道的重要价值外，还广泛报道北方海航道作为俄罗斯境内交通系统的一部分，但是受到持"自由航行"立场的国家的挑衅和干涉。

相对而言，在西方媒体中，环境问题，特别是与气候变化有关的问题，是一个反复出现的主题，包括对活动家举办活动的报道，这在北欧国家的媒体中尤为明显，它们产出了大量关于资源利用与环境保护之间冲突的报道，但是俄媒对环境利益与资源利益冲突的报道却不多。在关于2012年"绿色和平"组织登上俄罗斯钻油平台事件的报道中，西方媒体报道强调了该组织的环保团体性质及其对俄罗斯破坏北极环境的抗议，凸显了经济利益与环境保护冲突。但该事件在俄媒的报道中很快就变成了"地缘政治上的紧张局势之一"，强调"绿色和平"组织的行动是一种政治挑衅,并进行广泛报道。

本章小结

本章对俄罗斯与其他北极国家的北极政策做了对比研究,分别从各国的北极安全政策、地区军事潜力以及地区军事行动三个部分展开。每部分都对俄罗斯与其他国家的情况做了单独分析,并对俄罗斯及西方国家为双方进行了比较。

在北极安全政策上,通过对北极沿岸国家安全政策的研究,可以发现,进入21世纪的前十年,西方国家整体上采取了适度的北极能力建设方案。这些方案并未规定在北极地区永久性的大量部署战斗部队,而是计划在此处临时部署有限的军事资源,以增强应对非军事安全挑战的能力,例如边界保护、确保航行安全、对紧急情况迅速做出反应、进行搜救行动等。沿海国家已认识到这一点,在可预见的将来,该区域的力量和资源将增加。尽管大多数任务主要是由非军事机构(如海岸警卫队、执法机构等)完成,但武装部队还承担了应对非军事风险的职能:监视空中和水面情况、航空和海上搜救、提供航行安全、协助民政部门消除漏油和其他紧急情况的后果等。

2014年之前,政界和学界就俄罗斯与其他北极国家的力量平衡同样没有过多的关注。即使俄罗斯的非战略力量和手段超出了其他沿海国家的能力总和,但被看作是对北极地区共同安全任务的潜在贡献,从而赋予俄罗斯在区域合作中的重要作用。[1] 2014年后,北约的北极国家对俄罗斯军事计划的态度发生了变化。它们普遍认为俄罗斯的北极战略难以预测。尽管整体上对俄罗斯北极军事发展的评估没有根本改变,即仍认为短期内不存在军事威胁,但从北极国家近年来通过的国家政策文件反映出,它们对俄罗斯军事发展计划的分析正在从评估俄罗斯的意图转向评估俄罗斯的实际能力。然而,近年来西方北极国家在军事建设领域做出的决定表明了另一种情况:北约的北极国家的重点不是北极地区,

---

[1] Загорский А. В., "Военное строительство в Арктике в условиях конфронтации России и Запада," Арктика и Север, NO. 31, 2018, C. 80 – 97.

而是波罗的海地区。短期来看，这些决定并没有引起人们对北极地区军事建设问题的关注，反而分散了对该地区的注意力。但是，当俄罗斯与西方关系的危机拖延的时间越长，从中长期来看，该地区的军事政治局势就越有可能恶化。在北约的北极国家中，人们普遍反对北极的军事克制政策。

军事潜力方面，美国和北约国家在北极部署的部队和装备已经减少。如今，它们在北极地区没有强大的作战部队和非战略基地，除少数丹麦巡逻护卫舰外，海军没有配备具有破冰能力的水面舰艇。总体来说，北约国家在北极部署的非战略军事力量和资产不多。但是，近年来，北约成员国加大了在该地区的军事部署，美国重新开设了冷战后关闭的位于冰岛和格陵兰岛的两个军事基地，同时，多个国家将建设破冰船、加强北极防御系统等军事任务提上日程。

俄罗斯是唯一一个在这里长期部署海军舰队的国家，其中约有3/4是俄罗斯的弹道导弹核潜艇。近十年以来，俄罗斯优化了武装部队在北极地区的结构和组成，积极发展俄罗斯北极地区的军事基础设施，大量增加适应北极气候条件的重型武器，并对空中和地面控制系统进行了现代化改革。与此同时，它们在海上长期部署的潜艇数量、海军演习的规模和频率以及航空活动的强度大幅度增加。

研究结果表明，北约在该地区现有军事力量拥有绝对优势，随着瑞典和芬兰相继加入北约，北约在该地区的优势更加明显。然而，在大多数国家国防预算减少的情况下，北极地区的军事建设方案往往因为其他更优先发展地区的竞争加剧而被拖延。某种程度上说，这对减缓北约与俄罗斯的对抗有所帮助。

军事行动上，在衡量了本国在北极地区的利益需求后，各北极国家采取了军事手段和非军事手段的不同组合。如丹麦，因为其没有海岸警卫队，所以主要任务由武装部队完成，加拿大决定加强自身在北极海域的存在，而美国将主要事务交由具备军事组织性质的海岸警卫队处理。俄罗斯在北极的军事活动明显增强，以挪威为首的西方北极国家和北约成员加大了军事演习的规模，同时军事演习性质也在逐渐变化。俄罗斯和北约国家海军力量的较量主要区域在挪威海，西方国家正在恢复冷战时期从北极地区进入北大西洋的"格陵兰—冰岛—英国"反潜线。

西方北极国家建设北极部队的计划有限，这不仅是因为尚未出现明显的发生武装冲突的可能，恶劣的自然气候条件和该地区的偏远距离使常规军事活动、建设和维护海岸基础设施、保障军队的稳定运转成本都极为昂贵。据其国家军事部门估计，在可预见的将来，这些条件不大可能得到改善。

同时，从媒体的关注重点也可以得出，俄罗斯政府与社会对北极发展的重心在于军事领域，对军事建设进行了集中报道，而西方北极国家的舆论更加多元，对生态环境、气候变化、资源开发等给予更多关注。

第四章 俄罗斯实施新北极政策的战略考量

通过对俄罗斯北极政策的梳理、对俄罗斯与其他北极国家相关政策的对比分析以及北极各行为体军事潜力及军事行动的比较，可以得出，俄罗斯在北极的发展重心逐渐由经济发展向增大军事存在转移。然而，一些困惑随之产生。俄罗斯于2007年恢复了冷战后在北极地区的空中和冰下巡航，但是到2013—2014年才开始真正的军事部署，是什么促成了俄罗斯北极政策的改变？同时，俄罗斯在北极已经具备了一定的军事优势，"防御目的"不足以解释俄罗斯在北极地区的所有军事行为，而继续加强军事力量可能会引起其他北极国家的联手对抗，那么，俄罗斯的真正意图何在？以上便是本章探讨的主要问题。本章采用层次分析法，从全球层面、地区层面、国家层面及个人层面对俄罗斯在北极实施新政策的战略考量进行分析。

第一节 全球层面：争取未来国际格局中的有利地位

从更广阔的视角分析俄罗斯在北极地区的军事行动，对于理解俄罗斯的北极政策具有十分重要的意义。美国学者肯尼思·华尔兹认为，国际系统的特征对于战争有着直接且重要的影响，并以国际系统结构作为国家行为的主要原因，建立了结构现实主义。[1] 立足国际结构，在全球层面对影响北极地区政治经济的因素进行考量，对于全面理解拥有"帝国梦"的俄罗斯的北极政策具有很大的必要性。

---

[1] 秦亚青：《层次分析法与国际关系研究》，《欧洲》，1998年第3期，第4—10页。

在气候变暖和全球化进程的驱动下，北极地区与全球的联动性增强，北极资源开发和航道利用带来的经济利益预期以及可能带来的政治安全利益备受国际社会的关注。同时，进入21世纪的第二个十年，以美国的世界影响力下降、中东地区安全局势持续震荡、俄美关系不断恶化等为主要标志，强调国际合作的全球化进程受阻，国际秩序面临深刻调整。当今的世界大国主要位于北半球，北极对其产生重要影响的同时，主要大国的国际行为也反向作用于北极。

一、在国际秩序调整中占据战略优势

国际秩序是世界政治中最具全局性、长期性和战略性的重大问题。[1] 国际秩序的走向对于任何一个国家具有举足轻重的作用，同时，每个国家的行为也会直接或间接地对国际秩序产生影响。现代国际关系认为，国际关系是大国的游戏。中美俄作为世界大国，通过关系互动反映了国际秩序建设的主要内容和基本矛盾，代表着不同理念和主张。近年来，金砖国家以及其他新兴经济体在经济上蓬勃发展，俄罗斯的传统大国地位逐步恢复，美国冷战后形成的霸权地位开始动摇，国际社会处于百年未有之大变局。

进入21世纪，中国进入经济发展的快车道，2010年中国国内生产总值超过日本，成为全球第二大经济体，并在全球的政治、经济、军事舞台上发挥不可忽视的影响力。中国积极推动建立国际新秩序，逐渐成为世界的重要一极。中国追求建立世界多极化，遵循和平共处五项原则，不干涉别国内政。提倡构建人类命运共同体，开展全球合作，共同应对挑战，开创人类光明未来。其中，共建"一带一路"倡议是与共建国家建立经贸合作的重要方式。中国仍是发展中国家，与发达国家在诸多方面存有差距，但中国的全球影响力已被世界多国认可，引起了各国的不同反应。

进入21世纪后，美国逐渐走向衰落其国内经济呈现下降趋势，出现了自2008年金融危机以来的首次衰退。阿富汗和伊拉克两场反恐战争消耗了美国的大量战略资源，对美国全球首屈一指的军事能力形成挑

---

[1] 周桂银等：《中国与国际秩序笔谈：观念与战略》，《国际展望》，2021年第1期，第16—48页。

战。为了维护世界霸权，美国增加军队人数，并推进武器现代化，2019年的军费开支占全球军费开支的38%，而俄罗斯仅占全球军费开支总量的3.4%。美国政治持续分化，民粹政治兴起。有观点认为，特朗普总统的当选从某种程度上揭示了美国民众对政府工作的不满。特朗普与拜登的竞选暴露了其选举制度的弊端，而选举后出现的国会暴乱被定义为"国内恐怖主义"。特朗普政府执政期间，不顾世界主要国家及其盟友的反对，先后退出了联合国教科文组织、巴黎气候协定、伊核协议等国际组织和协议，对现有国际秩序的稳定形成挑战，美国的国际影响力下降。

有学者认为，中美战略竞争缘起于小布什政府时期，形成于奥巴马政府时期，在特朗普政府时期激化。从对中国军事力量变化的关注转为对综合国力以及对周边外交政策变化的关注。① 1980年中国的国内生产总值只有美国的10.7%，2017年中国的国内生产总值已上升至美国的近63%，并且远远超出世界第三大经济体。② 美国政府对中国崛起的关注增加，在2017年出台的《国家安全战略》报告中正式将中国定位为最大竞争对手及"修正主义"国家。2018年与中国展开的"贸易战"在很大程度上宣告了美国持续40年之久的对华经济接触战略的终结，其对华经济政策中防范甚至遏制的一面大幅强化。③

苏联的继承国——俄罗斯长期在国际舞台享有独特的地位。曾经是两极格局下霸权世界的一方，其在经历苏联解体后，政治局势调整，经济面临崩溃，但始终没有退出世界大国的"朋友圈"，并依靠本国强大的军事实力尽力在国际重大事务上发声，扩大其国际影响力。执政20年之久的"铁人总统"普京始终将"俄罗斯帝国梦"作为自己的总统使命。美国与俄罗斯之间的战略竞争几乎从未停歇，俄罗斯长期被美国政府定义为全球最大的竞争对象。即使俄美之间在特殊时期有过短暂的"蜜月"，但很快被新的战略性冲突所取代。④ 2014年后，以美国为首的

---

① 温娟、李海东：《理性认识美国外交转型与中美战略竞争》，《湘潭大学学报（哲学社会科学版）》，2021年第1期，第157—163页。

② 赵华胜：《中美俄关系与国际结构：从多极到两极？》，《国际关系研究》，2020年第4期，第3—20页。

③ 李巍：《从接触到竞争：美国对华经济战略的转型》，《外交评论（外交学院学报）》，2019年第5期，第54—80页。

④ 如"9·11"事件之后俄美两国有过短暂的合作，共同应对国际恐怖组织，但随着颜色革命在原苏联国家展开与北约东扩，双方关系急转直下。

西方国家对俄罗斯的经济、政治、外交等方面进行了严厉制裁，俄罗斯也多次向美国发起对等反制。

中美俄在现代国际关系中形成了复杂而密切的关系，学者们对此进行了研究，有学者通过"三角关系""三边关系"来分析三国的战略关系及互动。俄罗斯因其与中美两国的经济实力差距、强大的军事力量而成为影响三国关系的重要影响因素。在特朗普政府初期，国际社会关于俄罗斯"联美抗中""联中抗美"的猜测络绎不绝。如何在不断变化的国际形势下最大程度地发挥本国优势，提高本国在国际领域的话语权无疑是俄罗斯政府研究的重要战略问题。

北极大国的身份为俄罗斯强化其世界地位提供重要支撑。同属于全人类公共财富的南极不同，北极仍有大片地区的归属权尚未解决。而当今，世界大国主要集中于北半球，理论上说，任何一个具有天空打击能力的国家，如果掌握了北极点，也就掌握了对世界各大国进行"战略俯瞰"的能力，导弹打击和兵力投送能力都会因此而得到增强。因此，全球范围内，世界大国为追求本国的北极利益乐此不疲。俄罗斯更是努力抓住其为数不多能与中美"讨价还价"的机会。所以，对于其他领域"先天不足"，而军事力量是顶梁柱的俄罗斯来说，大力发展北极军事对其在国际新秩序中赢得重要席位至关重要。

二、在国际军控体系中与美国保持战略平衡

军备竞赛是指和平时期两个或两个以上国家（更常见的是整个军事集团）争夺军事优势的政治对抗。在这种对抗中，每一方都在竞相扩充军备，增强军事实力，试图与对手建立平等或超越对手。冷战时期，美苏之间展开了激烈的军备竞赛，直到苏联解体结束。

美国和俄罗斯（苏联）之间的军控体系有三大支柱：《限制反弹道导弹系统条约》（以下简称《反导条约》）、《美苏消除两国中程和中短程导弹条约》（以下简称《中导条约》）和《第三阶段削减和限制进攻性战略武器条约》（以下简称《新削减战略武器条约》）。这三大条约有效维护了国际军控和裁军体系的稳定，对防止世界再次陷入军备竞赛意义重大。然而美国已相继退出《反导条约》和《中导条约》，经过长期的俄美博弈，拜登政府同意将《新削减战略武器条约》延长5年。事实上，随着世界各国竞相开发军事技术和军事装备，传统军事科技领域

的更新，人工智能、清洁能源、信息技术、生物技术等新领域的迅速发展，世界新军事革命悄然到来，一场新型军事竞赛也隐然若现。① 美俄延续了冷战时期的军事实力，仍然是新军事竞赛的主要选手，其他国家军事水平的大幅度提高增加了大国军事角逐的复杂性。世界主要大国都在为国际秩序可能出现的不确定性而做准备。

瑞典斯德哥尔摩国际和平研究所数据显示，2019年世界军费增至1.917万亿美元，达到1988年以来的最高水平，同比增长3.6%。② 全球军费大国中美国军费高居榜首，达7320亿美元，占全球军费的38%，规模几乎等于排名第二位至第十一位国家的军费总和。俄罗斯位居第四，为651亿美元，同比增长4.5%，占其国内生产总值的3.9%，在欧洲国家中军费负担较重。而德国该年军费为493亿美元，同比增长10%，达到1993年以来的最高水平，成为当年军费开支前十五位中增幅最大的一个。前十五位中有六个是北约成员国：美国、法国、德国、英国、意大利和加拿大。这六个国家加起来占全球军事开支的48%（9290亿美元）。③

2018年2月，美国发布了继2010年后的新版《核态势评估报告》，对美国的核力量进行了重估，制定了新的核战略。该报告指出，美国正面临一个前所未有的、更加多样化和先进的核威胁环境，需要研发新型核武器，并对现有核武器、核基础设施和运载系统进行现代化升级，形成灵活、适应性强并具有抗打击性的核能力。同时，美国将扩大使用核武器的范围，补充低威力核武器，加强核军事与非核军事的整合，准备用核武器应对"非核战略攻击"，从而增加对潜在敌人首先使用核武器的威慑力。美国的战略威慑体系不再局限于核武器，而是拓展到高超声速武器、反导武器、反卫星武器、网络战等领域，追求首次突击就能摧毁对方主要工业中心、战略武器基地，使对方丧失核反击能力，在短期内取得战争胜利。③

---

① 冯玉军、陈宇：《大国竞逐新军事革命与国际安全体系的未来》，《现代国际关系》，2018年第12期，第12—20页。

② "Trends in World Military Expenditure 2019," SIPRI Fact Sheet, Apr. 2020, https://www.sipri.org/sites/default/files/2020－04/fs_2020_04_milex_0.pdf.

③ 《2019年全球军费增速创近十年新高：美国独占38%》，《中国航空报》，2020年5月19日第9版。

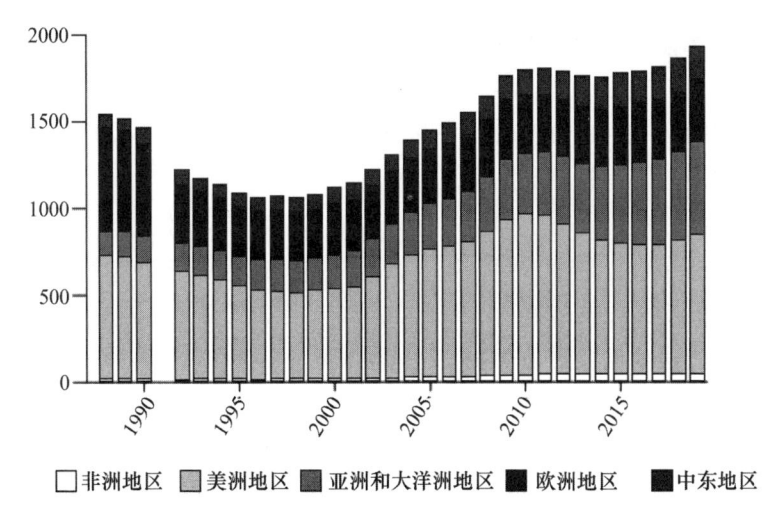

图 4-1　1988—2019 年世界各地区军费支出（单位：十亿美元）

资料来源："Trends in World Military Expenditure," SIPRI Fact Sheet, Apr. 2020, https://www.sipri.org/sites/default/files/2020-04/fs_2020_04_milex_0.pdf.

2018 年 6 月 18 日，美国总统特朗普下令美国国防部立即启动太空军的组建，成为美国武装力量的第六军种。2019 年 2 月 19 日，美国总统特朗普签署了《第 4 号太空政策指令》，宣布正式组建太空军。这是继 1947 年美国空军从美国陆军分离出来后的首次军种变化。同时，继 2019 年 2 月 2 日美国开始退出《中导条约》后，特朗普政府又于 2020 年 5 月 21 日表示将退出《开放天空条约》。《开放天空条约》于 1992 年签署，2002 年生效，其中包括俄罗斯、美国以及大部分北约成员国。该条约旨在提升军事透明度、降低冲突风险。缔约国可对其他缔约国的全部领土进行约 100 次空中非武装侦察。[1] 对于美国来说，退出该条约虽然减少了侦察俄罗斯的机会，但可以使用更先进的军事和商业卫星从太空对对方进行侦察拍照。同时，美国可共享其北约成员国观察飞行获取的相关战略情报。而对于俄罗斯来说，则会失去在美国领土上空完成观察飞行的机会。显然俄罗斯因美国此举而陷入相对被动的局面。

除此之外，生效 50 余年的《不扩散核武器条约》在应对多地区出现的核扩散形势时显得应对乏力。印度、巴基斯坦和以色列成为事实上

---

[1] 《退出〈开放天空条约〉美国迈出瓦解全球安全体系"又一步"》，《光明日报》，2020 年 6 月 4 日。

的拥核国家，朝鲜于 2003 年退出了《不扩散核武器条约》，伊朗核问题持续很多年，美国于 2018 年退出伊核协议，2020 年 1 月 6 日，伊朗宣布中止履行所有伊核协议对其采取的限制措施。总体来说，国际核安全形势相比冷战结束初期更加恶化。

面对冷战后国际军控体系的逐渐瓦解，俄罗斯虽财政压力较大，但也不愿在新军事改革中甘拜下风。试图与美国进行不对称竞争，着力发展核打击能力，维持战略均势。① 2020 年 6 月 2 日普京总统批准《俄罗斯核威慑领域的国家政策基础》②，内容包括俄罗斯对核威慑的现状和性质、使用原则、权力机构和其他部分的职能划分等。该文件指出，核威慑由随时待命的作战部队得以保障，它们可以在任何情况下通过核武器手段对潜在敌人造成破坏。从文件中同样不难看出俄罗斯就美国退出《不扩散核武器条约》的应对痕迹，如该条约规定，对俄罗斯国家的主要威胁包括"潜在敌人在与俄罗斯及其盟友接壤的领土和邻近海域集结，发展拥有核武器运载工具的通用部队"，"视俄罗斯为潜在对手的国家部署反导系统和设备、中短程巡航和弹道导弹等武器"，"在太空建立和部署反导防御设备和打击系统"。③"对领土和邻近海域的军事集结"被俄罗斯视为重要威胁，列入国家主要威胁的第一条，这对俄罗斯与美国及其他北约国家的北极活动将会产生重要影响。该政策文件为俄罗斯进行的核行动提供了法律依据，以期形成对美国及其盟友的战略威慑。

近年来，随着科学技术的不断发展，太空安全与网络空间的军事化成为国际安全领域中最危险的现象。2010 年美国正式成立网络司令部，成为世界上第一个网络司令部，引起网络安全专家对网络军事化的担心。④ 2017 年 8 月，特朗普总统将美国网络司令部升级为第十个联合作战司令部，网络空间正式与海洋、陆地、天空以及太空并列成为美军的

---

① 冯玉军、陈宇:《大国竞逐新军事革命与国际安全体系的未来》,《现代国际关系》, 2018 年第 12 期，第 12—20 页。

② "Утверждены Основы государственной политики Российской Федерации в области ядерногоя сдерживаиня," Президент России, 2 июня 2020, http: // www. kremlin. ru/acts/news/63447.

③ "Указ президента Российской Федерации Об Основах государственной политики Российской федерации в области ядерного сдерживания," http: // static. kremlin. ru/media/events/files/ru/IluTKhAiabLzOBjIfBSvu4q3bcl7AXd7. pdf.

④ 吕诚昭:《需要关注在网络空间中的"军事竞赛"》,《计算机安全》, 2010 年第 11 期, 第 75—77 页。

第五战场，网络空间军事化加剧。各国竞相发展网络空间技术，展现出一种"预防式"军事对抗，力图在网络军事装备的数量和质量上取得相对优势，对国际政治产生重要影响。

三、利用不对称优势抵御其他区域的博弈外溢

北极曾被誉为地缘政治的一片净土，即使在全球多个地区展开激烈竞争或对抗，但是在北极长期保持了和平态势，北极各国为实现地区治理开展了不同论坛及活动，并取得了显著成效。美国与俄罗斯两国均具有双重身份，既是世界大国，又是北极地区的主导力量。两国间及与其他国家的北极合作曾作为国际合作的典范，即使在地缘政治事件后，北极国家的区域合作仍然继续进行。因此，在学界有"北极例外论"的说法，即北极地区不受其他地缘政治纷争的影响。

然而，随着国际事务的日趋复杂，国际格局的演变，美俄冲突呈现常态化，两国在处理北极问题上难免将全球身份带入地区事务中。在西方国家与俄罗斯军事政治合作中断的情况下，人们对北极可能发生冲突的主观预期越来越高。在最新的国防政策审查中，主要的北极国家都做出了增加该地区军事力量的决定，尤其是美国。由于俄罗斯和西方都在考虑可能发生的最坏情况，这无疑推动了在北极地区开始军事竞赛。然而，即使西方当局修改了该地区的政策，有关北极军事建设的任何决定都需要大量时间和金钱，短期内北极地区的军事政治局势不会有明显改变。但是，俄美两国在北极地区的地缘政治关系可能会受到双方全球战略关系的渗透。如美国和北约在大西洋领域的安全活动、乌克兰事件的后续影响、中东地区的地缘政治竞争等都有可能是点燃俄美北极战略冲突的导火索。

在俄罗斯潜艇重新巡游北大西洋的背景下，为了确保跨大西洋的海上通信安全，西方国家已经恢复了"格陵兰—冰岛—英国"反潜线，美国恢复使用了 2006 年撤出的凯夫拉维克（冰岛）军事基地，并对位于格陵兰图勒空军基地的跑道进行了现代化改造，而这之前，只有美国导弹攻击预警系统的雷达在维持工作。[①] 2018 年北约峰会上，北约做出

---

① "Report to Congress on Strategy to Protect United States National Security Interests in the Arctic Region," Department of Defense, Dec. 2016, p. 11.

在美国诺福克建立联合部队司令部、在德国建立后勤司令部的决定。2020年9月，北约诺福克联合部队司令部正式开始运转，这是2002年后北约建立的新司令部。该司令部的任务包括将指挥北约盟军保持战备状态，举行军事演习并制定从美国东海岸到北极、"格陵兰—冰岛—英国"反潜线的作战计划，确保北美和欧洲之间关键增援路线和补给路线的安全，将美国部队和装备快速投送到欧洲，并在欧洲境内实现快速调动。[1]

2014年后，西方国家在俄罗斯北极地区投资的资金和技术撤出对俄罗斯重视发展经济的北极政策形成极大制约，促使俄罗斯将北极政策转向军事政治方向。同时，从时间来看，俄罗斯从2013年底开始恢复在北极的军事力量，2015—2017年是北极国家加强本国北极军事政策的主要时期，北冰洋是俄罗斯海军进入世界海洋的主要通道，而黑海和波罗的海就是俄罗斯舰艇从北冰洋出发开往大西洋的重要通道。2014年后，受地缘政治事件影响，美国、俄罗斯、乌克兰及西方各国在黑海、波罗的海地区多次展开军事演习或军事行动，以美国为首的西方阵营和俄罗斯的对峙局面一度升级。如2019年3月，美国B-52战略轰炸机造访俄罗斯边境。2020年5月，美国曾派B-1B战略轰炸机前往黑海地区，并现身波罗的海。这是自冷战后该型号轰炸机首次进入北极巴伦支海。B-1B战略轰炸机具有超声速突访能力，能携带投送AGM-158C远程反舰导弹和JASSM-ER导弹、LRASM导弹，可作为远射巡航导弹运载工具，在高技术战争中发挥作用，是美国空军战略威慑的主要力量。而俄罗斯也秉承一贯的风格，不仅对靠近俄罗斯边界的西方军机进行伴飞和拦截，还出动战略轰炸机携带超声速武器装备，在波罗的海地区对美国及其西方盟友形成压制。2020年6月11日，乌克兰获得北约"机会增强伙伴国"地位，成为北约准成员国，在通信、后勤保障、指挥领域深化合作，可以和北约成员国之间共享情报，可以在北约机构任职。俄罗斯对此反应强烈。

因中东地区拥有丰富的能源资源与重要的地理位置，俄美两国一直看重该地区的地缘政治利益。在21世纪的前十年中，中东地区的各个

---

[1] 《北约新增联合部队司令部正式开始运作》，中国新闻网，2020年9月18日，https://www.chinanews.com/gj/2020/09-18/9293862.shtml。

地区都以不稳定为特征，网络化恐怖组织的活动也在增加。从 2010 年开始的西亚北非局势动荡开始，到之后的叙利亚危机，再到伊朗、埃及、土耳其、伊拉克、利比亚问题，都充斥着俄美两国的权力角逐。美国欲通过霸权作用在中东地区发挥影响力的想法已经不切实际，而主要通过与各国代表谈判和妥协取得领导地位，使得该地区的走势符合美国的地区利益，尤其是经济利益。[1] 然而，美国在对待叙利亚库尔德武装问题、土耳其越境打击等事务的做法没有得到中东盟友的认可，对以色列的偏袒也使中东国家对美国的信任度下降，美国作为中东和平调停者的身份不再稳固。而俄罗斯，作为苏联的继承国，在中东地区有着本国的传统利益。俄罗斯抓住美国在该地区"表现不佳"的机会，通过访问中东国家，缓解沙特和伊朗的紧张关系，主导"阿斯塔纳进程"等表现获得了不少中东国家的支持，其在中东地区的影响力大幅提升。[2]

第二节 地区层面：争夺地区事务主导权

北极地区特殊的气候条件、所处地理位置以及可能带给全球的气候、经济、政治和军事影响赋予了它在全球地缘角逐中的特殊地位。不管是在历史上曾经发挥的重要作用还是近年来不断增大的经济与交通前景预期，都使这个区域产生了前所未有的吸引力。北极是俄罗斯人的家园，是其强大国力的象征，俄罗斯历史上曾在这里有过失败的教训和成功的经验，拥有争夺重要战略空间传统的俄罗斯自然不会在显示其大国地位的大赛中缺席。此外，地区事务纷繁芜杂，缺乏地区治理的国际法规，为俄罗斯用军事手段掌控地区形势提供了有利基础。

一、先发制人抢占战略前沿

北极对俄罗斯有着特殊的意义，俄罗斯将国家定位为传统的北极大

---

[1] Барнашов О. В., Мироу Ж., Халаф С. С., "Факторы конкуренции между США и Россией на Ближнем Востоке," Современная конкуренция, 2014, С. 87-99, https://cyber-leninka.ru/article/n/faktory-konkurentsii-mezhdu-ssha-i-rossiey-na-blizhnem-vostoke.

[2] 兰顺正：《美俄中东博弈：俄棋高一着》，《中国国防报》，2019 年 10 月 21 日。

国。古希腊语中，北极一词"Арктика"的意思是"大熊之国"。[1] 对于俄罗斯而言，北极地区不仅是具有特殊位置的地理区域及拥有丰富稀缺资源的能源基地，还是俄罗斯的国家前沿，是俄罗斯人敢于冒险的地方，是领土宏伟的象征，是苏联向世界展示先进军事、科技能力的地方。[2] 俄罗斯人对其赋予了本国文明与文化起源的意义。部分俄罗斯人认为，"北极是故乡，它曾是俄罗斯的，并将永远是俄罗斯的"。[3]

俄罗斯对北极地区的占领可以上溯到16世纪——伊凡四世时期。[4] 该地区的开发主要具有两个特点：第一，该地区结合了国家和企业在该地区的资源利益；第二，该地区居住着北方原住民及俄罗斯村落和修道院中的少数民族。几个世纪以来，俄国不断向东和向北推进的动力在于获得经济利益。19世纪末，俄国政府由于客观原因并未打算大力投资北方海航道，铁路建设在该地区建设中占有优先地位。其他国家对该地区的关注令俄国担忧，所以俄国政府不得不将研究北方海航道的航行条件和建造破冰船等事务提上日程。尽管在20世纪其取得了许多地理发现，但对北冰洋的研究却很少。

俄罗斯政府开始重视北方海域的通行问题是在俄日战争之后（1904—1905年）。俄日战争时，俄国海军的军事力量强于日本，拥有分布在波罗的海、黑海和太平洋的三支舰队。太平洋舰队与日军交锋损失惨重，黑海舰队受土耳其限制无法抽调，波罗的海舰队组成第二太平洋舰队预赴远东支援，但因北冰洋封冻无法通过，只能远征3万千米绕道好望角，终因错过战机而败于日本。海军上将韦尔霍夫斯基在给海军部写的一封关于俄罗斯海军在东部战区失败原因的报告中指出，俄罗斯必须对北方海航道进行考察研究。"可以100%地肯定，在考察后的两年内俄罗斯舰队和作战舰艇必定会从这里穿越进入符拉迪沃斯托克（海参

---

[1] "Русская Арктика," Военное обозрение, 6 декабря 2012, https：//topwar.ru/21742-rossiyskaya-arktika.html.

[2] Georle Soroka, "The Political Economy of Russian's Teimagined Arctic," Arctic Yearbook, 2016, pp. 359-388.

[3] Угланов В. Ю., "Россия—наш родной край," https：//www.alpha-omega.su/index/0-195.

[4] Филин П. А., "История исследования и освоения Арктики：Основные этапы осмысления и белые пятна истории," Арктика：история и современность труды международной научной конференции, 2016.

崴)。"① 1910—1912 年,"泰梅尔"和"威加奇"破冰船已经建成。

在苏联时期,政府十分重视对北方地区的开发。1945 年以后,北极开发进入了快速发展进程。北极是在俄罗斯境内发动导弹袭击和拦截进入该地区的导弹的最佳抵御地。俄罗斯在摩尔曼斯克建立了原子破冰船基地,以及能够在冰盖下航行甚至漂浮在极点的核潜艇,并建立了研究基地和工业设施。科拉半岛成为苏联最大舰队——北方舰队的基地所在地。

北极在军事战略上日益重要的地位在 20 世纪的两次世界大战中得以体现。在一战时期,北极的定期航行已经大大增加,苏联政府对于北极研发达成共识。对于当时的苏联政府来说,在北极重要的利益在于两方面,一个为对外政策,需要确定国家边界和国际地位,另一个为科学勘探、通过经济技术手段解决相关问题。20 世纪 20 年代,苏联政府的关注点主要有三个方面:交通、资源和原料以及原住民的生活。北方海航道带给苏联政府更多的经济利益,通过海路比铁路出口的运输成本降低很多。1920—1933 年,北方海路的年平均运输量增加了 6 倍,通航期从 23—32 天增加到 2—2.5 个月。在二战期间,德国就能够在卡拉海、新地岛上部署潜艇基地,弗朗茨－约瑟夫群岛也有这样的基地,作为德国人冬季的机场和仓库,甚至在泰梅尔地区也发现了德军基地。德国人从这些基地出发,在北方海峡布雷攻击北方海航道上的俄军舰队。而这些都是战后才发现的,可见这个地区的隐蔽性。②

北极在军事战略上日益重要的地位在冷战时期达到了顶峰。正是在这一时期,北大西洋和整个北极地区,包括其冰下、地面和空中部分,成为北约和苏联的联合力量军事政治对抗的舞台。在遏制和威吓敌人的政策中,北极地区在全球力量平衡中已具有重要的军事政治意义。在苏联时期,潜艇舰队巧妙利用了北极水域的特征进行移动,并获得了丰富的操作经验,使船只在水下发射导弹前秘密将冰击落,从而直接进行打击,大幅缩短了攻击的检测时间。③

随着两极对抗的出现,苏联和美国在北极的关系进入了一个新阶

---

① Визе В. Ю., "Северный морской путь," Л., 1940, C. 43.
② Штыров. В. А., "Арктика и дальний восток," Книжный мир, 2018, C. 191.
③ Коньшев В. Н., Сергунин А. А., "Арктика в международной политике сотрудничество или соперничество?" Российский институт стратегических исследований, Москва, 2011, C. 38.

段。这在很大程度上是由于两国领导人在二战期间对该区域的军事战略重要性的认识。美国担心德国将利用格陵兰岛作为对美国进行空袭的基地，于是与丹麦政府达成协议，允许美国空军在格陵兰境内使用该基地。苏联方面也将北极视为潜在的行动战场。在二战前，苏联首先于1933年创建了北方军事区舰队，然后于1937年改为北方舰队。1941—1944年，苏联北方舰队在巴伦支海进行了军事行动，以保护盟军车队。之后，俄美两国的北极开发取得了不同程度的进展。俄罗斯在该地区部署了7个海军基地和4个远程空军基地。美国及其北约盟友——加拿大、挪威和丹麦在北冰洋没有大型水面舰艇和空军基地，只建立了有限的军事基础设施，但在美国、挪威和加拿大的北极地区都部署了反潜系统。[1]

俄罗斯与美国在北极地区的现代竞争与冷战时期的军事化有相似之处。俄美两国寻求对全球政治舞台的绝对主导地位，不断在该地区加大军事砝码，并对经济领域产生重要影响。苏联在经济领域一直明显落后于美国，但在军备领域，自20世纪70年代以来就一直与之平起平坐。之所以能够实现这一目标，是因为在苏联的经济结构中，军工联合体占据了主导地位，当时将国内生产总值的40%—50%用于军事需求，国家的军事化已达到令人震惊的程度。

一些西方政治人物就北极局势发表的讲话表明北极紧张局势的加剧已经开始。2014年3月，美国国务卿希拉里·克林顿在蒙特利尔发表讲话时宣称："美国和加拿大必须联手打击俄罗斯在北极日益增长的侵略。"[2] 此言论在于俄罗斯恢复了北极军事基地以及在加拿大和阿拉斯加海岸附近的定期军事飞行。同时，以西方为主的国家越来越多地渲染北极威胁，并纷纷调整本国北极政策。在北极地区的发展问题上，与过去要求加强合作的呼声相比，人们越来越多地呼吁为未来的冲突做准备。

目前，美国正在实行"全球快速打击"计划，要实施这样的计划，美国人必须直接运送这些导弹到美国具有明显海上优势的区域，而北极

---

[1] Фененко А. В., "Военно-политические аспекты российско-американских отношений в Арктике: история и современность," Вестн. Моск. ун-та., Сер. 25, Международные отношения и мировая политика, NO. 2, 2011, С. 131 – 157.

[2] Peritz I., "Hillary Clinton Warns Montreal Crowd of Russia's Increased Activity in Arctic," http://www.theglobeandmail.com/news/politics/clinton-warns-montreal-crowd-of-russias-increased-activity-in-arctic/article17560676/.

是其理想的区域。所以，除了在这些可能出现威胁的地方进行国防部署外，俄罗斯没有其他更好的选择。①

美俄两国军队时常在两国边境执行飞行任务。2018年9月11日，俄罗斯两架图-95轰炸机由两架苏-35战斗机护航，飞越美国阿拉斯加西部国际空域，两架美国F-22战斗机紧急升空进行拦截；2018年9月15日，美军一架B-52H战略轰炸机从美国空军基地起飞前往挪威海、巴伦支海及北冰洋，在俄罗斯空域附近飞行。2019年8月8日，两架俄罗斯图-95轰炸机在阿拉斯加海岸附近飞行，美国空军被迫紧急出动F-22战机，与两架加拿大CF-18战斗机协同进行拦截。2020年6月10日，包括图-95轰炸机、苏-35战机和A-50预警机在内的两批俄罗斯轰炸机编队进入阿拉斯加防空识别区内。② 2020年5月，美国空军第18"侵略者"中队在遥远的阿拉斯加联合靶场进行演习，其总部所在的艾尔森空军基地正在储备更多的空军最先进隐形战斗机F-35，用以对抗潜在对手。该空军基地还将新建两个战斗机中队，将飞行员人数从约1750人增加到3200人。③

二、通过硬实力实现攻势威慑

目前，在全球范围内关于北极地区仍有一些未得到充分解决的问题，包括：北极大陆架的划分问题、北极划界问题以及北极航道的归属问题。各国为争取在北极的利益最大化，纷纷加快推进本国的北极战略。俄罗斯政治军事分析研究所副主任赫拉姆奇欣认为，"北极事态不会发展到军事行动，但俄罗斯领导层的出发点是，其在北极的军事实力越强，军事冲突的风险就越低"。④ 俄罗斯在2009年的《国家安全战略》中提到，在争夺能源时不排除用武力解决所出现的问题。⑤

---

① Штыров. В. А., "Арктика и дальний восток," Книжный мир, 2018, С. 191.
② 《俄国防部：俄战机在波罗的海上空拦截美军轰炸机》，搜狐网，2020年6月16日，https://www.sohu.com/a/402102006_123753。
③ 《美空军大幅扩建阿拉斯加基地》，《参考消息》，2020年5月16日。
④ Рустем Фаляхов, "За нефть и газ стоит ледовая дружина Россия готовится воевать в Арктике," газета.ru, 10 декабрь 2013, https://test.gazeta.ru/business/2013/12/10/5796761.shtml.
⑤ "Стратегия национальной безопасности Российской Федерации до 2020 года," Президунт России, 13 мая 2009, http://www.kremlin.ru/supplement/424.

(一) 大陆架外部界限问题

在大陆架外部界限上的分歧与冲突是俄罗斯在北极地区与西方北极国家存在的主要问题之一。俄罗斯战略研究所高级研究员乌索夫曾表示,"引起最大争议的是罗蒙诺索夫海岭,俄加丹三国同时对其提出要求,这里可能是出现军事冲突的策源地"。[1] 在国家之间划分海洋空间和北极大陆架有两个基本原则:第一种方法根据中位线法,划分的原则是将距离接壤国家海岸线的等距离的线作为边界线;另一种方法为"扇形"分界法,将北极点视为沿着经度绘制直线的点。《联合国海洋法公约》没有规定划定邻国之间界限的具体方法,只是表明需要邻国相互同意和公正原则。[2] 关于如何划分北极界限的方法至今没有定论,所以北极国家围绕该问题产生了分歧。

该地区的普遍法律基础为1982年联合国第三次会议所决议的海洋法公约——《联合国海洋法公约》。此公约对内水、领海、大陆架、专属经济区、公海等概念做了界定。根据《联合国海洋法公约》规定,沿海国的大陆架包括其领海以外依其陆地领土的全部自然延伸,扩展到大陆边外缘的海底区域的海床和底土,如果从测算领海宽度的基线量起到大陆边外缘的距离不到200海里,则扩展到200海里的距离,[3] 即沿岸国有权拥有200海里的专属经济区。如果沿海国认为本国自然延伸的大陆架远远超出200海里,则需要向1997年成立的联合国大陆架界限委员会提交申请并提供科学证据,专属经济区还可再延伸最多150海里。根据该公约的第76条,沿海国享有勘探大陆架和开发自然资源的权利,但沿海国对大陆架的权利不影响上覆水域或水域上空的法律地位,不得对本公约规定的其他国家的其他权利和自由有所侵害或干扰。[4] 获得200海里以外延伸的大陆架对每个国家都意义重大,因为主

---

[1] Рустем Фаляхов, "За нефть и газ стоит ледовая дружина Россия готовится воевать в Арктике," газета. ru, 10 декабрь 2013, https: //test. gazeta. ru/business/2013/12/10/5796761. shtml.

[2] Конышев В. Н., Сергунин А. А., "Арктика в международной политике сотрудничество или соперничество?" Российский институт стратегических исследований, Москва, 2011, С. 43.

[3] 《联合国海洋法公约》, https: //www. un. org/zh/documents/treaty/files/UNCLOS – 1982. shtml#6.

[4] Гудев П. А., "Конвенция ООН по морскому праву: проблемы трансформации режима," ИМЭМО РАН, 2014, С. 200.

要资源（85%）都集中于大陆架上，其中80%为天然气。①

目前，俄罗斯的海洋边界，包括北冰洋地区，是依照《联合国海洋法公约》而确定的。需要指出的是，在1982年之前北极地区的划分主要采用扇形原则。在此划分原则下，以北极点作为"基准点"到5个北极国家的大陆边缘形成的子午线将北极地区划分为5个区域。这种规则划分下苏联拥有最大的北极区域，为930万平方千米，占北极地区总面积的44%。② 俄罗斯于1997年加入了《联合国海洋法公约》，按照该公约的划分方法，俄罗斯的北极领土面积缩小到584.2万平方千米。③

2001年，俄罗斯向联合国大陆架界限委员会提出了延伸北极大陆架的诉求，成为向该委员会提交大陆架外部界限划界的首个国家。俄罗斯提出申请的大陆架主权范围包括罗蒙诺索夫海岭和门捷列夫海岭，认为其是俄罗斯西伯利亚大陆架的自然延伸。2002年，联合国大陆架界限委员会认为俄罗斯提出的证据不足，不予通过。目前，对石油天然气储量丰富的罗蒙诺索夫海岭提出诉求的有俄罗斯、挪威、丹麦、加拿大和美国5个国家。加拿大于2003年通过了《联合国海洋法公约》，认为罗蒙诺索夫海岭起源于美洲大陆，而于2004年通过该公约的丹麦认为其是格陵兰岛的下沉部分。2002年后，俄罗斯一共进行了7次考察，做了大量求证工作，包括考察门捷列夫海岭和罗蒙诺索夫海岭地质性质，对海底数千米的底部沉积物进行样本测量，并进行了地震勘测。2006年，挪威向联合国大陆架界限委员会提出北冰洋海域23.5万平方千米的领土要求，联合国大陆架界限委员会接受了挪威的申请。美国因未通过《联合国海洋法公约》，无权对延伸大陆架的申请，主要是坚持航行自由原则和北极开发。

---

① Швец Н. Н. , Береснева П. В. , "Нефтегазовые ресурсы Арктики: правовой статус, оценка запасов и экономическая целесообразность их разработки," Вестник МГИМО Университета, 2014, С. 60 – 67.

② "Конвенция Организации Объединенных Наций по морскому праву 1982 года," Минобороны России, 19 января 2022, https: // doc. mil. ru/documents/quick_search/more. htm? id = 12093641%40egNPA.

③ Кравчук А. А. , "Основные угрозы национальной безопасности Российской Федерации в Арктике и формирование государственной политики по их нейтрализации," Владивосток, 2017.

2007年的俄罗斯极地科考"北极-2007"改变了现状，俄罗斯在北极地区进行了绝无仅有的科学实验并在海洋4000米深处插入了俄罗斯国旗。该行动引起了北极国家的强烈反对。2007年7月，北约空军飞机进行抗议飞行。俄罗斯于2007年8月17日宣布恢复战略航空的常规飞行。美国、加拿大、丹麦和挪威代表也发表了系列声明。丹麦到北极进行了远征，美国与加拿大也于2008年9月和2009年8月进行了两次联合探险。俄罗斯和外国媒体开始发布俄罗斯和北约国家可能在北极发生军事冲突的消息。美国和加拿大开始协调它们在北极的战略，以阻止俄罗斯进行可能损害它们利益的行动。包含地球物理数据的地图已交存联合国秘书长，联合国大陆架界限委员会将做出最终决定。2013年，俄罗斯再次向联合国大陆架委员会提交申请，主张鄂霍次克海的修订划界。2014年，联合国正式承认鄂霍次克海中部的5.2万平方千米区域为俄罗斯200海里外的专属经济区。2015年8月，俄罗斯向联合国大陆架界限委员会提交北冰洋的修订划界申请，补充了北极科考中收集的大量数据。根据联合国大陆架界限委员会的规则和实践，对俄罗斯划界案进行优先审议，无需排队。[1] 2019年11月，俄罗斯代表团向联合国大陆架界限委员会小组提交了俄罗斯在北冰洋地区完成的"北极-2019"科考结果，为将部分在北冰洋扩展大陆架列入俄罗斯联邦领土提供依据。[2]

（二）划界问题

通过对俄罗斯出台的北极法律文件的梳理，可以发现，边界问题是俄罗斯北极政策的重中之重，在北极法律文件中被多次提到。俄罗斯为巩固北极毗邻海岸的国际法律地位而进行长期努力，东西伯利亚海、卡拉海、拉普杰夫海、巴伦支海和楚科奇海。这些区域不仅对保障俄罗斯的经济利益有重要价值，还涉及俄罗斯的安全利益。对此，俄罗斯与挪威和美国展开了长期而复杂的划界历程。

俄罗斯和挪威在北极地区的海洋划界是长期阻碍两国发展睦邻友好关系的绊脚石。俄罗斯认为争议区域约18万平方千米，挪威认为应是17.5万平方千米，其中2万平方千米位于北冰洋。专家估计，该地区

---

[1] 匡增军：《俄罗斯的北极战略——基于俄罗斯大陆架外部界限问题的研究》，社会科学文献出版社2017年版，第42页。

[2]《俄罗斯向联合国大陆架界限委员会提交关于〈北极-2019〉的科考结果》，极地与海洋门户网，2019年11月28日，http://www.polaroceanportal.com/article/2958。

有近2%的世界油气储量。①

俄挪划界分几个阶段进行。2007年双方成功签署了关于瓦朗格尔峡湾海洋划界的协定，规定了海湾外部海洋空间的界限，并解决了一些不确定的问题。之后两国的分歧围绕争议地区的地理划分原则。摩尔曼斯克州原州长叶夫多基莫夫认为，对争议区域进行南北划分对俄罗斯非常不利，因为"所有勘探和预测的矿产资源都位于南部"。② 2010年4月27日，俄罗斯总统梅德韦杰夫与挪威总理斯托尔滕贝格就巴伦支海的争议地区达成划分共识，将其中最丰富的渔业和油气资源区域"对半分"，即按照俄罗斯的要求，对该地区进行了东部与西部的划分，长达40年的俄挪划界案得以结束。

但是，部分俄罗斯渔民对该协议持保留态度。他们认为挪威得到了该地区渔业资源最丰富的部分。对此，在渔民给俄罗斯总统的公开信中有所表述："在划定海洋空间时忽略了巴伦支海和北冰洋的重要性及国内渔业利益，不仅会造成至少50%—60%的渔业损失，而且还会导致俄罗斯这一地区沿海人口的社会经济动荡。"③ 同时，这些渔民认为，俄挪划界对俄罗斯与美国在白令海峡的划界有消极的示范作用。

有一种观点认为，俄罗斯完全没有必要如此急迫地与挪威解决划界问题，因为俄罗斯近几年的能力还不足以开发划分区域，而对挪威来说却是非常有利的，因为该国其他地区的能源已几近枯竭。俄罗斯更应该将重心放在与挪威已开展合作的斯托克曼石油天然气工程。在划界协议达成后，挪威可能会对斯托克曼项目兴趣减弱，因为在那里布置管道要复杂和漫长得多。④

俄美在北极地区存在划界争议。其实，俄罗斯和美国两个国家在北极的情况有很大不同。

俄国自中世纪以来一直在开发北冰洋沿岸。1737—1742年，克拉

---

① Конышев В. Н., Сергунин А. А., "Арктика в международной политике сотрудничество или соперничество?" Российский институт стратегических исследований, Москва, 2011, C. 47.

② "Норвегию перестал пугать мезальянс с Россией," 3 апреля 2020, https://gzt.ru/topnews/politics/-norvezhskaya-myshj-legla-v-postelj-s-russkim/303367.html.

③ "Россия подарила Норвегии рыбные места в Баренцевом море," Stringer, 16 сентября 2010, http://stringer-news.com/publication.mhtml?Part=37&PubID=14426.

④ "Значит договорились?" Arctic Universe, 20 ноября 2010, http://www.arcticuniverse.com/ru/expert/20101120/00316.html.

舍宁尼科夫和白令带领的两次远征使欧亚大陆和北美之间的边界得以划定。1825 年 2 月 16 日，俄英两国在圣彼得堡签署了关于划定两国在北美的所有权公约。事实上，该文书是确定俄罗斯东北部边界的第一项国际法律文书。①

相反，美国最初没有北冰洋入海口。美国在 19 世纪 20 年代引起了对北极的兴趣，当时约翰·昆西·亚当斯（1825—1829 年）政府对 1825 年的俄英公约表示关切。1867 年，俄美两国签署了关于俄罗斯出让美国阿拉斯加和阿留申群岛的公约，情况发生了变化。根据 1867 年 3 月 18 日的双边条约，新的俄美边界穿过白令海峡的中心，等距离分割了鲁森斯特恩岛和拉特曼诺夫岛。该条约规定，两国边界"直线向北无限延伸，直到在北冰洋完全消失"。② 但是，该公约只规定了俄美两国的边界，并没有指出涉及北极点的相关问题。到 20 世纪 20 年代末，美国采取了一种双重立场：不承认北极地区的部分划分，但也不质疑其合法性。至此，北极划分的"竞赛"初步停歇。

从 20 世纪 70 年代起各国开始引入 200 海里捕鱼区的概念，之后成为专属经济区。但是在 1867 年的俄美公约中没有涉及划分海洋空间的内容，苏联方面主张在白令海用中线作为划分两国海域的分界线，在楚科奇海和北冰洋用 1867 年俄美公约的分界线进行划分。而美国却坚持将俄美公约中的划分方式用于整个划界区域，不用中线方式。③

1948 年和 1952 年苏联和美国分别宣称本国的远征队到达北极点，但是美国认为苏联的远征未被证实，不予承认。1959 年，美国"鹦鹉螺"潜艇在北极点浮出水面，成为世界上第一艘到达北极点的船只；1963 年，苏联 K – 181 潜艇也到达了北极点；1967—1968 年美国极地探险家和法国科学家乘坐雪地摩托到达了北极点；苏联于 1977 年组织了

---

① Фененко А. В.，"Военно-политические аспекты российско-американских отношений в Арктике：история и современность，" Вестн. Моск. ун-та.，Сер. 25，Международные отношения и мировая политика，NO. 2，2011，C. 131 – 157.

② "Treaty Concerning the Cession of the Russian Possessions in North America by His Majesty the Emperor of All the Russias to the United States of America," Jun. 20，1867，Yale Law School，The Avalon Project，Document in Law，History and Diplomacy，http：//avalon. law. yale. edu/19th_century/treatywi. asp.

③ Паничкин И. В.，Давыдова В. С.，"Разработка морских нефтегазовых ресурсов Арктики，" Историческая ретроспектива и текущее состояние，2019，C. 54.

破冰船探险队前往北极点作为回应。在这种背景下，苏联与美国之间的北极领土矛盾恢复。首先是北方海航道的地位问题。1965 年 4 月 27 日苏联宣布卡拉海峡、尤戈尔海峡等为其领土，而德米特里·拉普捷夫海峡和桑尼科夫海峡则是其历史性水域。美国国务院宣布不承认苏联的诉求，其在瑞典和挪威的支持下，坚持商业船只自由进入苏联东部港口的权利，而苏联认为这些要求是违反俄罗斯法律的。

白令海划界周围的冲突为苏联与美国在北极地区的对抗开创了先例。[①] 两国在白令海大陆架之间没有明确的边界，也没有详细说明楚科特海的国家边界。从理论上讲，这关系到美国船只是否有权进入东西伯利亚海域的问题。

经过多年的谈判，1990 年 6 月 1 日，苏联与美国签署了划分海洋空间的协议。该协议第 7 条规定，该协议须经批准，并应在交换批准书之日生效。美国于 1991 年 9 月 16 日批准了该协议，但是苏联以及之后的俄罗斯到现在还没有批准。1990 年 6 月 1 日，美国向苏联发送照会，提议苏联从 1990 年 6 月 15 日起到其生效之前履行该协议规定的义务。苏联同意此建议，因此该协议从 1990 年 6 月 15 日起暂时启用。2009 年俄美双方总统建立俄美总统委员会，其中包括能源合作工作组。直到 2014 年，双方委员会工作停止。

专家表示，因为美国破冰船及基础设施的不足、法律存在不确定性，并且能源需求并不紧张，所以中期来看美国对北极大陆架的兴趣不高，长期的俄美北极边界划分在更大程度上取决于美国的政治立场。[②]

（三）北极及北方海航道的归属问题

随着北极地区的冰雪融化，北极航线作为世界航运路线的潜力凸显，随之而来的经济潜力吸引了世界主要大国对北极发展的兴趣。一些国家尝试将北极作为"全人类的共同财富"的提议，这种观点主要由域外国家或组织提出，如欧盟、日本等。它们认为，按照《联合国海洋法公约》规定，北极地带属于国际范围，目前没有一个国家有证据表明本国的大陆架延伸至北极点，因此其不属于任何国家。同时，对领土地

[①] Chaturvedi S., *The Polar Regions: A Political Geography*, Chichester: John Wiley and Sons, 1996.

[②] Паничкин И. В., Давыдова В. С., "Разработка морских нефтегазовых ресурсов Арктики," Историческая ретроспектива и текущее состояние, 2019, C. 59.

位要求重新判定的国家相应地将北方海航道也推动为国际公共区域，理由是从地理上来看，不管是位于俄罗斯的北方海航道还是位于加拿大的西北航道都可以和大西洋及印度洋一样被认为是域外的，也就是说对于国际通航是开放的。但是俄罗斯法律规定，北方海航道位于北冰洋，并且是国内航线的一部分。在加拿大的法律文件中也有类似情况。所以，对于将北极航道国际化的呼声，俄罗斯和加拿大两国视作对本国北极权利的挑战。

对此，北极国家一致反对域外国家参与北极事务。2008年5月，5个北极圈的外交部长在丹麦伊卢利萨特签署《伊卢利萨特宣言》，确认了北极地区历史悠久的法律地位，并指出没有必要制定全面的国际法律制度来管理北冰洋的空间。该文件强调了《联合国海洋法公约》所赋予上述沿海国家的独特地位。只有这5个国家有权在其专属经济区内为航行和捕鱼活动确立特殊条件，如果其他国家发现有科学证据支撑，它们同样有权将其大陆架的边界扩大到200海里以外。[1] 这是向北极"人类共同遗产"概念的支持者发出的一个明确信息，也是向北极地区建立类似南极的国际法律制度发出的回应。

关于北方海航道和西北航道的法律地位，在《联合国海洋法公约》有如下规定：在特别恶劣的气候条件下，对于一年中大部分时间里被冰覆盖的地区，有关国家可以通过法律和法规来防止其污染。[2] 全球变暖使北方海航道与西北航道自由航行时间达6个月之久，这使得俄罗斯和加拿大非常不安。俄罗斯和加拿大对北方海航道和西北航道的地位采用所谓的"历史水域理论"。根据这一理论，如果长期以来该地区没有引起关于海洋资源的争议，那么只有在权利持有人同意的情况下才能改变其地位。[3] 北方海航道的航行规则在2012年7月通过的《俄罗斯联邦关于北方海航道水域商业航运特别法修正案》中有明确规定，加拿大同样为了保护

---

[1] "The Ilulissat Declaration Arctic Ocean Conference," Greenland, May. 27, 2008, https://www.arctictoday.com/wp-content/uploads/2018/05/Ilulissat_Declaration.pdf.

[2] "Конвенция Организации Объединенных Наций по морскому праву 1982 года," Минобороны России, 19 января 2022, https://doc.mil.ru/documents/quick_search/more.htm?id=12093641%40egNPA.

[3] Селин В. С., "Экономическая политика в арктических проливах," Север и Арктика в новой парадигме мирового развития: актуальные проблемы, тенденции, перспективы, Апатиты: КНЦ РАН, 2016, С. 209–213.

本国在北极的权益提出类似法律。然而即使是加拿大在北约的同盟国（美国、丹麦、挪威）也拒绝承认西北航道作为加拿大的内水区域。①

2013年，中国、日本、韩国等6个域外国家成为北极理事会的正式观察员，承认了北极国家在北极地区的优先地位及权利。到2015年，北方海航线的商船运输申请数量仍然保持不变。2016年，北方海航道管理部门向俄罗斯国内和外国（荷兰、挪威、芬兰、丹麦等）颁发了650多个许可证。同时，北极域内外国家开展海洋研究活动的强度正在增加。2020年5月27日，俄罗斯联邦安全局副局长、边防局局长库利绍夫宣布，太平洋、北冰洋、波罗的海和黑海的海上航线的侦察活动和海军演习日益频繁，一些外国船只和飞机参与其中。外国并没有放弃将俄罗斯专属经济区和大陆架水域纳入其优先利益区域的意图，各种国际组织以保护原住民权利和海洋环境为借口，试图限制北方海航道的航运活动，修改北极地区的法律和领土地位，反对俄罗斯可持续开发矿产资源。② 在这种情况下，保护俄罗斯在北极的国家利益的紧迫性越来越高。

三、主导地区秩序构建

目前，北极的地缘政治局势由于缺乏有效的国际安全制度、公认的区域治理体制、5个北极国家之间关于部分大陆架所有权而引起的争端、域外国家和国际组织越来越积极地参与北极事务而变得更加复杂。在新的国际环境下，俄罗斯试图通过利用其在北极领先的历史经验、权威、潜力和竞争优势负责整个北极国际关系体系的形成和优化。

具体而言，北极地区现有的治理机制主要分为四个层面：全球层面、多边层面、双边层面及北极国家的国内法律和政策措施。③ 其中，在北极地区使用最普遍的国际法规为《联合国海洋法公约》。该公约不是针对北极地区的区域性公约，但包括北极在内的所有海洋都在该公约的约束范围之内。北极国家中除美国外，均已签署《联合国海洋法公

---

① 在诸多争论之后，加拿大仍然在北极水域开展国际合作。2010年，加拿大、美国和丹麦签订了共同利用西北航道的初步协定。
② "Глава Погранслужбы ФСБ: на морских границах РФ рстет разведдеятельность зарубежных стрн," ТАСС, 28 мая 2020, https://tass.ru/politika/8580741.
③ 杨剑等：《北极治理新论》，时事出版社2014年版，第101—103页。

约》。美国虽然不享有该公约赋予的权利和义务，但在北极国家处理地区事务时，大部分情况下遵守公约条款。比较特殊的是美国的"自由航行计划"，即在国家政策及对外交往中维护美国的航行自由及飞越自由权利，对抗其他沿海国家的过度海洋权利主张。美国的"自由航行计划"与俄罗斯和加拿大的海洋主权相冲突。北极理事会的主要成员国和观察员也是该公约的缔约国。除该公约外，北极海域还包括针对船舶航行、海洋环境污染、气候变化的国际公约。多边层面的法规主要是1920年的《斯匹茨卑尔根群岛条约》，美国、英国、丹麦、法国、意大利、日本、挪威、荷兰、瑞典、俄罗斯等几十个国家签署了该条约。该条约规定，挪威拥有对斯匹茨卑尔根群岛的完全主权，其他国家的公民有权进入该地区，但永远不得为战争目的使用该地区。

除以上两种类型的北极公约外，其他层面法律法规的适用范围大大缩小。而全球层面及地区层面的法规主要集中在环保、气候、原住民等低政治领域，而缺乏具有支配性的关于区域治理或主权安全类的法律机制。在这种情况下，北极国家制定的相关法律和政策措施发挥着独特的作用。各国通过"先入为主"的手段，制定有利于本国北极利益的国家法规，填补国际法律的空白区。近年来，俄罗斯积极制定本国的北极政策，从《俄北极政策基础》《俄北极地区发展及国家安全保障战略》等综合性法律，到《北方海航道水域航行规则》《俄联邦北极地区社会经济发展纲要》《关于俄联邦北极地区陆地领土的总统令》《海军学说》等多领域性文件，对俄罗斯北极地区的空中、海洋、陆地进行了全面而具体的规定，尽可能扩展了俄罗斯可控的北极范围，强化了俄罗斯对北极地区的优先权利。通过法律文件的制定，俄罗斯将其北极行动合法化，并为其他国家参与北极事务设置了更大屏障。

然而，对于俄罗斯制定的国内法律，西方国家并不全部表示认可，如关于外国船只通过北方海航道的严格规定，就曾引起西方国家的强烈不满，为此在一定程度上抵制从北方海航道通行。同时，美国仍未通过《联合国海洋法公约》，不受该法律的约束，并且历来追求在北极海域的航行自由，于近年来加大了在北极海域的巡逻等军事活动。所以，俄罗斯的军事手段是保障本国的北极规定有法律效应的重要方式。

第三节 国家层面：以攻为守 保障国家安全

该部分拟对国家层面的考量因素进行分析，主要指出的是由于俄罗斯国家内部的原因对俄罗斯北极政策所产生的影响。众所周知，冷战结束后，俄罗斯在美国为首的西方国家援助下，销毁了大量战略核武器，俄罗斯军队撤出北极地区，只有边防警卫队在守卫北部边境的安全。所以，俄罗斯加强北极军事建设的脚步从加强边防警卫队的建设和恢复空中巡逻开始。北极对于俄罗斯的经济、政治、军事、外交均具有重要作用，俄罗斯需要通过加强军事存在的方式来保障俄罗斯北极国家利益。同时，长期以来，军事安全领域的优势成为俄罗斯立足国际舞台的利刃，俄罗斯试图用军事"硬实力"做冲锋和后盾，来平衡其他领域的不足，为促进北极其他领域的发展做好保障。以上都是俄罗斯在北极实行新北极政策的重要原因。

一、积极防御应对北部边界威胁

俄罗斯在北极加强军事存在的基本目标为增加本国北部边界的防御能力，并采取了积极防御的北极战略。俄罗斯北极政策文件中强调了其在北极部署军事力量的防御性、正义性、被动性等，这些正是防御战略的主要特征。俄罗斯在北极进行了大量的军事部署和军事训练，为可能的战争做准备，以实现遏制战争、维护和平的目的。

冷战结束以后，俄罗斯进入改革时期，陆军与海军衰落，面临系统性崩溃。苏联时期的北极建设是社会经济发展和生产力分配的结果。当时，国家所有权和国家定价占主导地位，国家体制和经济体系转型对整个北极地区产生了负面影响。俄罗斯与美国达成削减战略核武器的安全协定，并在美国为首的西方国家援助下销毁了大量核武器。1991年7月31日，美苏签署的《第一阶段削减战略武器条约》成为北极军事因素的新维度。该文件规定，苏联和美国的战略核力量各削减50%。但是，在拆除核潜艇时，俄罗斯领导人面临着严重的困难，美国及其盟国同意在拆除核潜艇方面向俄罗斯提供援助。到2001年，为实施纳恩—

卢格计划而向前苏联各国分配的财政资源总额达到 60 亿美元,拆除了大约 7000 枚战略核弹头、653 枚洲际弹道导弹、613 枚海上战略导弹、30 个洲际导弹移动发射架、155 架重型轰炸机和 906 枚空中巡航导弹,并拆除了 485 枚洲际弹道导弹发射井。[1]

《削减战略武器条约》的实施导致人们对北极在俄罗斯和美国战略构想中的作用进行了重新思考。1991 年苏联解体后,俄罗斯丧失了大部分苏联时期波罗的海和黑海海岸以及在盟国领土上的军事基地。同时,自 1991 年以来的十年间,北极没有一个漂流站继续运行,也没有一个科学家参与过有关北极变化的信息收集和处理。[2] 苏联政府认为,北方发展成本的增大会对其造成很大负担,因此大大减少了其在北极的存在。冷战的结束同样显示了维持北方防线的不必要性,1993 年俄罗斯北极地区部队解散以来,北方边界长期处于较低的防御状态,只在科拉半岛留有俄罗斯海军舰队的军事存在,剩余边界至楚科奇群岛都无部队防卫,只有联邦安全局下属的北极地区边防警卫队维护基本的边界安全。苏联时代创造的生产潜力被大大降低,北方的工作不再具有吸引力,导致这些地区的人口外流,北方海航线及其破冰船队几乎停止运转,空中交通急剧萎缩。俄罗斯北极地区与其他领土联系越来越少,[3] 大量军事基础设施损坏,军事基地和机场荒废。以俄罗斯北极地区的主要守卫力量——北方舰队来说,根据美国国防部的官方记录,1990 年俄罗斯北方舰队拥有 1 艘航空母舰、28 艘大型水面舰艇、35 艘护卫舰和轻型护卫舰、35 艘导弹舰艇、17 艘巡逻舰艇、12 艘两栖舰艇、40 艘弹道导弹核潜艇、105 艘核潜艇鱼雷艇、14 艘其他潜艇以及 386 架海军飞机。[4] 而根据媒体的公开信息,苏联解体后俄罗斯在北极地区的军事

---

[1] Пикаев А. А. , " От программы Нанна—Лугара до Глобального партнерства," Независимая газета, 7 сентября 2009, https://nvo.ng.ru/concepts/2007 - 09 - 07/1_partnerstvo.html.

[2] "Русская Арктика," Военное обозрение, 6 декабря 2012, https://topwar.ru/21742-rossiyskaya-arktika.html.

[3] Скуфьина Т. П. , "Проблематика Арктики в современных исследованиях," Север и Арктика в новой парадигме мирового развитии: актуальны проблемы, тенденции, перспективы, Апатиты: КНЦ РАН, 2016, С. 420.

[4] Половинкин В. Н. , " Роль Арктики в новых геополитических и геоэкономических условиях," Proatom, 10 июня 2014, http://www.proatom.ru/modules.php?name = News&file = article&sid = 5355.

力量急剧收缩，2010年的俄罗斯海军组成只相当于苏联时期的近10%。

表4-1 媒体公布的北极俄罗斯海军力量① （单位：艘）

军舰种类	年份及数量				
	1990年	1995年	2000年	2005年	2010年
水面战舰	575	220	146	121	101
潜艇	283	87	61	30	26
战船	370	115	60	45	29

俄罗斯在所有历史时期的基本优势都取决于其可观的领土范围，9个时区提供给俄罗斯独特的交通优势。俄罗斯在北极的海岸线长度为2.26万千米，约占俄罗斯海岸线总长度的58%。② 如果说几个世纪以来屹立在俄罗斯北部的"冰雪世界"是其抵御外来入侵的天然屏障，那么，俄罗斯的这座"北方之墙"正面临严重威胁。21世纪以来，全球气温升高，北极海冰面积和覆盖范围降至历史最低点，部分北方海路出现全年无冰的现象。天然屏障的功能减弱使国家领土"暴露"于外，对此，俄罗斯尤为担忧，认为北极地区或将成为攻击者入侵的门户。

俄罗斯初期没有防御攻击或侵害国界的实用战斗纲领，也没有针对来自空中或太空攻击的现代预警系统，而当俄罗斯改革时期陆海军衰落和系统性崩溃的同时，美国继续发展和完善本国的攻防部队，包括在北极地区。随着美国和北约的利益日益推进到原苏联地区，俄罗斯领导人对被西方包围的潜在担心也似乎得到证实。俄罗斯总参谋长格拉西莫夫将军称："遗憾的是，爆发武装冲突是可能的。美军和北约视俄罗斯为独一无二的敌人"，"俄罗斯和西方之间的冷战本质上从未停止。即便俄罗斯满足美国和北约的所有要求，也总会有针对莫斯科的新指责"。③

对此，俄罗斯从战略层面对北极政策进行了调整。在2013年出台

---

① Половинкин В. Н., "Роль Арктики в новых геополитических и геоэкономических условиях," Proatom, 10 июня 2014, http://www.proatom.ru/modules.php?name=News&file=article&sid=5355.

② Военное обозрение, "Оружие для войны в Арктике," 25 октября 2018, https://topwar.ru/148840-oruzhie-dlja-vojny-v-arktike.html.

③ RAlf Rudolph, "Uwe Markus. ampf um die Arktis-Warum der Westen zu spät kommt," Dec. 2015, http://www.traditionsverband-nva.de/aktuelles/kampf_um_arktis.html.

的《2020年俄北极战略》中指出，北极地区的优先发展方向为"保障军事安全，保护和捍卫俄罗斯的北极边界"。其主要措施规定：保障有利的作战机制，维持必要的战斗水平，为该地区的作战部署创造条件；保持战略遏制，消除和平时期的对内和对外军事威胁，并确保和平时期俄罗斯专属经济区和大陆架内所有活动的安全；发生武装冲突的情况下，必要时对侵略予以回击；改善空中和地面空间的控制系统，使用军民两用技术综合解决俄罗斯北极地区的安全任务和可持续社会经济发展；开展水文测量工作以确认边界线，对领海、专属经济区和大陆架坐标进行必要的修改。①

对于俄罗斯而言，北方具有战略价值的重要原因之一在于军事政治方面。2014年后，俄罗斯非常关注可能从其北方进行的核导弹打击。早在冷战时期，美国和苏联都在北极地区建立了打击体系、反导系统和防空系统。俄罗斯表示，目前的情况不仅在于恢复1990年被摧毁的这些系统，而且还需将其改进。因为在全球变暖的背景下，北冰洋永久性冰盖面积减少，俄罗斯的战略潜艇采取隐蔽行动的可能性降低了。但是，其他国家的海上舰队出现在公海的可能性却大大增加，这对俄罗斯是非常严峻的挑战。军事政治因素成为俄罗斯在北极地区加大活动的强大动力之一，所以，俄罗斯加强北方防线，为应对时代挑战做出及时反应。

此外，俄罗斯将加强北极军事存在的重要原因归于抵御非传统安全包括：有组织犯罪集团和个人在俄罗斯海域非法开采（捕捞）和出售水生生物资源有关的活动；试图为外国公民和无国籍人士通过摩尔曼斯克非法迁移到北欧国家创造渠道；各种非政府组织和非营利组织通过对居住在北极的俄罗斯人制造分裂主义情绪，破坏国内政治局势的稳定；包括外国在内的海洋经济活动出现的事故和紧急情况可能对海洋水域和沿海地区造成环境破坏；国际激进恐怖组织的活动等。② 2013年9月，

---

① "О Стратегии развития Арктической зоны Российской Федерации и обеспечения национальной безопасности на период до 2020 года," Правительство России, 20 февраля 2013, http://government.ru/info/18360/.

② "Пограничный щит Арктики," Наръяна вындер（Красный тундровик）, 23 июля 2015, http://nvinder.ru/article/vypusk-no-76 - 20278-ot-23-iyulya-2015-g/8660pogranichnyy-shchit-arktiki.

绿色和平组织人员乘"北极日出"破冰船登上俄罗斯国家石油天然气公司在巴伦支海的钻井平台。俄罗斯边防军随即扣留了30名船员,并把他们带往摩尔曼斯克港口。俄罗斯指控他们犯有抢劫罪,最高可监禁15年,之后俄方的指控改为最高刑罚可达7年监禁的流氓罪。

二、借军事力量维护北极经济及航道利益

保障俄罗斯国家的北极领土及主权、保护本国的专属经济区及其航道利益是俄罗斯在北极地区的根本利益。俄罗斯北极研究人员和地区活动者曾表明:"我们的措施主要是用于即将到来的北极商业发展,北极海域(包括北方海航线)国际航运的加强。这种前景迫使我们采取措施,为可能的大规模经济活动创造安全条件,包括在俄罗斯北极地区进行的国际合作。为确保对广阔的海洋和陆地地区进行有效的监视和控制,俄罗斯还需要迅速应对可能发生的恐怖主义威胁,进行相应的搜索和营救行动,与可能发生的漏油事件做斗争并打击非法捕捞生物资源。如果不恢复在20世纪90年代大量丢失的军事基础设施,就不可能完成这些任务。"[1] 俄罗斯在北极地区实行的军事政策相对攻击性来说更具防御性,其目的是保护重要的国家安全利益免受来自其他国家在北冰洋的挑衅和威胁。[2]

一方面,北极是俄罗斯的资源基地。北极地区是世界上为数不多的几乎未开发的自然资源区域,拥有大量石油天然气资源,是俄罗斯的主要出口产品。同时,北极也是俄罗斯国内和国外渔业资源的重要宝地。为此,俄罗斯需要保障能源基地的安全利益和经济利益,以及国家的社会经济稳定发展。早在1997年,在俄罗斯"世界海洋"的目标计划中就特别提到了子项目"北极的开发和利用",[3] 宣布了俄罗斯北极政策的优先事项,以提高北极地区的能源独立性,并重建北方海航道的导航和水文设备。2003年,俄罗斯工业和能源部制定了《2020年前俄罗斯能源

---

[1] Барбин В. В. , "Россия настроена на сотрудничество в Арктике," Арктические ведомости, NO. 3, 2015, C. 15.

[2] "Холодная война в Арктике. Чем Россия помешала США в северном регионе," Санкт-петербурское ведомости, 25 мая 2020, https://spbvedomosti.ru/news/country_and_world/kholodnaya-voyna-v-arktike-chem-rossiya-pomeshala-ssha-v-severnom-regione/.

[3] "Об утверждении концепции федеральной целевой программы 《Мировой океан》 на 2016-2031 годы》," Правительство России, 22 июня 2015, http://government.ru/docs/18570/.

战略》，该文件规定需要对俄罗斯的燃料和能源综合体进行现代化改造，以及在包括俄罗斯北部领土以及北极大陆架等地区进行石油和天然气开发，形成大规模的能源中心。① 在此基础上，2009 年，俄罗斯政府出台了《2030 年前俄罗斯能源战略》，该战略规定了在北极地区实施国家和企业的区域战略计划，主要是在西伯利亚东部、远东以及亚马尔半岛的能源开发领域，并确定了北冰洋沿海地区大陆架开发的重要作用。② 俄罗斯领导人认为这些地区可能是补充西西伯利亚油气田的潜在资源。

俄罗斯北极地区约 90% 的大陆架富含石油天然气，主要在楚科奇海、东西伯利亚海、拉普捷夫海、喀拉海、巴伦支海等海域。仅涅涅茨自治州的石油储量就与整个挪威的储量相当，天然气储量超过了丹麦和德国的储量之和，占整个西欧总储量的 11%，与印度的储量相当。③ 汉特—曼西自治州是世界上最大的石油开发区之一。长期以来，这里保障了俄罗斯近 57% 的石油开发。④ 俄罗斯最大的天然气开发地亚马尔—涅涅茨自治区也位于其北极地区，它保障了俄罗斯 90% 以及全世界 20% 的天然气供应。

除了油气资源，俄罗斯北极地区的矿物资源也非常丰富，包括全球电子行业所需要的稀有金属。其中，全世界储量近 50% 的锡、19% 的铂金、约 10% 的镍、10% 的钛、5.8% 的钴、超过 3% 的银、金、锌以及稀土金属都位于俄罗斯北极地区。⑤ 到目前为止，北极地区只有一小部分的资源被勘探，俄罗斯急需对新的矿床进行投资勘探。

北极地区分布着大量稀有动物，如海象、北极熊、白鲸、独角鲸等，

---

① "Энергетическая стратегия России на период до 2020 года," http：//www.energystrategy.ru/projects/ES - 28_08_2003.pdf.

② "Энергетическая стратегия Российской Федерации до 2030 года," https：//minenergo.gov.ru/node/1026.

③ Алина Н. К., "Политический механизм обеспечения национально-государственных интересов в Арктике：российский и зарубежный опыт," Московский государственный университет путей сообщения, 2014.

④ Хромцова Л. С., "Состояние и перспективы развития нефтегазовой отрасли Ханты-Мансийского Автономного Округа," Региональная экономика：теория и практика, NO. 8, 2007, C. 10 - 15.

⑤ Бортников Н. С., Лобанов К. В., Волков А. В. и др., "Арктические ресурсы стратегических металлов в глобальной перспективе," Арктика：экология и экономика, NO. 1, 2015, C. 38 - 46.

超过160种鱼类栖息在该地区水域。2016年，俄罗斯北极渔业区的水生生物资源和鱼产品总捕捞量占全俄罗斯的15%。[①] 在俄罗斯北极地区生产的大部分产品在本国的其他地区或者在国外的进口中均没有可替代性。

另一方面，俄罗斯通过军事手段保障北方交通要道及基础设施。俄罗斯的北方海航道也是其北极政策的重要组成部分。在2008年和2020年先后出台的《俄北极基本政策》文件中规定，将北方海航道作为国家在北极地区的统一交通线予以使用，"发展其具有世界竞争力的俄罗斯国家交通干线"。同时，"在俄罗斯管辖权和俄罗斯参与的国际法律框架内，组织推动北极运输和跨境空中航线的有效利用，将北方海航道作为国际运输航线"是俄罗斯在北极地区国家政策的战略重点。《2020年前俄北极战略》文件中对此也有相似描述。由此可见，不管是作为国内交通运输干线还是国际航道、跨境空中航线，北极地区的交通对俄罗斯均意义重大，是俄罗斯在北极地区的优先发展方向。

作为连接欧洲——亚洲——北美洲最短的交通要道，俄罗斯可以通过收取外国船只的过境费获取高额利润，并且有助于将北方港口建成新的经济贸易中心。为了加强对北方海航线的管控，俄罗斯于2012年7月28日通过了第132-F3号联邦法"俄罗斯联邦关于北方海航道水域商业航运的修正案"，确立了北方海航道的概念、航线、领航条件、费用等内容；7月30日通过了"北方海航道管理局"的法案，规定其职能为保障俄罗斯的北极利益，履行"海洋学说"的职能等。以上法规在保险、许可证制度及引航方面对进入俄罗斯境内港口的船只做了强制性规定，引起了国际社会的广泛诟病。2013年，俄罗斯交通部先后公布了《北方海航道水域航行规则》及《北方海航道破冰船领航收费规定》。为了吸引更多的外国船只通过北方海航道，实现其经济目的，俄罗斯对之前的《俄罗斯联邦商业航运法》和俄罗斯交通部的部分条款和内容进行了修改，对北方海航道的管制范围有所增大，管控规则更加具体，但管控程度有所放松。北方海航道由原先单纯的国家交通干线向兼具国内交

[①] Новоселов А. П., Павленко В. И., Студенов И. И., Торцев А. М., "О возмещении вреда, наносимого водным биологическим ресурсам в Арктической зоне Российской Федерации, на примере водоемов Северного рыбохозяйственного бассейна," Арктика: экология и экономика, NO. 1, 2016, C. 6–17.

通与国际运输航线枢纽的双职能转变。但为了维护本国北极利益，外国船只的活动需要在俄罗斯机构"北方海航道管理局"的控制下进行。

2019年，俄罗斯再次制定了限制外国船只通过北方海航道的文件。2019年3月，俄罗斯《消息报》一篇题为《寒潮：外国军舰通行北方海路规则》的文章称，俄罗斯政府制定了限制外国军舰通行北方海航道的文件。文件规定，外国船只若要通过北方海航道需要提前45天通报，通报文件需指明军舰和船只的名称、目的、路线和通行时长，还应列举舰船的主要参数，包括排水量、长度、宽度、吃水量和动力装置的性能等。此外，还须告知舰长的军衔和姓名。新规要求，外国舰船需要配备俄罗斯领航员。在冰情复杂情况下，只有俄罗斯破冰船能够保障外国船只的通行。"如果俄方认为船只老化，不符合冰情要求或船员没有做好准备，船只有可能被禁止通行。"如果船只未经允许而通过北方海路，俄罗斯可以采取强制措施进行制止，甚至采取扣押或摧毁违规船只等紧急措施。[1]

对于俄罗斯而言，北方海航道还具有重要的国防意义，因为其保障了俄罗斯海军力量自由地出入于不同海洋。丹麦、加拿大、挪威和美国拥有更多进入世界海洋的有利机会，因此，无需将其舰队驻扎在北部。而俄罗斯海军战略核威慑力量和北方舰队位于科拉半岛，是在世界海洋边远地区部署的作战群基地，自由进入世界海洋的机会有限。所以，俄罗斯必须保证在北极的军事活动规模，以确保自由进出世界海洋。2015年的《海洋学说》指出，北极对于俄罗斯的重要性之一在于确保俄罗斯船队能安全出海至大西洋及太平洋。俄罗斯是唯一一个在北极永久部署大量战斗部队的国家，形成了非战略力量的客观优势。

近几十年，在国家的直接支持下，俄罗斯在北极地区建设了大量的工业基础设施：石油天然气综合项目、数千千米的管道运输线、发电站、铁路、机场、港口等。据俄罗斯交通部信息显示，截至2020年初俄罗斯在北极有18个海洋港口，其中12个位于俄罗斯的欧洲北极地区，6个位于亚洲北极地区，每个港口都有基础设施用以保障其在该地区的经济活动，比如码头、库房、港口补给船、装卸设备，配套的公路

---

[1] Алексей Козаченко, "Холодная волна: иностранцам создали правила прохода Севморпути," Известия, 6 марта 2019, https://iz.ru/852943/aleksei-kozachenko-bogdan-stepovoi-elnar-bainazarov/kholodnaia-volna-inostrantcam-sozdali-pravila-prokhoda-sevmorputi.

和铁路等。① 在北极水域，除了军舰外，还有油轮、散货船、拖网渔船、驳船和拖船、破冰船、补给船等。海上交通主要有三种用途：运输自然资源、给当地居民运送货物以及旅游需求。重要的基础设施之一为俄美加在北极地区用于运输石油和天然气的管道，北溪2号油气项目、亚马尔半岛液化天然气项目、"西伯利亚力量"项目等都是俄罗斯在北极周边开采的重要能源项目。加里宁格勒、摩尔曼斯克、阿尔汉格尔斯克以及列宁格勒州的基础设施建设使俄罗斯的西北部具备了建立协调和管理运输要道的基本条件。② 正是运输走廊和丰富的天然气资源使俄罗斯有机会实现其成为区域金融中心，甚至世界金融中心的目标。

位于亚马尔半岛东北部的萨贝塔村是北极最大的工业交通枢纽，它将成为俄罗斯进一步向北极地区推进的支柱，也是从乌拉尔—西伯利亚地区进入世界海洋的主要出口。萨贝塔港几乎位于北方海航道的中间，是通过北方海航道连接欧亚的最短航线。也就是说，任何一艘船只通过萨贝塔港都可以运载货物来到中国上海、西班牙比戈，甚至是美国诺福克，这是俄罗斯目前最大的海闸。在未来，萨比塔港将成为俄罗斯进一步全面开发北极领土的主要战略基地，以及北方海航线复兴的主要动力。③

俄罗斯的北极物资还包括当地的国家工业企业，比如用于生产、加工、运输自然资源、渔业捕捞等。

当然，若欲通过军事力量保障经济利益，也需要具有一定的经济实力。曾担任过俄罗斯联邦委员会代表、俄罗斯北极委员会代表等多个职务的施德洛夫认为，俄罗斯在北极的国防和外交利益需要强有力的经济支持，应在该地区持续开展业务，而不只是蜻蜓点水。④

所以，虽然俄罗斯如同其他北极国家一样在北极有重要利益，但是，北极对于俄罗斯来说比其他国家更重要。主要的区别在于其他国家

---

① "Реестр морских портов," Министерство транспорта Российской Федерации. Федеральное агентство морского и речного транспорта, http://www.morflot.ru/portyi_rf/reestr_mp.html.

② Кравчук А. А., "Основные угрозы национальной безопасности Российской Федерации в Арктике и формирование государственной политики по их нейтрализации," Владивосток, 2017.

③ Вадим Пономарев, "Северный плацдарм," Pro-Arctic, 3 декабря 2015, http://pro-arctic.ru/03/12/2015/press/19286.

④ Штыров. В. А., "Арктика и дальний восток," Величие проектов, Книжный мир, 2018, C. 148.

的北极战略主要集中在其北部和北极领土的发展上,而俄罗斯的北极战略则更"责任重大",在实现北极潜力的基础上,为整个国家经济的现代化做出贡献。其中的严峻挑战恰恰是要利用北极地区无可替代的北极资源和大型项目,在北极本身以及整个俄罗斯经济中启动创新发展进程。[1]

截至2021年底,俄罗斯在北极拥有6个军事基地和10个机场,众多的防空导弹系统和军事港口,并在北方舰队联合战略司令部的领导下开展行动。俄罗斯防空导弹系统包括Tor – M2DT(苏联SA – 15系统的升级版)和改进的Pantsir – SA系统,它们已经适应了北极严酷的工作条件。此类系统旨在防止巡航导弹的袭击,并且全年处于警戒状态。[2]

除此之外,俄罗斯在其他领域的薄弱也加强了利用军事手段保障本国北极利益的必要性,主要表现在以下三个方面:

(1)经济基础薄弱

自苏联解体后,经济发展落后一直是制约俄罗斯成为世界强国的重要因素。世界银行对2000—2019年前苏联国家经济增长情况的研究数据显示,按照2010年的价格计算,俄罗斯的国内生产总值增长率仅为85%,除乌克兰低于俄罗斯外(52%),其他国家则均高于该数值,如阿塞拜疆共和国的国内生产总值增长率为341%,土库曼斯坦为318%,塔吉克斯坦为305%,亚美尼亚为225%,哈萨克斯坦为219%,格鲁吉亚为179%。[3] 与世界主要大国的经济数据相比,俄罗斯的经济现状也让人担忧。2020年的世界各国国内生产总值排名中,美国为21.06万亿美金,占世界比重为24.70%,中国为14.69万亿美金,占比17.22%,日本排名第三位,为5.06万亿美金,占世界比重为5.93%。而俄罗斯2020年的国内生产总值仅为1.49万亿美金(107万亿卢布),占世界比重1.75%。[4] 在过去五年中,俄罗斯国内生产总值年增长率在

---

[1] Селин В. С., Башмакова Е. П.,"О государственной Стратегии России В Арктике," ЭКО, NO. 2, 2013, С. 97 – 113.

[2] "Холодная война в Арктике. Чем Россия помешала США в северном регионе," Санкт-петербурское ведомости, 25 мая 2020, https://spbvedomosti.ru/news/country_and_world/kholodnaya-voyna-v-arktike-chem-rossiya-pomeshala-ssha-v-severnom-regione/.

[3] "Экономика России отстала в развитии от стран бывшего СССР," 12 января 2021, MK-RU, https://www.mk.ru/economics/2021/01/12/ekonomika-rossii-otstala-v-razvitii-ot-stran-byvshego-sssr.html.

[4] 《2020年世界各国GDP数据》, https://www.kylc.com/stats/global/yearly/g_gdp/2020.html。

2%左右，2020年由于疫情等多种原因降低3.1%。①

近年来，欧盟和美国等西方国家对俄罗斯石油、天然气、金融领域，以及国防工业公司实施了制裁，对俄罗斯的经济发展同样影响重大。能源经济是俄罗斯重要的经济发展支柱，美国为制裁俄罗斯，禁止向其出口石油开采技术、冻结现有项目，并放弃了在天然气工业的新项目。制裁过后，俄罗斯的石油和天然气工业增长减缓，技术落后。同时，西方国家缩减了与俄罗斯国家、俄罗斯个人及组织在不同活动领域的接触与合作。银行方面，由于西方国家禁止俄罗斯大型银行进入欧洲和美国金融市场，造成了银行部门的流动性危机。俄罗斯企业在获得信贷、为流动资金和投资方案筹资等方面也遇到困难，居民消费贷款和抵押贷款利率上升，俄罗斯货币卢布贬值。②

那么，今天的俄罗斯北极财政支出情况怎么样呢？目前来看，很多战略计划都无法按时完成，在2017年的《俄罗斯北极社会经济计划》中将完成北极计划的时间延长了5年。③破冰船的更新计划进行得非常缓慢。尽管俄罗斯北极大陆架的地质勘探和开发水平落后于美国和北欧大陆架，但到目前为止，克服这种落后的努力显然还不够。在建造大型海军舰艇，以及接收已下水但因仍在试航而尚未入役的海军舰艇方面的延误，令俄罗斯海军感到困扰。这些延误看起来比其他国家海军面临的情况更为突出。与其他地区一样，俄罗斯造舰能力已经变得很有限，其提出的23560型"领袖"级系列核动力导弹驱逐舰的研制工作始于2013年，目前已经停滞。由于经济方面的困难，俄罗斯建造新航空母舰的相关工作可能会进一步推迟。此外俄罗斯取消了采购2艘法国"西北风"级两栖攻击舰的计划。④

过去十年来，俄罗斯花费高达上千亿卢布用于收集证据，证明其在门捷列夫海岭数百万平方千米的大陆架权利，这在领土/水域划界的历

---

① "ВВП России по годам: 1991-2023," Global Finance, http://global-finances.ru/vvp-rossii-po-godam/.

② "Конвертер доллара США," https://www.banki.ru/products/currency/converter/usd/.

③ Штыров. В. А., "Арктика и дальний восток," Величие проектов, Книжный мир, 2018, С. 243.

④ 《英媒：俄远洋战舰数量或大幅减少，造舰重点转为小型战舰》,《参考消息》, 2020年2月27日。

史上是绝无仅有的。①

2017年8月,俄罗斯总理梅德韦杰夫表示,从2015年开始,俄罗斯一直在执行北极地区的经济发展计划,根据该计划,截至2025年俄罗斯将拨款1600亿卢布用于北极地区发展。但他表示,由于没有足够的资金执行北极发展计划,政府正在努力修订该方案。② 2020年9月,俄罗斯远东发展部确定了北极地质勘探的拨款金额,计划于2035年前与俄罗斯自然资源部一起分配约2000亿卢布的预算用于北极地区的投资。③ 2020年7月,俄罗斯副总理兼总统驻远东联邦区全权代表尤里·特鲁特涅夫表示,2024年前国家发展北极计划的总提案为570亿卢布,④ 支持基础设施项目的重点将放在私人投资上,1卢布的预算投资将吸引10卢布的私人投资。⑤

然而,北极地区的极端环境对基础设施和技术装备性能的要求极高,北极地区人口密度低,远离工业中心,从事活动所需的资源消耗量大,燃料、食品和日用品供应成本高。⑥ 俄罗斯经济状况不佳,国家在支持和推动俄罗斯北极地区的参与度是明显不够的。为了保障北极地区的持续发展,俄罗斯北极政策中对投资方式进行了规定,政府拨款、行政地区投资和商业投资是主要的方式。然而,即使在比北极地区条件好很多的其他地区,私人资产也不能保障长期投资。所以,俄罗斯从国家利益出发,将主动权控制在自己手中,为私人资本参与北极地区综合发展制定系统性的方案,⑦ 采用了公私伙伴关系模式,用以增加北极地区

---

① Замятина Н. Ю., Пилясов А. Н., "Российская Арктика к новому пониманию процессов освоения," Ленанд, 2019, С. 311.

② "Медведев рассказал о планах выделить 160 млрд руб. на развитие Арктики," 25 ноября 2016, https: //www.rbc.ru/rbcfreenews/59a7df919a7947d38e3999bd.

③ "Минвостокразвития назвало объем выделяемых на геологоразведку в Арктике средств," Известия, 21 октября 2020, https: //iz.ru/1076673/2020 – 10 – 21/minvostokrazvitiia-nazvalo-obem-vydeliaemykh-na-geologorazvedku-v-arktike-sredstv.

④ "Финансирование госпрограммы развития Арктики до 2024 года составит 57 млрд рублей," ТАСС, 21 июля 2020, https: //tass.ru/ekonomika/9013703.

⑤ "Льготы вышли на лёд," RGRU, 21 июля 2020, https: //rg.ru/2020/07/21/reg-dfo/gosprogrammu-razvitiia-arktiki-profinansiruiut-na-57-milliardov-rublej.html.

⑥ 刘新华:《试析俄罗斯的北极战略》,《东北亚论坛》,2009年第6期,第63—69页。

⑦ "Вступительное слово назаседании президиума. Государственного совета повопросам государственной политики вотношении северных территорий," Президент России, 28 апреля 2004, http://www.kremlin.ru/events/president/transcripts/statements/22442.

的投资潜力,刺激北极地区社会经济发展。在此发展模式下进行的基础设施建设项目和运输项目与政府订单相比,节省了大量预算资金,降低了国家财政风险,缩短了项目周期,一定程度上推动了俄罗斯北极地区的发展。

2020年8月,俄罗斯通过了一揽子优惠政策法案,降低在北极地区经营企业缴纳的利润税、财产税、土地税、出口货物的破冰领航、海运,以及转运服务的增值税降低为零,简化行政审批事项。该系列优惠政策致力于改善北极地区的营商环境,更新招商引资工具,促进地区项目实施和经济发展,使得俄罗斯北极地区成为目前世界上享有统一优惠政策的最大经济特区,其优惠条件甚至超越了欧亚地区的经济特区。① 在此背景下,俄罗斯加强了与亚洲国家在北极地区的经济政治合作,吸引更多的资金、技术、设备、投资等入驻北极地区。

总之,不管是对于俄罗斯还是西方北极国家,资金不足是制约其在北极地区大力发展的关键因素之一,对于经济基础薄弱的俄罗斯来说尤为明显。利用北极发展能源经济是其北极政策的重点,但美国页岩气革命和欧美对俄罗斯的经济制裁,以及能源市场的不稳定性极大阻碍了俄罗斯目标的实现。通过北方海航道实现经济发展的前景仍与基础设施落后、自然环境恶劣等问题并存。

(2) 人口发展水平低

研究表明,全球北极人口从1900年的130万增加到1989年的610万,然后减少到2019年的540万。其中,俄罗斯人占北极人口的比例从22%上升至58%又降至2019年的44.8%,② 超过了俄罗斯领土占北极领土的比例(33%—43%)。③ 在人口密度方面,西欧国家以高密度而著称,达到每平方千米2.8—4.0人,其中瑞典和芬兰最高。而美国和俄罗斯分别为0.43人和0.51人,加拿大和丹麦为0.03人和0.05人。④

---

① 《俄北极成为全球最大的经济区》,中华人民共和国驻圣彼得堡总领事馆,2020年8月12日,http://petersburg.mofcom.gov.cn/article/ddfg/202008/20200802991746.shtml。

② Смирнов А. В., "Население мировой Арктики: динамика численности и центры расселения," Арктика и Север, NO. 4, 2020, C. 270 – 290.

③ "Какая часть Арктики принадлежит России?" Большой вопрос, 12 мая 2020, http://www.bolshoyvopros.ru/questions/1137404-kakaja-chast-arktiki-prinadlezhit-rossii.html.

④ "Какая часть Арктики принадлежит России?" Большой вопрос, 12 мая 2020, http://www.bolshoyvopros.ru/questions/1137404-kakaja-chast-arktiki-prinadlezhit-rossii.html.

在数量指标上，北极的俄罗斯人口具有一定优势，自然资源潜力最大，但是从质量指标来看，最为滞后，地区人口的实际生活水平低于俄罗斯人的平均水平，对于减少地区迁徙非常不利。而俄罗斯人的生活水平本身就严重低于其他北极国家，所以俄罗斯北极地区的人均可支配收入、财政潜力、社会和经济发展等质量指标严重低于其他国家。[1]

俄罗斯北极地区的区域间迁徙被认为对整个北极地区的人口动态具有决定性的影响。俄罗斯北极地区的移民率很高，常住人口逐年减少，尤其是北极的远东地区，马加丹州的居民减少了一半多。每年有成千上万在北极居住了十年以上的人离开这里，也有新居民进入北极地区，但是有经验的居民的离开使得进入北极地区的新居民不得不面临时间、精力、资金的高消耗，用以适应北极地区的条件。而且，并不是所有的人都认为北极是适合长期居住的地方，年轻人通常从家乡前往北极地区，然后到更有发展前景的城市。[2]

据俄罗斯媒体报道，俄罗斯政府对于北极地区的主要关注点在于军事建设、经济发展和航道利用方面，而对于当地人口的生活水平和原住民权益、环境保护方面的重视程度则相对较低。

近年来，俄罗斯为了实现俄罗斯北极地区的人口增长出台了诸多刺激政策，如建立监管法律体系，提高北极地区对经济活动和居住的吸引力，并在北极引入创新的伙伴关系管理形式。同时，其通过了新的教育方案，改善人力资本，确保所有人类群体都能获得高质量的医疗服务，完善国家的社会保障，以及在俄罗斯北极地区工作和生活的个人补助等。2020年8月28日，俄罗斯开始接受获得北极地区居民身份的申请。[3]然而，短时期内实现俄罗斯北极地区的人口数量和质量指标的改变仍然充满挑战。

（3）科技水平有限

首先，北极地区特殊的地理位置和自然条件对地区开发与利用所使

---

[1] Селин В. С., Башмакова Е. П., "О государственной Стратегии России В Арктике," ЭКО, NO. 2, 2013, C. 97 – 113.

[2] Замятина Н. Ю., Пилясов А. Н., "Российская Арктика к новому пониманию процессов освоения," Ленанд, 2019, C. 246 – 247.

[3] "Льготы вышли на лёд," RGRU, 21 июля 2020, https：//rg.ru/2020/07/21/reg-dfo/gosprogrammu-razvitiia-arktiki-profinansiruiut-na-57-milliardov-rublej.html.

用的技术和设备提出更高要求，技术水平直接影响到其开发程度和利用效率。俄罗斯的科技水平与先进国家相比，仍有一定差距。资料显示，俄罗斯开采石油天然气的设备主要依赖进口，用于大陆架上的工作设备中进口额所占比例为85%，对进口的压差测试仪器的依赖率为99%，高压泵和井下设备的进口比例达到了80%。2014年后，受政治事件影响，俄罗斯开始寻找开发利用北极资源所需设备的替代产品，并计划到2020年将石油和天然气设备的进口份额下降到43%。[1]

其次，在开发和应用能源生产运输技术方面，俄罗斯广泛学习外国的经验，俄挪北极划界案之后，俄罗斯—挪威关系在海洋领域的最新进展为加强两国在海洋领域的合作创造了共同的有利环境。同时，由于没有解决进口替代问题，俄罗斯的船只建设进展缓慢。[2]

最后，俄罗斯开采的水生物资源的等价现金值并不高。日本用1吨水生资源生产出的产品价值为2580美元，挪威为1765美元，美国为1350美元，而俄罗斯的该项指标只有760美元。因此，当向世界市场出口相同数量的生物资源时，俄罗斯公司的利润只有日本公司的30%。[3] 这主要是因为俄罗斯的国内企业科技水平有限，无法在国际市场上提供高附加值的产品，如果能有效提高工业加工的质量，那么水资源加工的潜在收入将会大幅提高。同时，俄罗斯专家认为，必须改善对经济活动的水文气象支持，以更新运输基础设施和通信系统。

此外，科技水平对于俄罗斯解决北极纠纷意义重大。因为国际法没有为划分北极大陆架提供明确的依据，在200海里专属经济区之外分割北极的问题可能会进一步与申请者资源开发的技术能力相关联。

如前文所说，北极地区的可持续发展对于资金、技术、设备等条件要求很高，对于技术和设备严重依赖进口，资金方面也"不如人意"的俄罗斯而言，其北极地区发展受到诸多掣肘。

---

[1] "Возрождение рынка нефтегазового оборудования," ЦДУТЭК, 12 ноября 2020, https://www.cdu.ru/tek_russia/issue/2020/9/804/.

[2] "Стратегия развития морской деятельности Российской Федерации до 2030 года," Правительство России, 8 декабря 2010, http://government.ru/docs/10048/.

[3] "Экономика России, цифры и факты. Часть 12 Пищевая промышленность," UT-MAG, 22 июля 2015, https://utmagazine.ru/posts/10565-ekonomika-rossii-cifry-i-fakty-chast-12-pischevaya-promyshlennost.

三、传统的不安全感与扩张政策使俄北极军事先行

受所处地理环境及自身发展历史的影响,俄罗斯传统的地缘政治观念中存在强烈的不安全感以及"天生"对自然屏障的追求。俄罗斯地处欧亚大陆,大部分领土位于东欧平原。古代的俄罗斯没有天然屏障,经常受到立陶宛、波兰及瑞典的侵袭,古俄罗斯人的生命安全与财产安全时常受到威胁,形成了俄罗斯最初的不安全感。与此有关,古俄罗斯人不断扩大本国领土面积和范围,追求高山、河流、大海、沙漠等自然屏障,以此来减少外族的入侵,保障本国安全和发展。其中,古俄罗斯对出海口最为青睐,将其作为战略要地。同时,恶劣的气候条件加剧了古俄罗斯人稳定舒适生活的不确定性,寒冷的冬季对人们的粮食供应和居住条件形成挑战,古俄罗斯人经常需要与猛兽正面较量,以保障正常生活的基本需要。由此,俄罗斯这个国家常被称作"北极熊"或是"战斗民族"。

同时,俄罗斯人经历的戏剧性历史也造成了其充满不安全感的性格——从罗斯受洗到由蒙古人统治,从莫斯科公国到俄国,从沙俄帝国进入到列宁和斯大林领导的苏联时期。每个时期的俄罗斯人产生了对世界和所发生事件的不同感受,形成了独特的性格。记者康斯坦丁·艾格特认为:"所有民族都是独一无二的,但俄罗斯人认为他们比别人更独特。"[①]

俄罗斯人的民族性格特征在外交政策领域体现明显,因为在外交领域更容易把整个民族的行动特征与其他民族人民的特点清晰地展现出来。不安定的地理环境、外族侵袭的历史以及民族变更的不确定性催化了俄罗斯人反抗、崛起和向外扩张的民族意识。俄罗斯从莫斯科公国开始就奉行对外扩张政策,到彼得大帝时期更是制定了全球扩张的战略。同时,勇敢好胜、不易对人产生信任、热情与冷傲并存的性格特征也是国际社会对俄罗斯人的主要评价。

不同于东方文明与西方文明的独特性使俄罗斯人在进攻和防御两种模式上运作。从地缘政治角度来看,俄罗斯东临太平洋,西接大西洋,

---

① [澳]波波·罗著,袁婧、傅莹译:《孤独的帝国——俄罗斯与新世界无序》,中信出版集团2019年版。

西北部濒临波罗的海，北面是北冰洋。在东边与美国遥遥相望，西北部是挪威、芬兰、波罗的海及白俄罗斯等国，南面是中国、蒙古和朝鲜。苏联解体后，北约实施东扩计划，其势力范围延伸到波罗的海、高加索地区。2014年地缘政治危机事件后，西方国家进行的经济制裁让俄罗斯经济一度萎靡，严重影响该国的政治稳定与社会经济稳定发展。亚洲部分，俄罗斯南面是中国，继两国边境问题解决后，外交关系稳步升温，两国领导人加强顶层设计，处于历史最好时期。中国东北地区与俄罗斯符拉迪沃斯托克（海参崴）进行了深入合作。俄罗斯的北部地区，原本是大片的冰山，在全球变暖之后不再是不可战胜的天然屏障，加重了俄罗斯来自北方的不安全感。所以，其加大了北方的传统安全战略部署，如俄罗斯领导人及诸多学者所说，是为了进行合理的防御。

俄罗斯与其他北极国家尚且存在未解决的领土纠纷与大陆架划界问题，而目前没有公认的国际法律可以解决。在国际法律实践中，存在三个确定任何国家对某一领土的主权方式，即优先发现、有效占领及通过加入国际公约或会议的主权确认。所以，俄罗斯在北极地区的能源开发不仅在于经济存在，还同时实现了俄罗斯居民在该地区的居住事实，这是保障俄罗斯北极地区存在的重要因素。[1] 而军事存在的加强有效增加了其通过"有效占领"而获得主权的概率。

近年来，由于全球温度上升、冰川融化崩塌以及天气变化等因素，一些原本被冰川覆盖的岛屿被人们发现，成为继二战世界各国领土重划后多出的"新领土"，北极各国有望回到"划地为王"的时代。2019年夏天，俄罗斯相关部门组织了对北极法兰士约瑟夫地群岛和新地岛的考察，并于新地岛的一个海湾发现了5个原本被冰川所覆盖的新岛屿，并于2019年10月22日对此进行了对外公布。北极将为更多的经济活动开辟新天地，例如原料开采、海上运输、捕鱼和旅游业以及其他发展形式的经济活动，以造福当地居民和全世界。随之而来的是政治机会。数百年来，世界第一次真正地随着新土地和新海域扩张。如同俄罗斯经济学教授塞林所说，俄罗斯的北极政策加剧导致了这样一个事实，即在过去几年中，俄罗斯不仅要大幅度恢复其在北极地区失去的地位，而且还

---

[1] Козьменко С. Ю., "Региональное присутствие России в Арктике: геополитические и экономические тенденции," Арктика и Север, NO. 3, 2011, С. 1–12.

要为未来该地区的快速扩张奠定基础。①

第四节 个人层面：强人政治与大国抱负

决策制定是重要的国家政策变量，在决策制定中，决策者的身份具有独一无二的重要作用。相对俄罗斯而言，最高决策者显然是总统。如果将研究时间限定为 21 世纪，那么就是总统普京。除此之外，决策者还包括其他高层人物，比如负责北极能源开发的俄罗斯能源公司巨头谢钦、负责俄罗斯外交事务的外交部长拉夫罗夫、负责国防事务的国防部长绍伊古等。② 所以，从个人层面对北极政策的制定进行分析具有一定的必要性与重要性。本节将从统治者及政治精英的角度出发，分析影响俄罗斯北极政策的决策及制定的相关内容。

决策者的个人信仰、生活经历和性格特征等会影响其作为领导人的政策决定。普京总统具有独特的"克格勃"从业经历，性格强硬、果断、沉稳，以"硬汉"形象著称，经历了广泛的环境考验，拥有丰富的生活经验。执政期间始终致力于将俄罗斯恢复成昔日伟大的世界强国。因为他执政时间较长，执政初期政绩卓越，曾被民众赋予与彼得大帝、叶卡捷琳娜大帝齐名的"普京大帝"称号，一方面说明了俄罗斯民众对其政绩的认可，另一方面也显露出普京对于俄罗斯的国家影响力，甚至产生了"普京主义"。

如何确立俄罗斯北极地区在国家发展中的地位，这在俄罗斯国内存在争议。直到 2000 年 4 月，普京总统在摩尔曼斯克举行的北方海航道发展和北极经济发展会议上发言时指出，北部是俄罗斯国家发展的战略后备力量，北极发展战略才初步得以确定。制定北极地缘战略地区共同政策的另一个重要节点是 2004 年 4 月在萨勒哈德市召开的国务院主席团会议，该会议讨论了北方地区国家政策的制定和发展问题。普京总统

---

① Селин В. С., Башмакова Е. П., "О государственной стратегии России в Арктике," ЭКО, NO. 2, 2013, С. 97 – 113.

② ［澳］波波·罗著，袁婧、傅莹译：《孤独的帝国——俄罗斯与新世界无序》，中信出版集团 2019 年版。

宣布，北方和北极地区的国家政策应契合俄罗斯现代发展条件，同时应考虑到该地区特殊的地缘政治、经济和国防意义。俄罗斯北极地区具有自然资源和人力资源方面的优势。只有在有国家政策支持的情况下，这些因素才能非常有效地用于俄罗斯国家北极地区的社会发展以及整个俄罗斯经济的复苏。[1]

普京总统多次在公开场合谈及北极问题，不仅在国际论坛"北极——对话之地"上谈到北极地区对于俄罗斯及世界的重要性，更在俄罗斯国防部内部扩大会议、"总统连线"中针对北极问题进行了发言。普京总统丝毫没有掩饰其对北极地区的重视态度，不管是在能源领域、航道归属与利用问题上，还是在北极对于俄罗斯安全领域的重大意义上均给予重点强调。普京下令恢复北极地区的军事存在，更加积极地开发北极，并用一切手段保护本国安全和俄罗斯在北极的国家利益。[2] 在 2017 年"总统连线"中渲染美国可能利用北极攻击俄罗斯的紧张气氛，并在 2020 年末与"俄罗斯志愿者 2020"比赛选手进行的线上会议中重申了将在未来几十年加大俄罗斯在北极的存在。[3] 普京执政期间陆续出台了俄北极政策、俄北极战略、《俄北极地区社会经济发展纲要》等重要政策文件，赋予北极地区国家能源基地地位，指出北方海航道是俄罗斯国内运输网络的一部分，将成为世界主要的交通要道。在 2035 年前俄北极政策基础中，北极战略实施部分对总统赋予了更大的权力，由"俄联邦政府每年向总统提交北极战略实施进程及结果的年度报告"调整为"由俄联邦总统负责总体领导国家北极政策的实施"。

俄罗斯的强军计划——对原有军队进行改组和现代化改革是普京政府近年来的重要工作内容。其中，对先进武器的研制与运用、高尖端武器的科技发展、与美国在核武器和大规模杀伤性武器的战略均势是俄罗

---

[1] Казаков М. А., Климакова О. Н., "Государственная политика России в Арктическом регионе: противоречивая поступательность механизмов формирования," Вестник Нижегородского университета им. Н. И. Лобачевского, Серия: Социальные науки, NO. 2, 2010, C. 36 - 40.

[2] "Путин велел главе Минобороны обеспечить Россию 'всеми рычагами для защиты национальных интересов' в Арктике," 10 декабря 2013, https://www.newsru.com/russia/10dec2013/arctic.html.

[3] "Путин: Россия в следующие десятилетия будет приастать Арктикой и Севером," Камерсант, 5 декабря 2020, https://www.kommersant.ru/doc/4602866.

斯军事现代化的重要内容。北极地区作为俄罗斯核武器基地与最大的海军舰队所在地，对于俄罗斯的军事战略意义不言而喻。关于该地区的战略决策与行动，作为军事最高统帅的普京拥有最终决策权。不"屈服"于美国等西方国家的自由民主政策是他一贯以来的执政理念，用"硬实力"说话符合其执政风格。北极地区是俄罗斯的边界和对抗前沿，是俄罗斯作为世界大国的文化起源，所以普京偏向使用军事力量来捍卫俄罗斯在该地区的主导作用。

除了最高决策者以外，俄罗斯精英的利益也对北极政策有重要影响。俄罗斯精英对于发展北极地区有不同见解，一部分精英建议将北极看做能源基地，只进行必要的开发，不需要做多余的投资。而另一部分精英主张全面发展北极地区，将其作为俄罗斯经济可持续发展的战略区域。由于长期以来的意见分歧，俄罗斯北极战略文件迟迟未能出台。

俄罗斯政府在2001年6月已经批准了俄联邦北极政策基础（草案）。该草案指出，考虑到俄罗斯在北极地区的特殊利益及其特征，有必要规定更严格的国家法规和需要优先解决的地区问题，并决定考虑在北极建立政府委员会的可行性。2002年，国家杜马审议了由参议院提交的《关于俄联邦北极地区》联邦法草案。该法案的主要目标是确定北极地区经济、社会与环境保护和其他类型活动的法律法规。俄罗斯国家杜马北极及远东委员会主席密斯尼克表示，俄罗斯政府不支持该法案的通过，认为其增加北极地区福利、降低税基的做法不够合理，将导致收入减少并增加了国家预算开支。[①]

在2006年《关于俄罗斯联邦立法状况》的报告中指出，北部领土的发展是重要的民族问题之一，缺乏明确的联邦北部政策和发展战略导致无法充分发挥北部地区的潜力。[②] 俄罗斯国家能源安全基金的负责人西蒙诺夫提到，国家有许多不同的利益，各部门之间很少能够达成共识。[③]

---

① Казаков М. А. Климакова О. Н., "Государственная политика России в Арктическом регионе: противоречивая поступательность механизмов формирования," Вестник Нижегородского университета им. Н. И. Лобачевского, Серия: Социальные науки, NO. 2, 2010, С. 36–40.

② Гевердовский Ю., "Кладовая на все времена," Парламентская газета, 26 сентября 2007.

③ Ядух В., Жуйков Д., "Морская коллегия получит широкие полномочия," RBCDAILY, 26 сентября 2008.

2007年总理普京签署的法令规定，政府领导的海事委员会将获得与两极政治、经济和军事领域发展相关的更多权力。2008年9月12日，俄罗斯联邦安全委员会举行了会议，确定了俄罗斯在北极地区的优先事项。这次会议专门讨论了增加俄罗斯在北极存在的问题。俄罗斯联邦安全委员局局长亚历山大·博尔特尼科夫、国防部长安纳托利·谢尔久科夫、联邦委员会主席米罗诺夫、国家杜马主席格雷兹洛夫、内政部长努尔加里耶夫、总统行政首长纳雷什金参加了在北极举行的会议，区域发展部长科扎克和其他国家精英代表参加。[①] 2008年9与18日，梅德韦杰夫总统批准了俄罗斯首部北极战略文件——2020年前后俄北极政策基础。

本章小结

本章就俄罗斯采取北极政策的动因进行分析。北极地区对于俄罗斯，对于北极国家，以及全世界的经济、政治、军事、外交等多方面均具有重要意义。俄罗斯在北极地区采取的国家政策不仅与国内情况密不可分，同时，北极国家与域外国家在该地区，甚至在全球的地缘政治活动都会对俄罗斯的北极政策产生影响。同时，政策的产生与确立与国家最高领导人的权力、立场、性格诸多因素紧密相连，在此背景下，本章从全球层面、区域层面、国家层面与个人层面对影响俄罗斯采取新北极政策的原因进行了探究。

从全球层面来看，随着美国及西方国家的相对衰落，新兴国家地位的上升，二战后形成的国际秩序面临严峻挑战，世界正在向以国家利益为重的方向发展。[②] 传统的军事方式重新拥有其重要意义，并成为美俄两国近年来处理国际事务的常用手段。随着两国相继退出《反导条约》《中导条约》《天空开放条约》，世界安全体系面临巨大挑战。不仅两国争相开发研究新型核武器，全球研究核武器的国家也在增加，全球军费

---

① "Президент Медведев провел совещание Совета безопасности," Вестник Кавказа, 28 августа 2010, https://vestikavkaza.ru/news/24551.html.

② 赵华胜：《中俄美关系与国际秩序》，《俄罗斯东欧中亚研究》，2020年第3期，第1—24页。

屡创新高。此外，大国竞争已成常态化，不仅在北极地区存在激烈的地缘政治博弈，北大西洋、中东、印太都是竞争区域，国家间在处理北极问题上难免将全球身份带到地区事务中。俄罗斯欲增加在北极地区的主导优势以制衡其他区域的博弈外溢影响。

从地区层面来看，俄罗斯采取积极的北极政策的原因主要在于三个方面：北极重要的历史作用及大国政治延续，用军事力量助力俄罗斯与其他北极国家未解决的领土和大陆架纷争问题，以及追求北极地区的规则制定主导权。首先，北极地区在历史上有着重要作用。在两次世界大战中，北极天然的屏障作用以及连接欧洲—亚洲—北美洲的最短航线对战争博弈方产生了巨大影响。二战时，德军已经在北极地区建立了军事基地、机场与仓库，并在北方海航道上攻击俄军舰队，实现了高度隐蔽性。冷战时北极的军事战略价值达到顶峰，北极成为美苏两大阵营的对峙前沿。双方在该地区建立了海军基地、反导系统，部署了大量核武器，争夺核弹发射基地，展开激烈的军备竞赛。为此，为在不断变化的国际政治局势下拥有战略优势，俄美两国在北极地区的地缘政治博弈从未停止。此外，俄罗斯与北极国家在该地区尚存在未解决的边界和大陆架划分问题。虽然争议各方目前都主张在现有国际法内解决纠纷，但不管是边界划分还是大陆架界定都需要大量的科学论证和时间，且美国不受《联合国海洋法公约》的制约，所以俄罗斯用硬实力对其他国家形成威慑，以保障争议地区的本国利益。同时，俄罗斯抓紧制定本国的北极法律及规则，推动地区安全制度建设，填补该地区国际安全制度的空白，为本国的北极行动提供法律支撑。

从国家层面来说，俄罗斯用军事力量保障国家权益的原因有三点。第一，自1991年以来的10年间，苏联（俄罗斯）政府认为北方发展的成本会增大其国内发展的负担，大大减少了国家在北极的存在，冷战的结束同样显示了维持北方防线的不必要性，所以，导致北极地区的人口外流，北方海航道几乎停止运转，空中交通急剧下降。同时，北方舰队力量极剧收缩，俄罗斯的北部疆域处于疏于防守的状态。全球气温的升高及北极海冰面积的减少使得俄罗斯北极地区的天然屏障功能减弱，增加了俄罗斯北部边界的传统安全及非传统安全威胁。第二，俄罗斯北极地区拥有丰富的能源及渔业资源，具有重要的经济作用。北方海航道是连接北欧—东北亚—北美洲的最短航线，对全球海运及经济贸易影响巨大，对俄罗斯经济发展具有重大预期。俄罗斯在北极地区积极开展基础设施建设，大量修建机场、发电站、管道运输线、港口、工业企业等。北极也是俄罗斯最大的海军舰队所在地，部署了大量的战略核武器，俄罗斯通过在此地不断加强军事力量来保护本国的经济及战略利益。第三，俄罗斯经济基础薄弱，人均总产值和可支配收入、财政潜力、社会和经济发展的程度上都较为落后，存在严重的人口迁移现象；科学技术落后加大了俄罗斯北极开发的难度。多重因素影响下，将俄罗斯开发北极地区的砝码逐渐向军事领域推移。第四，俄罗斯民族特性中的不安全感以及通过军事手段进行领土扩张是其地缘政治竞争的重要特点，气候变化下北极地区新土地的出现某种程度上推动了该"传统"特征。

从个人层面来说，统治者和国家精英都对俄罗斯的国家政策制定起到了举足轻重的作用。从 2000 年到 2020 年的 20 年间，大部分的时间是由普京总统执政的，即使梅德韦杰夫在位期间，普京任职总理，也对国家事务进行了广泛的参与。普京个人的独特性格、丰富的从业经历与对苏联大国的特殊情感，都直接或间接地形成了他"还你一个强大的俄罗斯"的帝国梦。普京对于北极地区寄予了厚望，并通过努力使其对北极的政策得以落实。在俄罗斯国内对北极地区如何发展的长久争论背景下，普京总统在 2000 年摩尔曼斯克举行的会议上初步确定了北极地区作为俄罗斯战略后备力量的地位。2001 年 6 月俄罗斯联邦政府已经批准了俄北极政策基础（草案），2002 年俄罗斯国家杜马审议了由联邦委员会提交的《关于俄联邦北极地区》联邦法草案，2004 年 4 月国务院主席团会议讨论了北方地区国家政策的制定和发展问题。2006 年《关于俄罗斯联邦立法状况》报告中指出北部领土的发展问题，2008 年出台了第一部关于北极的战略文件。可以说，俄罗斯北极政策的制定和出台缺少不了领导层的推动作用。同时，北极地区具有的特殊经济、政治、战略地位与俄罗斯复杂的精英集团紧密相连，俄罗斯对北极地区的战略定位直接关系到精英的利益。所以，俄罗斯精英在北极政策的制定中起到重要作用，2007 年，总理普京签署的法令规定，联邦政府领导的海事委员会获得了与两极政治、经济和军事领域发展相关的更多权力。

第五章 俄罗斯新北极政策的影响及前景

北极是北半球的战略制高点，当今世界的主要大国均位于北半球，所以，谁掌握了北极，谁就在地缘竞争中拥有了战略优势。俄罗斯在北极地区积极发展军事力量的举动引起了世界各国的广泛关注，并对不同国家及整个地区产生了不同程度的影响。本章将从北极国家和域外国家所受的影响进行分析。

第一节 对北极国家的影响

北极国家是该地区安全局势变化的直接影响对象。其中，北极国家分为三类：美国及北约、加拿大、北欧五国，分别代表大国、中等强国和小国三种类型。

一、美国面临的安全压力增大

美国政治和学术界对俄罗斯在北极军事投入的增加关注已久，但长期对此持有不同态度。在俄罗斯加大北极军事力量的初期，已有部分学者发表言论，认为俄罗斯在北极具有扩张意图。但是，也有部分美国学者认为，俄罗斯增加北极军事力量的主要原因在于其冷战结束后对北极地区的关注不足，致使俄罗斯北极地区的安全环境处于不利地位。2007年俄罗斯恢复北冰洋地区的军事巡航后，美国曾表示，美国导弹防御系统注意到俄罗斯近期的活动有所增加，但不认为这会对美国造成威胁。"俄罗斯在其领空中升起飞机，那是俄罗斯自己的事情。"① 2019 年以前，美国未对俄罗斯的北极行动采取明显的应对措施，但在相关政策文件中及外交场合表达了对俄罗斯在北极进行军事化的担忧，并始终将北极地区的发展置于美国国家战略的边缘地区。

然而，在特朗普政府执政后期，美国逐渐加大了对北极地区安全形势的关注。首先，明显变化在于集中出台了多部北极战略文件，认为北极地区存在的安全竞争不断加大。2019 年 6 月，美国国防部向国会提交北极战略报告。该报告指出北极安全环境的复杂性，认为其不确定性日益增加，地区的安全局势恶化。同时指出，俄罗斯在该地区日益增加军事建设，试图对北方海航道的武力控制。同时，美国认为，北极地区仍然容易受到其他地区紧张、竞争或冲突的"战略溢出"影响。② 2020 年 6 月 9 日，特朗普政府签署了《捍卫美国在南北极地区的国家利益》备忘录。该备忘录要求在 60 天之内制定出加强美国在北极地区的国家安全和经济安全的所有可能性计划，确定破冰船的适配数量和类型，以确保美国在北极地区的永久存在。此外，美国将在本土和海外分别建造两个军事基地③。2021 年 1 月 5 日，美国海军和海军陆战队共同签署发布了《蓝色北极：北极战略蓝图》战略文件。该文件指出，未来十几年美国将面临北极自然环境变化、航行与资源开发难度降低、其他国家经济军事活动增加并试图改变北极治理机制的复杂挑战，美国海军部将采取果断行动，在北极建立常驻海军部队，加强北极安全和行动，整合海军、海军陆战队和海岸警卫队力量，统筹各个舰队力量，同时加强北极合作伙伴关系，建立强大的北极海上力量。④ 2021 年 4 月 16 日，美国陆军发布题为《夺回北极主导权》的北极战略文件，这是美国陆军首次发布北极战略，至此，美国所有军种均发布了北极战略。此举表

---

① "Россия впервые за 15 лет возобновила полеты стратегической авиации," News-ru. com, 17 августа 2007, https：//www. newsru. com/russia/17aug2007/aviacia. html.

② "Report to Congress Department of Defense Arctic Strategy. Office of the Under Secretary of Defense for Policy," Jun. 2019, pp. 7 - 9.

③ "Трамп распорядился милитаризировать присутствие США в Арктике и Антарктике," Русская газета, 10 июля 2020, https：//rg. ru/2020/06/10/tramp-rasporiadilsia-militarizirovat-prisutstvie-ssha-v-arktike-i-antarktike. html.

④ 王晨光：《美国海军发布新北极战略》，"战略前沿技术"微信公众号，2021 年 1 月 13 日。

明，美国政府已正式将俄罗斯在北极的军事存在视为威胁，并且，拜登政府对北极地区的政策与特朗普执政后期采取的强硬态度保持一致。

外交领域，美国重新开放关闭了数十年的驻丹麦格陵兰岛的领事馆，与丹麦签署新的可持续渔业和商业往来协议，并恢复了空缺三年的北极特使职位。美国军方和外交官一再表示，他们对俄罗斯在北极的影响力日益增长感到关切。美国国务卿安东尼·布林肯表示，由于俄罗斯的作用日益增强，北极可能会出现"新的冲突战场"。[1]

军事部署上，美国将在阿拉斯加部署两座空军基地，对俄罗斯东部各州进行雷达监视，拦截和跟踪潜在敌人的战机，完成对空防御和从空中支援美国太平洋司令部。其组成力量包括五角大楼在北太平洋地区最大的航空部队以及150架隐身战机，它成为北极地区最大的隐身战斗机群，用以压制俄罗斯。此外，美国空军的大型设施、训练场、卫星控制站以及50多个预警和导弹防御雷达已部署在阿拉斯加、加拿大的北极地区和属于丹麦的格陵兰岛。[2] 美国正在以各种手段向该地区增兵。

军事行动上，2020年9月，美国B-1B战略轰炸机在北极上空飞行。2021年3月，美国B-1B战略轰炸机在挪威的博多空军基地降落，这是美国轰炸机首次降落在北极圈内。博多空军基地为美军轰炸机提供了快速进入挪威海、巴伦支海和北极地区的通道。[3] 美国与加拿大军方在北极展开联合防空演习。美军两架超声速轰炸机及两架隐形战略轰炸机分别从挪威及北大西洋中部飞往冰岛附近的北极圈空域，向他国展示武力。同年4月，美国陆军执行官表示，美国陆军正着手设计新型战车以在北极地区使用。

以美国为首的北约对北极的安全形势同样保持警惕，北约发言人奥阿纳·伦格斯库表示，联盟国家将在2021年6月在布鲁塞尔举行的峰会上讨论他国在北极的军事能力建设。近年来，北约成员国加大了对该地区的关注，作为北约成员国的北极国家部署的军队正在增加。2021年3月，英国海军表示将常驻北极地区。

---

[1] "НАТО обсудит увеличение военных возможностей России в Арктике," Риа новости, 3 мая 2021，https：//ria.ru/20210503/arktika-1730967459.html? ysclid=llqsv1ijys87907545.

[2] 《俄罗斯对北约在北极的加强做出了回应》，极地与海洋门户网，2020年12月31日，http：//www.polaroceanportal.com/article/3494。

[3] 《美国B-1B战略轰炸机首次降落北极》，《今日环球》，2021年3月12日。

总之，美国以及北约已经调整了北极战略，加速进军北极地区，与俄罗斯在此地的较量日渐频繁，北极地区军事化愈演愈烈。

二、对中等强国加拿大的影响有限

与美国的北极地位不同，加拿大是传统的北极大国，同样非常看重北极地区的战略重要性，认为北极对于加拿大有"家园"的特殊意义，强调负责任处理北极事务的态度和捍卫加拿大北极主权的决心。冷战后，加拿大对美国的安全依赖降低，长期对北极地区及北极事务高度重视，率先出台了多部北极政策并在北极主权上一度持强硬态度。

然而，加拿大的综合国力，尤其是政治、军事实力相对有限，它既没有真正的资源来控制北部的大片地区，也没有在北极的军事经验，这使其北极政策表现出"中等强国"的特征。近年来，加拿大在北极地区增加了本国的安全建设，举行军事演习，但主要的军事活动很大程度上在北美防空司令部及北约框架内进行。同时，加拿大致力于北极理事会的合作与发展，主张用非军事手段来保障该国的军事安全，积极推动北极无核区的建立。同时，加拿大将西北航道视作其国内航线的一部分，与美国的"航行自由"存在分歧，却与俄罗斯在北方海航道的利用上有相似之处，所以加拿大与俄罗斯两国在部分国际活动中的立场相似，处于竞争与合作并存的状态。

由此可见，俄罗斯在北极实施新北极政策的举动对加拿大的影响相对有限，加拿大一方面加强本国的北极军事建设，另一方面以经济与环保并重，在北极理事会及双边框架下与俄罗斯和美国保持合作，采取了务实的态度。

三、北欧国家加快向北约倾斜

北欧国家包括挪威、丹麦、瑞典、芬兰和冰岛五国。其中，挪威和丹麦为北冰洋沿岸国家，与冰岛同为北约成员国，瑞典和芬兰为中立国。

北欧国家对于俄罗斯的北极行动存在一个转变过程。因北欧国家均为小国，国家经济和军事实力相对有限，对北极的诉求以保障国家主权、发展经济及生态环境为主。全球气候变暖后，各国希望能享受冰雪融化后带来的资源及航道"红利"，对渔业、能源资源的开发增加。北欧国家与俄罗斯和美国均存在资源开发、环境保护、搜救安全等方面的合作。面对俄罗斯与美国的地区主导权之争，五国整体上希望双方能保持战略平衡，避免选边站队。对于域内国家存在的领土及大陆架争端，各方力求在北极理事会内在现有国际法的基础上和平解决。

目前，北欧小国的国家安全主要依靠北约保障，俄罗斯在北极加强军事建设后，各国逐渐向北约倾斜。俄罗斯在北极的军事行动最先触动的北欧国家为挪威，挪威是唯一一个与俄罗斯接壤的北约成员国。虽然丹麦与冰岛的军事力量非常薄弱，但其具有重要的战略位置，不管是在历史上还是现今都成为北约的前哨阵地。挪威时任总理斯托尔滕贝格为北约秘书长，其邀请芬兰和瑞典就防空问题与北约合作，特别是在数据交换方面。两国发言人公开表示，如果俄罗斯在北极军事行动的不确定性继续增加，两家将会请求北约加大在该地区的存在。在近年来的北约军事演习中，芬兰和瑞典多次参加。

第二节 对北极域外国家的影响及应对

参与北极事务的域外国家主要包括英国、德国、法国等欧洲国家，以及中国、日本和韩国等亚洲国家，这些国家多为美国的盟友或是北约成员国，所以，俄罗斯进行较为积极的北极政策对于此类国家的影响与对美国的影响较为相似，即增加了竞争性。中国是具有世界影响力的大国，在成为北极理事会正式观察员国后，中美俄三国间的国家关系受到全球博弈及地区身份的双重影响，对中国所受影响的研究具有一定的理论及现实意义。

一、对中国参与北极事务具有两面性

中国是北极事务的重要参与方及利益攸关方，得到北极国家的认可与支持是中国践行本国北极政策的必要条件。作为北极地区的主导国，俄罗斯的支持对中国具有重要作用。俄罗斯北极政策的调整对中国的影响存在两面性。

一方面，俄罗斯在北极地区主导地位的加强对中国进一步加深北极参与具有积极作用。缺少了俄罗斯的理解和支持，中国不可能顺利开展

北极活动。目前，中俄新时代全面战略协作伙伴关系处于历史最好水平，"冰上丝绸之路"是中俄加强务实合作的重要项目，对两国经济发展具有重要意义。中国已同俄罗斯在北极科学研究、能源开发、航道利用、基础设施建设方面进行了广泛合作，并取得了良好的效果。中国欲将北方海航道作为海上交通的重要航线，借此加强与北半球国家的经贸往来，实现合作共赢。俄罗斯在北极地区军事实力的增加，为中俄共同开展经济活动提供更高的安全保障。俄罗斯是传统的北极国家，其在北极地质及气候环境领域的研究，在海上救援、危机处理及保护海上通信方面的经验，为中国进行北极事务提供重要的科技与安全支持。

另一方面，俄罗斯在北极军事力量的加强对中国参与北极事务形成掣肘。随着中俄北极合作日益紧密，美国及不少西方国家认为中俄将加剧北极地区的紧张态势，美国已明确将中国与俄罗斯共同视为北极的最大威胁，在2019年美国的北极战略报告中，美国防部的优先任务是削弱俄罗斯与中国的竞争优势。[1] 此外，中俄虽对共同开发北极达成一致，但在部分领域仍存在分歧。随着中国在北极地区经济参与的增加，俄罗斯对中国的北极活动同样保持关注。

二、中国的应对策略

笔者认为，中国应从三个方向采取措施以应对俄罗斯在北极实施新北极政策的不利影响，分别是加强中国在北极的自身发展、巩固与俄罗斯的合作关系以及拓展中国在北极的朋友圈。

第一，增强中俄北极合作的高层引领和立场协调。加强沟通，增信释疑。在"冰上丝绸之路"的合作背景下，增加互利互惠，缩小战略分歧。2035年俄罗斯接任北极理事会的轮值主席国，也是俄罗斯北极新战略实施的第一年，中国应将俄罗斯的北极规划及北极战略文件作为本国北极行动的重要参考，对于俄罗斯在北极地区具有的合作空间大、经济潜力突出的项目，中国应积极进行战略对接。

第二，挖掘科研技术及基础设施建设潜力，提高北极合作竞争力。域外国家参与北极事务的路径较为相似，多从定期开展北极科考、参与能源

---

[1] "Report to Congress Department of Defense Arctic Strategy," Office of the Under Secretary of Defense for Policy, Jun. 2019, p. 7.

勘探与开发、开拓航道利用等方面展开。无论国家的身份定位如何,掌握北极地区的气象、水文、地质情况是开发利用地区资源、实现航道战略价值的前提条件。中国需要不断挖掘科研潜力,为深入北极研究建立坚实基础。

在基础设施建设方面,中国近年来积累了丰富的经验,取得了多项"世界之最"。中国基础设施建设的效率高、体量大,还有发达的通信技术正是北极发展所需要的。中国应充分发掘本国科技及基础设施建设方面的潜力,取得更多突破性成果,为北极治理提供智力支撑。

第三,利用经济优势寻求更多合作。中俄北极合作的重要领域为经济贸易与能源合作,中国以其有力的经济基础及国家政策支持成为北极国家重要的合作伙伴。2015 年,中国银行向位于北方海航线上的亚马尔液化天然气项目提供了 120 亿美元的贷款。丝绸之路基金为共建"一带一路"倡议和道路运输项目提供投资,在亚马尔项目中拥有 9.9% 的股份。① 2016 年 4 月中国进出口银行和中国开发银行分别与亚马尔天然气公司签署 15 年期 93 亿欧元和 98 亿元人民币的贷款协议,② 亚马尔液化天然气 80% 的设备将在中国造船厂生产。③ 中国应该继续发挥经济实力优势,加大经济合作力度,寻求更多合作方。同时,中国企业在入驻之前,应做好有效的技术检测,明晰事故责任,避免造成不必要的损失。

第四,利用地区组织有效协调双多边关系,避免触碰地区敏感领域。面对北极国家间存在尚未解决的纠纷,中国应表态坚决维护国际法的决心和尊重北极国家主权与司法管辖权,对北极纷争或军事安全领域则需谨慎表态,避免卷入不必要的纷争。面对美俄两国地区竞争不断升级,中国应避免在美俄北极事务中选边站,利用政治、经济、外交等多种途径,利用北极理事会的平台协调与两国的双边关系。同时,俄罗斯

---

① Sørensen C. T. N., Klimenko E., "Emerging Chinese-Russian Cooperation in the Arctic. Possibilities and Constraints," SIPRI, NO. 46, 2017, https://www.sipri.org/sites/default/files/2017 - 06/emerging-chinese-russian-cooperation-arctic.pdf.

② 《来自"冰上丝路"的天然气》,新华网,2018 年 1 月 1 日,http://www.xinhuanet.com/globe/2018 - 01/01/c_136857530.htm。

③ Henderson J., "Russian LNG: Progress and Delay in 2017," The Oxford Institute for Energy Studies, Mar. 2017, https://www.oxfordenergy.org/wpcms/wp-content/uploads/2017/03/Russian-LNG-%E2%80%93-Progress-and-delay-in-2017-OIES-Energy-Insight.pdf.

的支持是中国北极参与的重要保障，在北极合作中增信释疑，谨慎对待北极地区的安全合作是可持续发展北极的重要原则。

同时，北欧国家在北极地区具有特殊地位。不管是数量上还是组成上均对中国进行北极参与意义重大。北欧国家的北极诉求为环境保护、生态安全及经济利益，与我国的地区利益和资源优势相一致。对此，中国应充分发挥本国的资金、技术、市场和经验优势，与北欧国家建立联系，拓展北极朋友圈。此外，中国还可以通过政府间国际组织、非政府间组织及公私伙伴等方式，借助正式场合或非正式场合第二轨道的参与，通过接触—反应的过程起到施加影响的作用。①

第三节　前景分析

以上对北极地区各行为体安全战略的分析结果表明，俄罗斯在北极优先增加军事存在加剧了地区紧张局势。北极国家为了保持地区战略平衡，采取了不同的方式予以应对。对于俄罗斯的进一步行动及北极整体的安全局势，本书有如下观点：

第一，俄美北极角力仍将持续升级，但短期内北极地区发生军事冲突的可能性不大。得出该结论的原因主要在于：面对俄罗斯不断加大军事力量，俄美两国的战略差距逐渐增大，美国已明确了回归北极的战略主张。拜登上任后，采取了更为积极的北极战略，双方竞争加剧。但是，短期内双方的安全摩擦将维持在低水平。俄罗斯目前在北极地区的军事力量拥有绝对优势，美国及其他国家不具备与其抗衡的能力。北约尚未形成统一的北极政策，各成员国的北极诉求不同，在俄罗斯没有对其他国家造成主权威胁的情况下，各方将保持克制，不会贸然对俄罗斯采取军事措施。而俄罗斯在北极的政策目标为保持与美国及北约的战略平衡，保持威慑态势。在当前复杂的国际形势和紧密相连的经济关系下，俄罗斯不会轻易选择先发制人的军事打击，俄罗斯的经济形势及历史教训同样使其谨慎进行军备竞赛。

第二，俄罗斯会继续增加北极的军事力量，对美国等西方国家形成

---

① 杨剑等：《北极治理新论》，时事出版社2014年版，第11页。

威慑。虽然俄罗斯在北极的军事行动已经引起了西方北极国家的警惕与反击，但是俄罗斯的军事行动不会停止。《2035年前俄北极战略》指出，有必要在北极地区建立良好的作战制度，保持俄罗斯联邦武装部队各集群以及该地区其他部队和军事编队、机构的战备水平。[1] 2021年3月28日，俄罗斯3艘核潜艇同时在北极地区破冰浮出水面，此举显示出俄罗斯潜艇部队强大的军事能力，在保持最大隐蔽性的同时，可齐射多枚潜射弹道导弹。[2] 4月17日，俄罗斯军方人士表示，俄罗斯将在北极地区部署新型"天空-SBU"雷达系统，全面覆盖北方航道所有空域，进一步加强俄军在北极地区的防空能力。俄罗斯认为，其可能会在北极空中遭到潜在敌人的军事打击。

第三，各方合作与竞争并存。北极地区的各行为体利益错综复杂，但总体上经济利益主导政治利益和军事利益。尤其是北欧国家，与俄罗斯经济有着密切的关系，会避免与其形成对立关系。俄美两国全球博弈，在多个地区立场对立，北极地区是两国所剩不多可以合作的区域。两国一面军机交锋，一面在环境保护、生物资源开发、科学技术等领域追求合作。随着地区事务的全球化，域外国家在该地区的合作与竞争同样加大，各国力求在北极经济发展的快车上实现本国利益最大化，加快与北极国家的合作步伐。

第四，域外博弈外溢，增加地区安全不确定性。俄罗斯在北极地区加强北极存在的初衷与捍卫北大西洋权益有重要联系，通过北冰洋进入大西洋和其他海洋是俄罗斯保障本国利益的重要途径。所以，俄罗斯与北约在北大西洋的紧张关系可能会对北极地区的安全态势产生影响。

本章小结

受北极地区独特的地理位置及战略价值、俄罗斯与西方国家关

---

[1] "Об Основах государственной политики Российской Федерации в Арктике на период до 2035 года," 15 марта 2020, http://www.kremlin.ru/acts/news/62947.

[2] 《外媒：史无前例，俄北极军演高调展示战力》，《参考消息》，2021年3月28日，https://baijiahao.baidu.com/s?id=1695458983735446350&wfr=spider&for=pc。

系的恶化等影响，俄罗斯的新北极政策对世界主要国家产生了重要影响。

西方北极国家总体上将俄罗斯的北极军事行动看作威胁，其中，美国和北约做出了相应举动，加大了在北极的军事部署及行动，双方针锋相对，北极安全紧张局势升级。加拿大作为中等强国采取了较为适度的反应，既增加了本国的地区防御，参与美国等国发起的联合军事演习。同时主张在北极理事会框架内，通过现有国际法和平解决分歧。而曾经主要追求生态与经济利益的北欧国家逐渐向北约靠拢以寻求庇护，希望北约能在地区安全方面发挥更大作用。

俄罗斯在北极加大安全建设对域外国家同样具有重要影响，其中以中国的北极参与比较明显，是我国北极研究学者重点关注的问题。其作用体现在两个方面：一方面，增强了中国进行合作开发的安全保障，对实现"冰上丝绸之路"的战略目标具有一定的推动作用；另一方面，致使西方国家形成对中俄北极安全威胁的捆绑，引起了部分国家对中国参与北极事务的猜疑，阻碍了中国北极发展的顺利进行。对此，中国应从四个方面予以应对：首先应增强中俄北极合作的高层引领和立场协调，加强沟通，增信释疑，缩小战略分歧；其次，应挖掘自身科研技术及基建潜力，提高北极合作竞争力；再次，利用经济优势寻求更多合作；最后，有效协调双多边关系，避免触碰地区敏感领域。

长期以来，在俄罗斯和西方国家关系不断紧张的态势下，北极地区是俄罗斯与西方国家保持国际合作的重要区域。随着乌克兰特别军事行动的展开与升级，以及芬兰与瑞典两国申请加入北约，维持北极安全对于俄罗斯维护本国利益具有更加重要的意义。2021—2023 年由俄罗斯担任北极理事会轮值主席国，2022 年 3 月，除俄罗斯外的北极国家暂停参与北极理事会的工作，6 月，北极理事会俄罗斯之外的成员国发表联合声明，宣布将恢复无俄方参与项目的工作。

对于北极将来的安全局势，本书认为，北极地区短期内不存在明显的军事冲突可能，俄罗斯仍然需要保持与西方国家的安全关系。但北极地区是俄罗斯核武器的重要存储之地，对目前复杂多变的国际形势下的俄罗斯更加具有战略意义。对此，其将继续保持或加大在北极地区的军事存在，增强空中防御体系。美国虽然正在抓紧缩小与俄罗斯在北极的军事差距，但并不会将地理条件极端的北极作为发展重心。北约尚未对发展北极形成统一战略，主张北极非军事化。所以，各方仍将保持克制，增强沟通与合作，避免误判。但是，随着俄乌冲突走势的不明朗，北极地缘政治局势极易受到北大西洋国际关系的外溢影响。

参考文献

一、中文部分

（一）政府文件

1. 《联合国海洋法公约》，联合国网站，https：//www.un.org/zh/documents/treaty/files/UNCLOS-1982.shtml#6。

2. 《中国的北极政策》白皮书，中华人民共和国国务院办公室网站，2018年1月26日，http：//www.scio.gov.cn/zfbps/32832/Document/1618203/1618203.htm。

（二）专著

1. 俄罗斯国际事务委员会主编，熊友齐等译：《北极地区：国际合作问题》，世界知识出版社2016年版。

2. 北极问题研究编写组编：《北极问题研究》，海洋出版社2011年版。

3. 李少军：《国际政治学概论》，上海人民出版社2002年版。

4. 刘惠荣、董跃：《海洋法视角下的北极法律问题研究》，中国政法大学出版社2012年版。

5. 陆俊元：《北极地缘政治与中国应对》，时事出版社2010年版。

6. 钱宗旗：《俄罗斯北极战略与"冰上丝绸之路"》，时事出版社2018年版。

7. 杨剑等：《北极治理新论》，时事出版社2014年版。

8. [美] 詹姆斯·多尔蒂、小罗伯特·普法尔茨格拉夫著，阎学通、陈寒溪等译：《争论中的国际关系理论》，世界知识出版社2003年版。

（三）杂志论文

1. 陈良武：《俄罗斯海洋安全战略探析》，《世界经济与政治论坛》，

2011 年第 2 期。

2. 程群:《浅议俄罗斯的北极战略及其影响》,《俄罗斯中亚东欧研究》,2010 年第 1 期。

3. 春水:《冰与火之歌——俄罗斯和西方国家加强北极军事部署》,《军事文摘》,2018 年第 23 期。

4. 邓贝西、张侠:《俄美北极关系视角下的北极地缘政治发展分析》,《太平洋学报》,2015 年第 11 期。

5. 邓贝西、张侠:《试析北极安全态势发展与安全机制构建》,《太平洋学报》,2016 年第 12 期。

6. 邓贝西、邹磊磊、屠景芳:《后乌克兰危机背景下的北极国际合作:以"复合相互依赖"为视角》,《极地研究》,2017 年第 4 期。

7. 冯玉军、陈宇:《大国竞逐新军事革命与国际安全体系的未来》,《现代国际关系》,2018 年第 12 期。

8. 冯玉军:《俄罗斯的军事改革》,《国际资料信息》,1997 年第 11 期。

9. 郭培清、曹圆:《俄罗斯联邦北极政策的基本原则分析》,《中国海洋大学学报(社会科学版)》,2016 年第 2 期。

10. 郭培清:《美俄在白令海峡的较量与合作》,《东北亚论坛》,2018 年第 4 期。

11. 韩立新、王大鹏:《中国在北极的国际海洋法律下的权利分析》,《中国海商法研究》,2012 年第 3 期。

12. 何剑锋、张芳:《从北极国家的北极政策剖析北极科技发展趋势》,《极地研究》,2012 年第 4 期。

13. 何奇松:《气候变化与北极地缘政治博弈》,《外交评论(外交学院学报)》,2010 年第 5 期。

14. 何奇松:《气候变化与欧盟北极战略》,《欧洲研究》,2010 年第 6 期。

15. 何铁华:《〈极地规则〉与北极俄罗斯沿岸水域的制度安排》,《中国海事》,2014 年第 9 期。

16. 李立凡:《俄罗斯战略视野下的北极航道开发》,《世界经济与政治论坛》,2015 年第 6 期。

17. 李绍哲:《北极争端与俄罗斯的北极战略》,《俄罗斯学刊》,

2011 年第 6 期。

18. 李尧：《北约与北极——兼论相关国家对北约介入北极的立场》，《太平洋学报》，2014 年第 3 期。

19. 李振福、何弘毅：《日本海洋国家战略与北极地缘政治格局演变研究》，《日本问题研究》，2016 年第 3 期。

20. 李振福、刘同超：《北极航线地缘安全格局演变研究》，《国际安全研究》，2015 年第 6 期。

21. 梁昊光：《北极航道的"新平衡"：战略与对策》，《人民论坛·学术前沿》，2018 年第 22 期。

22. 刘财君、张有源：《俄罗斯加强北极军力的战略背景及影响》，《国际资料信息》，2012 年第 3 期。

23. 刘佳、石莉、孙瑞杰：《2015 年美国〈21 世纪海上力量合作战略〉评析》，《太平洋学报》，2015 年第 10 期。

24. 刘新华：《试析俄罗斯的北极战略》，《东北亚论坛》，2009 年第 6 期。

25. 陆俊元：《近几年来俄罗斯北极战略举措分析》，《极地研究》，2015 第 3 期。

26. 陆俊元：《北极国家新北极政策的共同取向及对策思考》，《国际关系学院学报》，2011 年第 3 期。

27. 罗曦：《美国构建全域制胜型战略威慑体系与中美战略稳定性》，《外交评论（外交学院学报）》，2018 年第 3 期。

28. 马建光、张明：《从俄罗斯军事学说新特点看其军事战略新趋势——解读新版〈俄罗斯联邦军事学说〉》，2010 年第 2 期。

29. 孟二龙、高桂清、王康：《北极地区军事化现状研究》，《飞航导弹》，2020 年第 5 期。

30. 孙凯：《参与实践、话语互动与身份承认——理解中国参与北极事务的进程》，《世界经济与政治》，2014 年第 7 期。

31. 孙迁杰、马建光：《地缘政治视域下美俄新北极战略的对比研究》，《和平与发展》，2016 年第 6 期。

32. 孙迁杰、马建光：《论北极地缘政治博弈中俄罗斯的威慑战略》，《上海交通大学学报（哲学社会科学版）》，2017 年第 1 期。

33. 孙英、凌胜银：《北极：资源争夺与军事角逐的新战场》，《红旗文摘》，2012 年第 16 期。

34. 万楚蛟：《北极冰盖融化对俄罗斯的战略影响》，《国际观察》，2012 年第 1 期。

35. 王曾琢：《俄罗斯增强北极地区军事力量动因分析》，《现代军事》，2017 年第 7 期。

36. 王秋怡、许海：《乌克兰危机后北约对俄罗斯安全战略及其转型分析》，《现代国际关系》，2019 年第 8 期。

37. 王志民、陈远航：《中俄打造"冰上丝绸之路"的机遇与挑战》，《东北亚论坛》，2018 年第 2 期。

38. 夏立平、苏平：《博弈理论视角下的北极地区安全态势与发展趋势》，《同济大学学报（社会科学版）》，2013 年第 4 期。

39. 夏立平：《北极环境变化对全球安全和中国国家安全的影响》，《世界经济与政治》，2011 年第 1 期。

40. 肖洋：《北约对俄"双钳攻势"的波罗的海拐点》，《太平洋学报》，2017 年第 1 期。

41. 肖洋：《"冰上丝绸之路"的战略支点——格陵兰"独立化"及其地缘价值》，《和平与发展》，2017 年第 6 期。

42. 肖洋：《俄罗斯的北极战略与中俄北极合作》，《当代世界》，2015 年第 11 期。

43. 肖洋：《格陵兰：丹麦北极战略转型中的锚点?》，《太平洋学报》，2018 年第 6 期。

44. 肖洋：《安全与发展：俄罗斯北极战略再定位》，《当代世界》，2019 年第 9 期。

45. 徐广淼：《浅论二战时期苏联的北极战场》，《史学集刊》，2018 年第 6 期。

46. 严双伍：《北极争端的症结及其解决路径——公共物品的视角》，《武汉大学学报（哲学社会科学版）》，2009 年第 6 期。

47. 叶江：《试论北极事务中地缘政治理论与治理理论的双重影响》，《国际观察》，2013 年第 2 期。

48. 尹承德：《世界新热点与全球治理新挑战》，《国际问题研究》，2008 年第 5 期。

49. 张瑞、杨柳：《中国北极安全法律保障研究》，《太平洋学报》，

2013 年第 6 期。

50. 张绍芳、杨磊：《西方国家北极战略及军事部署》，《飞航导弹》，2013 年第 11 期。

51. 张胜军、郑晓雯：《从国家主义到全球主义：北极治理的理论焦点与实践路径探析》，《国际论坛》，2019 年第 4 期。

52. 张侠等：《从破冰船强制领航到许可证制度——俄罗斯北方海航道法律新变化分析》，《极地研究》，2014 年第 2 期。

53. 张新平、胡楠：《安全复合体理论视阈下的北极安全分析》，《世界经济与政治》，2013 年第 9 期。

54. 赵华胜：《中俄美关系与国际秩序》，《俄罗斯东欧中亚研究》，2020 年第 3 期。

55. 赵隆：《论俄罗斯北方航道治理路径及前景评估》，《世界地理研究》，2012 年第 6 期。

56. 赵宁宁：《小国家大格局：挪威北极战略评析》，《世界经济与政治论坛》，2017 年第 3 期。

57. 左凤荣、刘建：《俄罗斯海洋战略的新变化》，《当代世界与社会主义》，2017 年第 1 期。

58. 左凤荣、张新宇：《俄国现代化进程中的海洋战略》，《国际关系学报》，2011 年第 6 期。

59. 左凤荣：《俄罗斯海洋战略初探》，《外交评论（外交学院学报）》，2012 年第 5 期。

60. 《北约唯一没有自己军队的成员国，却是该组织遏制俄罗斯重要前哨站》，《环球时报》，https：//baijiahao.baidu.com/s？id＝1660302666702921616&wfr＝spider&for＝pc。

61. 《俄部署新式电子战系统保北方海航道安全》，《中国国防报》，2019 年 6 月 10 日第 4 版。

62. 胡新浩：《地缘政治学视角下的俄罗斯北极战略》，山东大学硕士论文，2016 年。

63. 孙迁杰：《俄罗斯北极安全战略研究》，国防科学技术大学硕士论文，2016 年。

64. 张婷婷：《普京政府的北极战略研究》，吉林大学硕士论文，2018 年。

（四）网络资源

1. 《北极变暖速度是其他地区两倍》，人民网，2014 年 12 月 19 日，http：//scitech. people. com. cn/n/2014/1219/c1057 – 26235849. html。

2. 《北约拉拢瑞典和芬兰"搞军事"俄方表担忧并将予以回应》，环球网，2018 年 7 月 26 日，https：//baijiahao. baidu. com/s? id = 1607031211206046440&wfr = spider&for = pc。

3. 《俄北方舰队将装备"匕首"导弹提升北极军力反制北约》，《参考消息》，2020 年 12 月 16 日，http：//www. cankaoxiaoxi. com/mil/20201216/2427287_2. shtml。

4. 《俄北极成为全球最大的经济区》，中华人民共和国驻圣彼得堡总领事馆，2020 年 8 月 12 日，http：//petersburg. mofcom. gov. cn/article/ddfg/202008/20200802991746. shtml。

5. 《俄国防部：俄战机在波罗的海上空拦截美军轰炸机》，中国新闻网，2020 年 6 月 16 日，https：//www. sohu. com/a/402100206_123753。

6. 《俄海军"能打仗的破冰船"下水!》，解放军新闻传播中心，2019 年 11 月 3 日，https：//baijiahao. baidu. com/s? id = 1649160643428583033&wfr = spider&for = pc。

7. 《俄海军北方舰队举行极地两栖军演，出动多种主战装备》，《参考消息》，2019 年 9 月 29 日，http：//www. cankaoxiaoxi. com/mil/20190929/2392181. shtml。

8. 《俄海军在阿拉斯加附近举行大规模军演，加强北极军事存在》，《参考消息》，2020 年 8 月 29 日，https：//baijiahao. baidu. com/s? id = 1676331668067037054&wfr = spider&for = pc。

9. 《俄罗斯近代史上最大规模军演"东方 – 2018"在远东拉开帷幕》，俄罗斯卫星通讯社，2018 年 9 月 11 日，http：//sputniknews. cn/military/201809111026320207/。

10. 《俄罗斯向联合国大陆架界限委员会提交关于〈北极 – 2019〉的科考结果》，极地与海洋门户网站，2019 年 11 月 8 日，http：//www. polaroceanportal. com/article/2958。

11. 《俄罗斯在北极冰川融化后，发现五个新岛屿》，央视网，2019 年 10 月 23 日，http：//news. cctv. com/2019/10/23/ARTIS8Dgxo5 QdHgT

7ppinxCq191023. shtml。

12.《俄首艘北风之神－A型核潜艇加盟北海舰队，有何战略意图？》，人民网，2020年6月23日，http：//military.people.com.cn/n1/2020/0623/c1011-31757250.html。

13.《俄政府预计2035年北方海航道货运量将达到1.6亿吨》，中华人民共和国商务部，2019年12月10日，http：//www.mofcom.gov.cn/article/tongjiziliao/fuwzn/oymytj/201912/20191202921182.shtml。

14.《还击！俄罗斯将以导弹演习回应北约冷战后最大军演》，《人民日报（海外版）》，2018年10月31日，https：//baijiahao.baidu.com/s?id=1615800068282284025&wfr=spider&for=pc。

15.《荷兰指责俄罗斯在北约北极演习中发起挑衅》，俄罗斯卫星通讯社，2018年10月15日，http：//sputniknews.cn/military/201810151026575618/。

16.《美俄北极战略博弈升温 俄"向北突围"抗衡美压制》，新华网，2016年12月30日，http：//www.xinhuanet.com/mil/2016-12/30/c_129426701.htm。

17.《米尔斯海默VS吴晓求：中国能和平崛起吗？》，中国网，2019年10月24日，http：//www.china.com.cn/opinion/think/2019-10/24/content_75336108.htm。

18.《全球变暖导致北极苔原带出现森林 加剧气温上升》，中国气象局网站，2012年6月，http：//www.cma.gov.cn/2011xwzx/2011xqhbh/2011xdtxx/201206/t20120606_174914.html。

19.《瑞典和芬兰考虑放弃中立申请加入北约》，中国新闻网，2014年4月2日，http：//www.chinanews.com/gj/2014/04-02/6023457.shtml。

20.《斯德哥尔摩国际和平研究所（SIPRI）发布报告称，俄罗斯2017年军费开支自1998年以来首次下降》，俄罗斯卫星通讯社，2018年5月2日，http：//sputniknews.cn/russia/201805021025295544/。

21.《我国开展第11次北极科学考察》，新华网，2020年7月15日，http：//www.xinhuanet.com/2020-07/15/c_1126243006.htm。

22.《详解俄军事改革：理顺领导指挥体制，合并重组军区》，人民网，2015年10月5日，http：//military.people.com.cn/n/2015/1005/c10

11 - 27664095. html。

23.《央视独家！神秘的俄北极"三叶草"基地首次对外媒开放》，央视网，2019 年 4 月 6 日，http：//military. cctv. com/2019/04/06/AR-TIgUxrgNbaLLcxCtt1MeSP190406. shtml？spm = C96370. PWZlnA98wIvO. EO6RcJ1yHnku. 15。

二、英文部分

（一）政府文件及报告

1. "Politics in Greenland," Government of Greenland, https：//naalakkersuisut. gl/en/About-government-of-greenland/About-Greenland/Politics-in-Greenland.

2. "2018 Nuclear Posture Review," https：//dod. defense. gov/News/Special-Reports/0218_npr/.

3. "Arctic and off Shore Patrol Ships," Government of Canada, Dec. 7, 2018, https：//www. canada. ca/en/department-national-defence/services/procurement/arctic-off shore-patrol-ships. html.

4. "Arctic Policyof the Republic of Korea," http：//library. arcticportal. org/1902/1/Arctic_Policy_of_the_Republic_of_Korea. pdf.

5. "Canada First Defence Strategy," Department of National Defence, 2008, http：//www. forces. gc. ca/assets/FORCES _ Internet/docs/en/about/CFDS-SDCD-eng. pdf.

6. "Canada's Northern Strategy：Our North, Our Heritage, Our Future," Minsiter of Public Works and Government Strvices Canada, http：//library. arcticportal. org/1885/1/canada. pdf.

7. "Canadian Armed Forces Joint Task Force (JTF) North," Government of Canada, Apr. 7, 2018, http：//www. forces. gc. ca/en/operations-regional-jtf-north/jtf-north. page.

8. "Capable and Sustainable—Long Term Defence Plan," Norwegian Ministry of Defence, Jun. 17, 2016.

9. "Danish Defence Agreement 2013 - 2017," Copenhagen, Nov. 30, 2012, http：//www. fmn. dk/eng/allabout/Documents/TheDanishDefenceAgrement2013 - 2017english-version. pdf.

10. "Danish Diplomacy and Defence in Times of Change. A Review of Denmark's Foreign and Security Policy," Ministry of Foreign Affairs of Denmark, 2016.

11. "Dansk diplomati og forsvar i en brydningstid. Vejen frem for Danmarks interesser og værdier mod 2030," Ministry of Foreign Affairs of Denmark, https://um.dk/da/udenrigspolitik/aktuelle-emner/dansk-diplomati-og-forsvar-i-en-brydningstid/.

12. "Defence Agreement 2018 – 2023," Danish Ministry of Defence, Jan. 28, 2018, https://fmn.dk/globalassets/fmn/dokumenter/forlig/-danish-defence-agreement-2018 – 2023-pdfa-2018.pdf.

13. "Denmark, Greenland and the Faroe Islands: Kingdom of Denmark Strategy for the Arctic 2011 – 2020," http://library.arcticportal.org/1890/1/DENMARK.pdf.

14. "Department of Homeland Security, Polar Icebreaking Recapitalization Project Mission Need Statement Version 1.0," DHS, Jun. 28, 2013.

15. "Forsvarsministeriets fremtidige opgaveløsning i Arktis," Danish Ministry of Defence, https://pdfs.semanticscholar.org/d880/9f339d669c6c9d093b35539e4baf31b36ce0.pdf?_ga=2.251726793.1707564107.1586145414 – 565365555.1586145414.

16. "Guidelines of the Germany Arctic Policy," https://studylib.net/doc/8202942/guidelines-of-the-germany-arctic-policy.

17. "Military exercises. National Defence and the Canadian Armed Forces," Government of Canada, Feb. 5, 2019, https://www.canada.ca/en/department-national-defence/services/operations/exercises.html.

18. "National Security Presidential Directive and Homeland Security Presidential Directive," The White House Washington, Jan. 9, 2009, https://fas.org/irp/offdocs/nspd/nspd-66.pdf.

19. "New Building Blocks in the North—The Next Step in the Government's High North Strategy," Norwegian Ministry of Foreign Affairs, https://www.regjeringen.no/globalassets/upload/ud/vedlegg/nordomradene/new_building_blocks_in_the_north.pdf.

20. "Norway's Arctic Strategy—Between Geopolitics and Social Devel-

opment," Mar. 2017, https://www.regjeringen.no/contentassets/fad46f04 04e14b2a9b551ca7359c1000/arctic-strategy.pdf.

21. "Norwegian Armed Forces in Transition, Strategic Defence Review by the Norwegian Chief of Defence, Abridged Version," Norwegian Armed Forces, 2015.

22. "Norwegian Defence 2008," Norwegian Ministry of Defence, 2008, http://www.operationspaix.net/DATA/DOCUMENT/809~v~Norwegian_Defence_2008.pdf.

23. "Report to Congress Department of Defense Arctic Strategy," Office of the Under Secretary of Defense for Policy, Jun. 2019.

24. "Rapport: Forsvarsministeriets fremtidige opgaveløsning i Arktis," Danish Ministry of Defence, https://pdfs.semanticscholar.org/d880/9f339 d669c6c9d093b35539e4baf31b36ce0.pdf?_ga=2.251726793.17075641 07.1586145414-565365555.1586145414.

25. "Report to Congress on Arctic Operationsand the Northwest.Department of Defense," May.2011, https://dod.defense.gov/Portals/1/Documents/pubs/Tab_A_Arctic_Report_Public.pdf.

26. "Report to Congress on Strategy to Protect United States National Security Interests in the Arctic Region," Department of Defense, Dec. 2016.

27. "Statement on Canada's Arcttc Foreign Policy: Exercising Sovereignty and Promoting Canada's Northern Strategy Abroad," Goverment of Canada, 2010, http://library.arcticportal.org/1886/1/canada_arctic_foreign_policy-eng.pdf.

28. "The Global Climate in 2015-2019," World Meteorological Organization, https://library.wmo.int/doc_num.php?explnum_id=9936.

29. "The High North Visions and Strategies," https://www.regjeringen.no/globalassets/upload/ud/vedlegg/nordomradene/ud_nordomrodene_en_web.pdf.

30. "The Ilulissat Declaration," May.28, 2008, https://www.arctictoday.com/wp-content/uploads/2018/05/Ilulissat_Declaration.pdf.

31. "The Norwegian Government's High North Strategy," Norwegian Ministry of Foreign Affairs, Dec. 2006, https://www.regjeringen.no/global-

assets/upload/ud/vedlegg/strategien. pdf.

32. "The United States Navy Arctic Roadmap for 2014—2030," Feb. 2014, https：//info. publicintelligence. net/USNavy-ArcticRoadmap. pdf.

33. "Agne Cepinskyte Global Britain's Arctic Security Policy Going Forward While Looking Back," Finnish Institute Of International Affairs, Sep. 2019.

34. "Circum Arctic Resource Appraisal：Estimates of Undiscovered Oil and Gas North of the Arctic Circle," CARA. U. S. Geological Survey, 2008, http：//energy. usgs. gov/RegionalStudies/Arctic. aspx.

35. Ekaterina Klimenko, Annika E. Nilsson, Miyase Christensen, "Narratives in the Russian Media of Conflict and Cooperation in the Arctic," SIPRI Insights on Peace and Security, NO. 5, Aug. 2019.

36. Henrik Breitenbauch, Kristian Søby Kristensen, Jonas Groesmeyer, "Military and Environmental Challenges in the Arctic," "Tomáš Valášek, New Perspectives on Shared Security：NATO's Next 70 Years," Nov. 28, 2019, https：//carnegieeurope. eu/2019/11/28/military-and-environmental-challenges-in-arctic-pub‐80424.

37. Lorenz W. , "Denmark Increases Its Contribution to the Deterrence of Russia," Bulletin：PISM (The Polish Institute of International Affairs), NO. 2, 2018, p. 2.

38. Ohnishi, Fujio, "The Process of Formulating Japan's Arctic Policy：From Involvement to Engagement," p. 2, https：//www. cigionline. org/publications/process-formulating-japans-arctic-policy-involvement-engagement.

39. Regehr E. , "America's Arctic Security Strategy：The Simons Foundation Briefing Paper," May. 1, 2015.

40. "Russia's Military Posture in the Arctic," Chathan House, The Royal Institute of international Affairs, Jun. 2019.

41. "Strong, Secure, Engaged. Canada's Defence Policy," Naitonal Defence, 2017, pp. 79‐80, 90, 102‐113.

42. "Trends in World Military Expenditure 2019," SIPRI Fact Sheet, Apr. 2020, https：//www. sipri. org/sites/default/files/2020‐04/fs_2020_

04_milex_0. pdf.

43. Wezeman S. T. , "Military Capabilities in the Arctic: A New Cold War in the High North?" SIPRI Background Paper, 2016.

（二）专著

1. *A Joint Military Command for the Arctic and North Atlantic Region*, Copenhagen: Danish Ministry of Defence, 2015, http://www.forsvaret.dk/omos/organisation/arktisk/Documents/Arktisk-Kommando_DK_UK.pdf.

2. Buzan B. , Wæver O. , Wilde J. , *Security: A New Framework for Analysis*, Lynne Rienner Publishers: Boulder, CO, 1998.

3. Byers M. , *International Law and the Arctic*, Cambridge: Cambridge University Press, 2013.

4. Chaturvedi S. , *The Polar Regions: A Political Geography*, Chichester: John Wiley and Sons, 1996.

5. Georle Soroka, *The Political Economy of Russian's Teimagined Arctic*, Arctic Yearbook, 2016.

6. Huebert R. , *The Continually Changing Arctic Security Environment*, Calgary: The Society of Naval Architects and Marine Engineers, Arctic Section, 2012.

7. Käpylä J. , Mikkola H. , *On Arctic Exceptionalism. Critical Reflections in the Light of the Arctic Sunrise Case and The Crisis in Ukraine*, Helsinki: FIIA, 2015.

8. Nilsson A. E. , Christensen M. , *Arctic Geopolitics, Mediaand Power*, Basingstoke, 2019.

（三）杂志论文

1. Becker, J. , "Lessons from Russia: A Neo-authoritarian Media System," *European Journal of Communication*, Vol. 19, NO. 2, Jun. 2004.

2. Forget P. , "Bridging the Gap: The Limitations of Pre-AOPS Operations in Arctic Waters," *Canadian Naval Review*, Vol. 7, NO. 4, 2012.

3. Gautier D. , Bird K. , Charpentier R. , "Assessment of Undiscoverd Oil and Gas in the Arctic," *Science*, Vol. 324, NO. 5931, 2009.

4. Gritsenko D. , "Vodka on Ice? Unveiling Russian Media Perceptions

of the Arctic," *Energy Research & Social Science*, *Arctic Energy*: *Views from the Social Sciences*, NO. 6, 2016.

5. Paul M. , "Polar Power USA: Full Steam ahead into the Arctic," *SWP Comment*, NO. 42, Nov. 2019, https://www.swp-berlin.org/fileadmin/contents/products/comments/2019C42_pau.pdf.

6. Regehr E. , "Arctic Security and the Canadian Defence Policy Statement of 2017," *Disarming Arctic Security*, Aug. 31, 2017.

7. Rolf Tamnes, "The Significance of the North Atlantic and the Norwegian Contribution," *Whitehall Papers*, Vol. 87, NO. 1, 2016, https://www.tandfonline.com/doi/abs/10.1080/02681307.2016.1291018.

8. Sergunin A. , Konyshev V. , "Modernization or Militarization?" http://arcticjournal.com/opinion/2158/modernisation-or-militarisation.

9. Dean R. , Lackenbauer P. W. , Lajeunesse A. , *Canadian Arctic Defence Policy—A Synthesis of Key Documents*, *1970 - 2013*, University of Calgary, 2014.

(四) 网络资源

1. "1st Panel Session: High-Level Arctic Event 'A Sustainable Arctic-Innovative Approaches'," Sep. 11, 2019, https://eeas.europa.eu/arctic-policy/eu-arctic-policy/28309/1st-panel-session-high-level-arctic-event-sustainable-arctic-%E2%80%93-innovative-approaches_en.

2. "Arctic Edge Exercise Dates Announced," Defense Visual Information Distribution Service, Feb. 12, 2018, https://www.dvidshub.net/news/265770/arctic-edge-exercise-dates-announced.

3. Brook B. , "On Patrol with the Arctic Sirius Dog Sled Squad, the Loneliest Beat in the World," News. Com. Au, Dec. 30, 2016, http://www.news.com.au/travel/travel-ideas/adventure/on-patrol-with-the-arctic-sirius-dog-sled-squad-the-loneliest-beat-in-the-world/news-story/6aae898a6f239bf7845a82764242dbe5.

4. "Danish Navy Commissions Third Knud Rasmussen-Class Patrol Vessel," Baird Maritime, Dec. 11, 2017, https://www.bairdmaritime.com/work-boat-world/maritime-security-world/naval/ships-naval/danish-navycommissions-third-knud-rasmussen-class-patrol-vessel/.

5. "Denmark—Army—Defence Agreement 2010 – 2014," https: // www. globalsecurity. org/military/world/europe/dk-army-2010 – 2014. htm.

6. "European Parliament Resolution of 12 March 2014 on the EU Strategy for the Arctic (2013/2595 (RSP)," Dec. 2, 2019, https: //www. europarl. europa. eu/sides/getDoc. do? type = TA&reference = P7-TA-2014 – 0236&language = EN.

7. "Eurostat 2017," Sep. 4, 2019, https: //ec. europa. eu/eurostat/statistics-explained/index. php? title = Natural_gas_supply_statistics#Supply_structure.

8. "Evolution of Operation NANOOK," Canada, Aug. 27, 2012, https: //www. canada. ca/en/news/archive/2012/08/evolution-operation-nanook-canadian-armed-forces. html.

9. "Late-Summer Arctic Sea Ice Could Disappear by 2040," Nov. 8, 2018, https: //physicsworld. com/a/late-summer-arctic-sea-ice-could-disappear-by-2040/.

10. Peritz I. , "Hillary Clinton Warns Montreal Crowd of Russia's Increased Activity in Arctic," http: //www. theglobeandmail. com/news/politics/clinton-warns-montreal-crowd-of-russias-increased-activity-in-arctic/article17560676/.

11. "Putin Vows to Beef Up Arctic Military Presence," The Moscow Times, Dec. 10, 2013, https: //www. themoscowtimes. com/2013/12/10/putin-vows-to-beef-up-arctic-military-presence-a30376.

12. "Show of U. S. Strength Just Miles from Putin's Borders: Thousands of Troops Conduct Exercises by Air, Land and Sea over Alaska Amid Mounting Tensions with Russia," Daily Mail, Jun. 24, 2015, http: //www. dailymail. co. uk/news/article-3136856/Military-conducting-large-exercise-Alaska. html.

13. "The Air Force," Norwegian Defence Ministry, Nov. 28, 2019, https: //forsvaret. no/en/organisation/airforce.

14. "The Arctic Is Now Expected to Be Ice-Free by 2040," May. 2017, https: //www. weforum. org/agenda/2017/05/the-arctic-could-be-ice-free-by-2040/.

15. Yasmin Tadjdeh, "Russia Expands Military Presence in Arctic," Nov. 30, 2015, National Defense, http：www. nationaldefensemagazine. org/articles/2015/11/30/2015december-russia-expands-military-presence-in-arctic.

三、俄文部分

（一）政府文件及报告

1. "Концепции внешней политики Российской Федерации," 28 июня 2000, http：//docs. cntd. ru/document/901764263.

2. "Концепция внешней политики Российской Федерации," 12 февраля 2013, https：//legalacts. ru/doc/kontseptsija-vneshnei-politiki-rossiiskoi-federatsii-utv-prezidentom/.

3. "Концепция внешней политики Российской Федерации," 15 июля 2008, http：//www. kremlin. ru/acts/news/785.

4. "Концепция устойчивого развития арктической зоны Российской Федерации（проект），" 26 ноября 2002, http：//www. sci. aha. ru/econ/A131e. htm.

5. "Морская доктрина Российской Федерации на период до 2020 года," 27 июля 2001, https：//legalacts. ru/doc/morskaja-doktrina-rossiiskoi-federatsii-na-period-do/.

6. "Морская доктрина Российской Федерации," 26 июля 2015, http：//www. kremlin. ru/events/president/news/50060.

7. "О новой редакции государственной программы 《Социально-экономическое развитие Арктической зоны Российской Федерации》," 7 сентября 2017, http：//government. ru/docs/29164.

8. "О расширении территории национального парка," Русская Арктика, 27 августа 2016, http：//government. ru/docs/29164.

9. "Остратегии развития арктической зоны Российской Федерации и обеспечения национальной безопасности на период до 2020 года," 20 февраля 2013, http：//government. ru/info/18360/.

10. "Обоснова х государственной политики России в Арктике на период до 2020 года и дальнейшую перспективу," 18 сентября 2008,

http：//government. ru/info/18359/.

11. "Обосновах государственной политики Российской Федерации в Арктике на период до 2035 года," 15 марта 2020, http：//www. kremlin. ru/acts/news/62947.

12. "Об утверждении государственной программы 《Социально-экономическое развитиеарктическй зоны Российской Федерации на период до 2020 года》," 21 апреля 2014, http：//government. ru/docs/11967/.

13. "Об утвержденииправил плавания в акватории северного морсткого пути," 17 января 2013, http：//www. morflot. ru/files/docslist/2225-pravila_plavaniya. pdf.

14. "Приказминистерства транспорта РФ от 17 января 2013 г. N 7 'Об утверждении Правил плавания в акватории Северного морского пути'," 17 января 2013, https：//base. garant. ru/70302484/.

15. "Прямая линия с Владимиром Путиным," 15 июня 2017, http：//www. kremlin. ru/events/president/news/54790.

16. "Сводная таблица по БОХР России 2020," 17декабря 2020, http：//russianships. info/bohr/.

17. "Стратегия национальной безопасности Российской Федерации до 2020 года," 13 мая 2009, http：//www. kremlin. ru/supplement/424.

18. "Стратегия развития морской деятельности Российской Федерации до 2030 года," 8 декабря 2010, http：//government. ru/docs/10048/.

19. "Указпрезидента Российской Федерации о национальных целях и стратегических задачах развития Российской Федерации на период до 2024 года," 7 мая 2018, http：//www. kremlin. ru/events/president/news/57425.

20. "Указпрезидента Российской Федерации о стратегии развитии арктической зоны Российской Федерации и обеспечения национальной безопасности на период до 2035 года," http：//www. kremlin. ru/acts/news/64274.

21. "Указ президента Российской Федерацииоб основах государ-

ственной политики Российской Федерации в области ядерного сдерживания," 2 июня 2020, http：//static. kremlin. ru/media/events/files/ru/IluTKhAiabLzOBjIfBSvu4q3bcl7AXd7. pdf.

22. "Указпрезидента Российской Федерации об утверждении основ государственной политики Российской Федерации в области военно-морской деятельности на период до 2030 года," 20 июля 2017, http：//www. kremlin. ru/acts/news/55127.

23. "Указпрезидента Российской Федерации от 02. 05. 2014 г. NO. 296 о сухопутных территориях арктической зоны Российской Федерации," 2 мая 2014, http：//www. kremlin. ru/acts/bank/38377.

24. "Указпрезидента Российской Федерации от 10. 01. 2000 г. NO. 24 о концепции национальной безопасности Российской Федерации," http：//www. kremlin. ru/acts/bank/14927.

25. "Указпрезидента Российской Федерации от 21 04 2000 г. NO. 706 об утверждении военной доктрины Российской Федерации," http：//www. kremlin. ru/acts/bank/15386.

26. "Указпрезидента Российской Федерации от 31. 12. 2015 г. NO. 683 о стратегии национальной безопасности Российской Федерации," http：//www. kremlin. ru/acts/bank/40391.

27. "Указ Президента РФ от 05. 02. 2010 N 146 'о военной доктрине российской Федерации'," http：//www. kremlin. ru/acts/bank/30593.

28. "Энергетическая стратегия Российской Федерации до 2030 года," https：//minenergo. gov. ru/node/1026.

29. "Глобальный прогноз РСМД 2019 – 2024," https：//russiancouncil. ru/2019.

（二）专著

1. Визе В. Ю., "Северный морской путь," Л., 1940.

2. Гудев П. А., "Конвенция ООН по морскому праву: проблемы трансформации режима," ИМЭМО РАН, 2014.

3. Загорский А. В., "Безопасность в Арктике," Москва ИМЭМО РАН, 2019.

4. Загорский А. В. , "Нестратегические вопросы безопасности и сотрудничества в Арктике," ИМЭМО РАН, 2016.

5. Замятина Н. Ю. , Пилясов А. Н. , "Российская Арктика к новому пониманию процессов освоения," Ленанд, 2019.

6. Капитанец И. М. , "Флот в войнах шестого поколения," Вече, 2003.

7. Кармаренко В. Г. , "Военная деятельность НАТО в Арктике," Труды научно-исследовательского отдела института военной истории, Т. 9, Кн. 1, Обеспечение национальных интересов России в Арктике, Политехника-сервис, 2014.

8. Конышев В. Н. , Сергунин А. А. , "Арктика в международной политике сотрудничество или соперничество?" Российский институт стратегических исследований, Москва, 2011.

9. Конышев В. Н. , Сергунин А. А. , "Россия и иностранные державы в Арктике: очерк новейшей истории. Севр России в военно-морском и экономическом отношениях," Санкт-петербург: Полите- хника-сервис, 2013.

10. Конышев В. Н. , Сергунин А. А. , "Ремилитаризация Арктики и безопасность России," Арктический регион: проблемы международного сотрудничества: хрестоматия в 3 томах/Под. ред. , И. С. Иванова, Т. 1, Аспект Пресс, 2013.

11. Новоселов А. П. , Павленко В. И. , Студенов И. И. , Торцев А. М. , "О возмещении вреда, наносимого водным биологическим ресурсам в арктической зоне Российской Федерации, на примере водоемов северного рыбохозяйственного бассейна," Арктика: экология и экономика, 2016.

12. Паничкин И. В. , Давыдова В. С. , "Разработка морских нефтегазовых ресурсов Арктики," Историческая ретроспектива и текущее состояние, 2019.

13. "Российская Арктика: возможности XXI века," Министерство обороны РоссийскойФедерации, 2017.

14. "Север России в военно-морском и экономическом отнош-

ениях," Политехника-сервис, 2013.

15. "Северный морской путь: оценки зарубежных специальстов," Дальневост. гос. Морская академ. адмирала Г. И. Невельского, 2002.

16. Филин П. А., "История исследования и освоения Арктики: основные этапы осмысления и белые пятна истории," Арктика: история и современность труды международной научной конференции, 2016.

17. Штыров. В. А., "Арктика и дальний восток. Величие проектов," Книжный мир, 2018.

(三) 杂志论文

1. Арбатов А. Г., Дворкин В. З., "Военно-стратегическая деятельность," Международно-политические условия развития Арктической зоны Российской Федерации.

2. Барбин В. В., "Россия настроена на сотрудничество в Арктике," Арктические ведомости, NO. 3, 2015.

3. Барнашов О. В., Мироу Ж., Халаф С. С., "Факторы конкуренции между США и Россией на Ближнем Востоке," Современная конкуренция, 2014, https://cyberleninka.ru/article/n/faktory-konkurentsii-mezhdu-ssha-i-rossiey-na-blizhnem-vostoke.

4. Воронков Л. С., "Эволюция роли НАТО в современной Арктике," МГИМО (Университет) МИД России, 2013.

5. Гудев П. А., "Новые риски и возможности межгосударственного сотрудничества в Арктикех," Арктика и Север, NO. 36, 2019.

6. Дмитрий В. С., "Политика Японии в Арктике. Comparative politics Russia," NO. 1, 2017.

7. Дубров Сергей Николаевич, "Мероприятия приарктических государств по усилению военного присутствия в Арктике," Геополитика и Безопасность, NO. 3, 2017.

8. Еремина Н., "Арктическая политика Европейского союза: задачи и проблемы," Ойкумена. Регионоведческие исследования, NO. 4, 2019.

9. Загорский А. В., "Военное строительство в Арктике в условиях конфронтации России и Запада," Арктика и Север, NO. 31, 2018.

10. Зубков К. И., "Российская Арктика в геостратегии двух мировых войн," Сборник: Внешнеполитические интересы России: история и современность, 2017.

11. Казаков М. А. Климакова О. Н., "Государственная политика России в Арктическом регионе: противоречивая поступательность механизмов формирования," Вестник Нижегородского университета им. Н. И. Лобачевского, Серия: Социальные науки, NO. 2, 2010.

12. Ким Минсу, "Республика Корея в Арктическом регионе: от теоретического оформления политики к её практической реализации," Арктика и Север, 2019.

13. Козьменко С. Ю., "Региональное присутствие России в Арктике: геополитические и экономические тенденции," Арктика и Север, NO. 3, 2011.

14. Конышев В. Н., Сергунин А. А., "Арктика на перекрестье геополитических интересов," Мировая экономика и международные отношения.

15. Конышев В. Н., Сергунин А. А., Субботин С. В., "Военная стратегия Канады в Арктике. Арктический вектор международной политики," Том 11, NO. 2, 2015.

16. Конышев В. Н., Сергунин А. А. "Военная стратегия США в Арктике и национальная безопасность России," Угрозы и безопасность, NO. 20, 2014.

17. Морозов Ю. В., Клименко А. Ф., "Арктика в стратегии НАТО и направления взаимодействия России с государствами северо-восточной Азии в этом регионе," Угрозы и безопасность, Т. 11. NO. 17 (302), 2015.

18. Ознобищев С. К., "Нестратегическая военная деятельность," Международно-политические условия развития Арктической зоны Российской Федерации, 2015.

19. Писахов В. В., "Север России в военно-морском отношении," Арктической зона, Труды научно-исследовательского отдела Института военной истории, Т. 6, кн. 2.

20. Половинкин В. Н., Фомичев А. Б., "Значение северного и арктического регионов в новых геополитических и геоэкономических условиях," Арктика: экология и экономика, NO. 3 (11), 2013.

21. Селин В. С., Башмакова Е. П., "О государственной Стратегии России В Арктике," ЭКО, NO. 2, 2013.

22. Селин В. С., "Экономическая политика в арктических проливах. Север и Арктика в новой парадигме мирового развитии: актуальные проблемы, тенденции, перспективы," Научно-аналитический доклад, КНЦ РАН, 2016.

23. Скуфьина Т. П., "Проблематика Арктики в современных исследованиях," Север и Арктика в новой парадигме мирового развитии: актуальны проблемы, тенденции, перспективы, Апатиты: КНЦ РАН, 2016.

24. Фененко А. В., "Военно-политические аспекты российско-американских отношений в Арктике: история и современность," Вестн. Моск. ун-та., Сер. 25. Международные отношения и мировая политика, NO. 2, 2011.

25. Швец Н. Н., Береснева П. В., "Нефтегазовые ресурсы Арктики: правовой статус, оценка запасов и экономическая целесообразность их разработки," Вестник МГИМО Университета, 2014.

26. Гевердовский Ю., "Кладовая на все времена," Парламентская газета, 26 сентября 2007.

27. Ядух В., Жуйков Д., "Морская коллегия получит широкие полномочия," RBC Daily, 26 сентября 2008.

28. Алина Н. К., "Политический механизм обеспечения национально-государственных интересов в Арктике: российский и зарубежный опыт," Московский государственный университет путей сообщения, 2014.

29. Кравчук А. А., "Основные угрозы национальной безопасности Российской Федерации в Арктике и формирование государственной политики по их нейтрализации," Владивосток, 2017.

30. Писахов В. В., "Север России в военно-морском отношении," Арктической зоны, Труды научно-исследовательского отдела Института

военной истории, Т. 6, кн. 2: Север России в военно-морском и экономическом отношениях, Политехника-сервис, 2013.

(四) 网络资源

1. "Авиация северного флота," Avia Pro, Aug. 14, 2014, https://avia. pro/blog/aviaciya-severnogo-flota.

2. "Адмирал объяснил, почему для использования Севморпути нужна Россия," Риа Новости, 30 ноября 2018, https://ria. ru/2018 1130/1536257124. html.

3. Александр Широкорад, "Военный вектор Арктики, Чем опасна интернационализация Северного морского пути," 15 ноября 2019, http://nvo. ng. ru/nvo/2019 – 11 – 15/1_1070_vector. html.

4. Алексей Кошкин, "Четыре минуты свободного падения: как прошло историческое десантирование ВДВ с высоты 10 км в Арктике," Твзвезда, 26 апреля 2020, https://tvzvezda. ru/news/forces/content/2020426912-jwKBT. html.

5. "Арктика объявлена стратегически важным объектом для Нато," январь 2009, https://regnum. ru/news/1110369. html.

6. Александр Шимберг, "Барьба за Арктику," Иа Regnum, 5 октября 2018, https://regnum. ru/project/fight_for_the_arctic. html.

7. "БДК 'Александр Отраковский' и тральщик 'Владимир Гуманенко' завершили арктический поход," ТАСС, 5 сентября 2019, https://tass. ru/armiya-i-opk/9379993.

8. "Боевые корабли и подводные лодки Российской Федерации," RussianShips. info, 20 октября 2020, http://russianships. info/today/.

9. "Бомбардировщик В-2 слетал на Северный полюс," Lenta. Ru, 7 ноября 2011, https://lenta. ru/news/2011/11/07/northpole/.

10. Борисов Т., "Россия создаёт арктическую группировку войск без милитаризации региона," Российская Газета, 30 марта 2009, https://rg. ru/2009/03/30/arktika. html.

11. "В Баренцевом море начался сбор-поход разнородных сил Северного флота," Министерство обороны Российской Федерации, 7 июля 2020, https://structure. mil. ru/structure/okruga/north/news/more.

htm？id＝12300689@egNews.

12. "ВВП России по годам：1991－2023," Global Finance, http：//global-finances. ru/vvp-rossii-po-godam/.

13. Владимир Маслов, "НАТО будет лезть в Арктику," Enews, 10 июля 2018, https：//e-news. su/news/233960-nato-budet-lezt-v-arktiku. html.

14. "Военная авиация в Арктике：состояние и перспективы," 20 августа 2017, https：//topwar. ru/122917-voennaya-aviaciya-v-arktike-sostoyanie-i-perspektivy. html.

15. "Возрождение рынка нефтегазового оборудования," ЦДУТ-ЭК, 12 ноября 2020, https：//www. cdu. ru/tek_russia/issue/2020/9/804/.

16. "Вступительное слово назаседании президиума, Государственного совета повопросам государственной политики вотношении северных территорий," 28 апреля 2004, http：//www. kremlin. ru/events/president/transcripts/statements/22442.

17. "Глава Погранслужбы ФСБ：наша стратегическая цель—последовательный переход к дистанционному контролю за охраняемой границей," Интерфакс, 26 мая 2017, https：//www. interfax. ru/interview/563807

18. "Льготы вышли на лёд," RGRU, 21 июля 2020, https：//rg. ru/2020/07/21/reg-dfo/gosprogrammu-razvitiia-arktiki-profinansiruiut-na-57-milliardov-rublej. html.

19. "Минвостокразвития назвало объем выделяемых на геологоразведку в Арктике средств," Известия, 21 октября 2020, https：//iz. ru/1076673/2020－10－21/minvostokrazvitiia-nazvalo-obem-vydeliaemykh-na-geologorazvedku-v-arktike-sredstv.

20. "Около 30 кораблей принимают участие в учениях в Баренцевом море," Арктика-Инфо, 23 сентября 2013, http：//www. arctic-info. ru/News/Page/okolo-30-korablei-prinimaut-ycastie-v-yceniah-v-barencevom-more.

21. "Оружие для войны в Арктике," Военное Обозрение, 25

октября 2018, https://topwar.ru/148840-oruzhie-dlja-vojny-v-arktike.html.

22. "Путин велел главе Минобороны обеспечить России 'всеми рычагами для защиты национальных интересов' в Арктике," 10 декабря 2013, https://www.newsru.com/russia/10dec2013/arctic.html.

23. "Путин заявил о готовности России нацелить ракеты на США в случае угрозы," ТАСС, 20 февраля 2019, https://tass.ru/politika/6138275.

24. "Путин поручил Минобороны защищать национальные интересы в Арктике," 6 марта 2020, https://niros.ru/obschestvo/putin-poruchil-minoborony-zashhishhat-naczionalnye-interesy-v-arktike.html.

25. "Путин рассказал, как будет действовать, если США разместят ракеты в Европе," 20 февраля 2019, https://ria.ru/20190220/1551140747.html.

26. "Путин создал 《 не имеющую аналогов》 военную строительную компанию Она станет единственным претендентом на освоение ₽1 трлн из бюджета," РБК, 19 октября 2019, https://www.rbc.ru/politics/19/10/2019/5daa0e3c9a7947c742c3787e.

27. "Путин: Россия в следующие десятилетия будет приастать Арктикой и Севером," Камерсант, 5 декабря 2020, https://www.kommersant.ru/doc/4602866.

28. Рамм А., "《Север》 защитил Арктику, Старт 《Булавы》 был частью самых масштабных за всю историю учений в Заполярье," Известия, 30 сентября 2016, http://izvestia.ru/news/635049.

29. Рамм А., Козаченко А., Степовой Б., "Полярное влияние: Северный флот получит статус военного округа," Известия, 19 апреля 2019, https://iz.ru/869512/aleksei-ramm-aleksei-kozachenko-bogdan-stepovoi/poliarnoe-vliianie-severnyi-flot-poluchit-statusvoennogo-okruga.

30. "Российские десантники впервые в мире прыгнули с парашютами в Арктике с высоты 10 км," ТАСС, 26 апреля 2020, https://tass.ru/armiya-i-opk/8337363.

31. "Российские десантники покорили Арктику," Topwar, 17

марта 2014, https：//topwar. ru/41589-rossiyskie-desantniki-pokorili-arktiku. html.

32. "Российские школьники открыли новый остров в Арктике," 3 октября 2020, https：//zen. yandex. ru/media/rgo/rossiiskie-shkolniki-otkryli-novyi-ostrov-v-arktike-5f0ea6fe6235522a11f4f621

33. "Россия впервые за 15 лет возобновила полеты стратегической авиации," Newsru, 17 августа 2007, https：//www. newsru. com/russia/17aug2007/aviacia. html.

34. "Россия до 2025 года создаст комплексную систему контроля Арктики," Риа Новости, 7 августа 2015, https：//ria. ru/20150807/1169094511. html.

35. "Россия подарила Норвегии рыбные места в Баренцевом море," Stringer, 16 сентября 2010, http：//stringer-news. com/publication. mhtml? Part = 37&PubID = 14426.

36. "Русская Арктика," Военное Обозрение, 6 декабря 2012, https：//topwar. ru/21742-rossiyskaya-arktika. html

37. Рустем Фаляхов, "За нефть и газ стоит ледовая дружина Россия готовится воевать в Арктике," Газета. Ru, 10 декабрь 2013, https：//test. gazeta. ru/business/2013/12/10/5796761. shtml.

38. "Северный флот восстановил воздушное патрулирование Арктики," Известие, 18 декабря 2018, https：//iz. ru/825074/2018 - 12 - 18/severnyi-flot-vosstanovil-vozdushnoe-patrulirovanie-arktiki.

39. "Северный флот получит более 180 единиц вооружения и техники, адаптированных для Арктики," 28 февраля 2020, https：//tvzvezda. ru/news/forces/content/2020228133-8wzZK. html.

40. "Северный флот Новости 2017," Военно-технический Сборник Бастион, 11 августа 2017, http：//bastion-karpenko. ru/north-fleet-2017 - 2/.

41. "СМИ: пожары в Арктике привели к рекордным выбросам газов в атмосферу," 8 июля 2020, https：//ria. ru/20200708/1574035352. html.

42. "США впервые за 10 лет проводят на Аляске военные учения с участием авианосца," ТАСС, 17 Мая 2019, https：//tass. ru/mezhdunar-

odnaya-panorama/6444145.

43. "США намерены контролировать Арктику," 25 сентября 2008, http://www.dni.ru/society/2008/9/25/149804.html.

44. "Как изменилась российская армия за последние 10 лет," Русская Семерка, 25 марта 2018, https://russian7.ru/post/kak-izmenilas-rossiyskaya-armiya-za-po/.

45. Угланов В. Ю., "Россия—наш родной край," https://www.alpha-omega.su/index/0-195.

46. "Ударная доза тепла на Крайнем Севере," 8 марта 2018, https://thebarentsobserver.com/ru/arktika/2018/03/udarnaya-doza-tepla-na-kraynem-severe.

47. Уткин С. В., "ЕС и Арктика: присматриваясь к будущему," https://russiancouncil.ru/analytics-and-comments/analytics/es-i-arktika-prismatrivayas-k-budushchemu/.

48. "Флот надёжно защищает Арктику," Красная Звезда, 9 декабря 2019, http://redstar.ru/flot-nadyozhno-zashhishhaet-arktiku/.

49. "ФСБ: приоритет Береговой охраны-в вертолетонесущих судах," ТАСС, 28 мая 2019, https://tass.ru/interviews/6475692.

50. "Холодная война в Арктике. Чем Россия помешала США в северном регионе," Санкт-петербурское Ведомости, 25 мая 2020, https://spbvedomosti.ru/news/country_and_world/kholodnaya-voyna-v-arktike-chem-rossiya-pomeshala-ssha-v-severnom-regione/.

51. Алексей Козаченко, "Холодная волна: иностранцам создали правила прохода Севморпути," Известия, 6 марта 2019, https://iz.ru/852943/aleksei-kozachenko-bogdan-stepovoi-elnar-bainazarov/kholodnaia-volna-inostrantcam-sozdali-pravila-prokhoda-sevmorputi.

52. "Экономика России отстала в развитии от стран бывшего СССР," MKRU, 12 января 2021, https://www.mk.ru/economics/2021/01/12/ekonomika-rossii-otstala-v-razvitii-ot-stran-byvshego-sssr.html.

53. "Энергетическая стратегия России на период до 2020 года," http://www.energystrategy.ru/projects/ES-28_08_2003.pdf.

附 录

附录一 《2035 年前俄罗斯联邦北极地区国家政策基础》[*]

一、总则

1. 本框架是俄罗斯联邦国家安全（以下简称国家安全）领域的战略规划文件，旨在保护俄罗斯联邦在北极的国家利益。这些原则确定了俄罗斯联邦在北极地区国家政策的目标、主要方向和任务以及实施机制。

2. 本原则的法律基础为《俄罗斯联邦宪法》、2014 年 6 月 28 日起实施的 172 号联邦法律《关于俄罗斯联邦的战略规划》《俄罗斯联邦国家安全战略》《俄罗斯联邦外交政策构想》《2025 年前俄罗斯联邦区域发展国家政策原则》，以及 2018 年 5 月 7 日俄罗斯联邦第 204 号总统令《2024 年前俄罗斯联邦发展的国家目标和战略任务》。

3. 本原则将使用以下概念：

（1）北极：地球的北极地区，包括欧亚大陆和北美的北部边缘（拉布拉多半岛的中部和南部除外）、格陵兰岛（南部除外）、北冰洋海域（挪威海东部和南部除外）及其岛屿，以及大西洋和太平洋的毗连部分；

（2）俄罗斯联邦北极区是指 2014 年 5 月 2 日实施的第 296 号俄罗斯联邦总统令《俄罗斯联邦北极地区陆地领土》确定的陆地领土以及与这些领土相邻的内海、领海、专属经济区和俄罗斯联邦大陆架。

---

[*] 本文引自 "Об Основах государственной политики Российской Федерации в Арктике на период до 2035 года," 15 марта 2020, http: //www.kremlin.ru/acts/news/62947, 由作者翻译。

4. 俄罗斯联邦在北极的国家政策应考虑到俄罗斯联邦的国家优先事项。

5. 俄罗斯联邦在北极的主要国家利益：

（1）确保俄罗斯联邦的主权和领土完整；

（2）维护北极作为和平、稳定和互利伙伴关系的领域；

（3）确保俄罗斯联邦北极地区居民的高质量生活和福祉；

（4）发展俄罗斯联邦北极地区作为战略资源基地，并合理利用北极地区，以加速俄罗斯联邦的经济增长；

（5）发展北方海航道为俄罗斯联邦在世界上具有竞争力的国家运输系统；

（6）保护北极环境，保护生活在俄罗斯联邦北极地区的土著少数民族（以下简称少数民族）的原始生境和传统生活方式。

二、北极国家安全评估

6. 截至2020年，俄罗斯联邦北极国家政策的实施效果：

（1）为保护俄罗斯联邦在北极的国家利益建立法律和监管框架以及必要的组织条件；

（2）为在俄罗斯联邦北极地区实施大型经济项目创造条件；

（3）开始建设北方海航道的综合基础设施、水文气象、水文地理和航行保障系统，实现了破冰船队现代化；

（4）在俄罗斯联邦北极地区扩大对特殊环境管理和环境保护制度的使用；

（5）在国际法基础上加强俄罗斯联邦与北极国家的互利合作；

（6）在俄罗斯联邦北极地区建立了一支由俄罗斯联邦武装部队组成的通用部队，能够确保在各种军事政治条件下的军事安全；

（7）在俄罗斯联邦北极地区建立了俄罗斯联邦安全局有效运作的海岸警卫队系统。

7. 北极地区国家安全面临的主要威胁：

（1）俄罗斯联邦北极地区人口减少；

（2）包括少数民族传统居住地在内的俄罗斯联邦北极地区陆地领土的交通和信息通信基础设施发展水平低；

（3）俄罗斯联邦北极地区潜在的矿物原料中心地质开发进展缓慢；

（4）缺乏国家对企业实体的支持系统，无法确保在俄罗斯联邦北极地区实施经济项目时降低成本和风险；

（5）北方海航道的基础设施、破冰船、紧急救助船和辅助船队的建造没有如期完成；

（6）在北极自然气候条件下（以下简称北极条件），用于工作的地面车辆和航空设备建设以及开发北极所需的国内技术发展缓慢；

（7）俄罗斯联邦北极地区的环境监测系统无法应对环境挑战。

8. 北极地区国家安全面临的主要挑战：

（1）一些国家试图修订关于北极经济活动和其他活动的国际条约的基本条款，并在不考虑这些条约和区域合作的情况下建立国家法律监管制度；

（2）关于北极海洋空间划界的国际法不完善；

（3）其他国家和（或）国际组织阻止俄罗斯联邦在北极开展合法的经济活动或其他活动；

（4）其他国家在北极的军事存在增加，该地区的冲突潜力增加；

（5）抹黑俄罗斯联邦在北极的活动。

三、俄罗斯联邦北极地区国家政策的目标、主要方向和任务

9. 俄罗斯联邦北极国家政策的目标：

（1）提高包括少数民族居民在内的俄罗斯联邦北极地区居民的生活质量；

（2）加快俄罗斯联邦北极地区的经济发展，增加其对国家经济增长的贡献；

（3）保护北极地区的环境，保护少数民族的原始栖息地和传统生活方式；

（4）在国际法基础上开展互利合作，和平解决北极地区的所有争端；

（5）保护俄罗斯联邦在北极地区的国家利益，包括经济领域。

10. 俄罗斯联邦北极地区国家政策的主要方向：

（1）俄罗斯联邦北极地区的社会经济及其基础设施的发展；

（2）发展开发北极的科学技术；

（3）环境保护和保障生态安全；

（4）发展国际合作；

（5）保护俄罗斯联邦北极地区的居民和领土免受自然和人为制造的紧急情况影响；

（6）确保俄罗斯联邦北极地区的公共安全；

（7）确保俄罗斯联邦的军事安全；

（8）保护和保卫俄罗斯联邦国家边界。

11. 俄罗斯联邦北极地区社会发展的主要任务：

（1）在偏远地区提供基础医疗健康服务、优质学前教育、初级普通教育和基础普通教育、中等职业教育和高等教育，提供文化、体育和体育服务条件，包括少数民族传统的居住和经济活动地区；

（2）为公民提供可承担的、现代化和高质量的住房，提高住房和公共服务的质量，改善游牧和半游牧少数民族的住房条件；

（3）加快发展居民点的生活基础设施，设立保障该地区国家安全和（或）矿产原料中心安全的机构及组织，实现北极地区的经济和（或）基础设施项目；

（4）确保国家安全和（或）作为发展矿产资源中心、实施北极经济和（或）基础设施项目基地的机构和组织所在地的社会基础设施；

（5）建立国家运输体系，向偏远地区的居民点运输燃料、食品和其他生活必需品，并确保公民和经济体能够承担这些商品的价格；

（6）保障交通干线、区域间和地方（地区）全年的航空运输价格在可承受范围；

（7）确保国家履行为离开远北地区和类似地区的公民提供住房补贴的义务；

（8）提倡健康的生活方式，包括在工作场所推行加强健康的企业活动。

12. 俄罗斯联邦北极地区经济发展的主要任务：

（1）国家支持企业活动，包括对中小企业的支持，以便为私人投资创造有吸引力的条件并确保其经济效益；

（2）扩大私人投资在北极大陆架上投资项目的参与度，同时保持国家对其项目实施的控制权；扩大北方海航道上矿产资源中心的基础设施建设；

（3）增加国家和私人对碳氢化合物和固体矿产地质勘探的投资，

鼓励开采开发难度高的碳氢化合物，提高油气资源及深加工石油的回收率以及液化天然气和气化产品的生产；

（4）为提高水生生物资源的开发和提取（捕获）效率提供条件，促进高附加值水产品的生产和水产养殖的发展；

（5）加强植树造林，促进森林基础设施的发展和森林资源的深加工；

（6）促进当地的农业原料和食品生产；

（7）发展油轮业，民族特色旅游业及环境和工业旅游；

（8）保护和发展传统经济业务、民间工业和工艺品，以促进少数民族人民的自主就业和就业；

（9）确保少数民族能够获得从事传统生活方式和经济活动所需的自然资源；

（10）建立机制，以使少数民族成员及其代表参与在其传统居住和经济活动地区开展工业活动的决策；

（11）在俄罗斯联邦北极地区实行中等职业和高等教育体系，使其符合专业部门的技术需求；

（12）为准备到俄罗斯联邦北极地区从事劳动工作的人提供国家经济支持。

13. 俄罗斯联邦北极地区基础设施发展的主要目标：

（1）组成完备的破冰船队、紧急救援和辅助船队，以确保北方海航道及其他海上交通走廊全年不间断的航运，并保障其经济效益；

（2）在俄罗斯联邦北极交通密集区设立航行安全和交通管制系统，包括一系列水文气象、导航和水文保障措施；

（3）建立有效系统，预防和消除（最小化）石油和石油产品在北海航航道及其他海上运输走廊意外泄漏所产生的后果；

（4）在北方海航道和其他海上运输走廊上的海港建设及其现代化；

（5）扩展俄罗斯联邦北极地区河流疏浚工程及提高港口点的航行能力；

（6）修建铁路以确保本国产品从国家的欧洲和亚洲领土经北方海航道进行出口；

（7）扩建机场和拓展着陆点的网络建设；

（8）确保没有公共交通网络覆盖的居民定居点的交通通畅；

（9）开发独立于外国技术和信息支持的北极永久综合空间监测系统和方法；

（10）改善信息通信基础设施，以便为整个俄罗斯联邦北极地区的人口和经济实体提供通信服务，包括在北方海航道铺设水下光纤通信线路的地区；

（11）发展能源供应系统，实现当地发电设施现代化，扩大使用可再生能源、液化天然气和当地燃料。

14. 开发北极的主要科技发展任务：

（1）增加对科技发展优先领域的基础研究、应用研究以及北极综合考察研究；

（2）开发和实施对北极开发至关重要的技术，包括用于国防和公共安全任务的技术，开发适用于北极条件的材料和设备；

（3）加强对北极地区自然和人为危险现象的研究，开发和实施在不断变化的气候条件下预测这些现象并减少对人类活动产生威胁的现代方法和技术；

（4）开发和应用有效的工程解决方案，以防止全球气候变化对基础设施造成损害；

（5）开发和发展在北极气候条件下保护健康和延长寿命的技术；

（6）发展对俄罗斯联邦船队的科研工作。

15. 保护环境和生态安全方面的主要任务：

（1）在科学基础上建立特别保护区和水域网络，以保护生态系统并使其适应气候变化；

（2）保护北极动植物群，保护稀有和濒危植物、动物和其他生物；

（3）继续加强对已有环境损害的清除工作；

（4）改进环境监测系统，利用现代信息通信技术和通信系统从卫星、海洋和冰平台、科研船、地面站和天文台进行测量；

（5）采用最佳可得技术，最大限度地减少向大气及水体中的污染物排放，并减少经济活动和其他活动对环境的其他负面影响；

（6）确保自然资源的可持续管理，包括对少数民族传统居住地和经济活动的管理；

（7）发展危险废物的综合管理系统，建设现代化的生态净化垃圾处理体系；

（8）实施防止有毒物质、传染病病原体和放射性物质进入俄罗斯联邦北极地区的系列措施。

16. 发展国际合作方面的主要任务：

（1）在双边及北极理事会、北极五国和巴伦支海—欧洲北极圈理事会在内的多边区域合作框架内，加强与北极国家的睦邻关系，加强国际经济、科技、文化和边境合作，同时在研究全球气候变化、保护环境和有效开发自然资源方面加强合作，遵守高标准的环境要求；

（2）加强北极理事会作为协调该地区国际活动的主要区域组织的作用；

（3）在与挪威和1920年2月9日签署《斯匹茨卑尔根条约》的其他缔约国平等互利合作的基础上，确保俄罗斯在斯瓦尔巴群岛的存在；

（4）在国际法和已达成协议的基础上，就北冰洋大陆架划界问题与北极国家保持互动，并考虑俄罗斯联邦的国家利益；

（5）推进北极国家建立统一的区域搜救体系，预防和消除人为灾害，协调救援力量；

（6）吸引北极和域外国家积极参与俄罗斯联邦北极地区互惠互利的经济合作；

（7）协助少数民族与俄罗斯联邦境外居住的亲族与种群进行边境合作、文化和经济交流，同时，根据俄罗斯联邦签署的国际协议，推动少数民族参加国际交流，推动民族文化发展；

（8）将俄罗斯联邦在北极的活动成果推广到国际社会。

17. 保护俄罗斯联邦北极地区居民和领土免受自然和人为紧急情况影响的主要任务：

（1）为保护北极区域的居民和领土免受自然和人为的紧急威胁，应确保科技、法规及技术支持，并保障用火及用水项目的安全；

（2）建设北极综合应急救援中心和消防救援部门，以消除水陆空间的事故及紧急情况，改善基地的结构、组成、后勤保障及基础设施，配备符合北极条件的新技术设备及装备；

（3）为确保北极居民和领土免受自然和人为的紧急影响提供航空支持。

18. 保障俄罗斯联邦北极地区社会安全的主要任务：

（1）使俄罗斯联邦内务部门和俄罗斯联邦国民警卫队在俄罗斯联

邦北极地区的结构和人员人数与公共安全任务相一致，建立和更新配套的基础设施，包括修建住房；

（2）提高公民参与维护公共秩序的积极性，使公民自愿参与维护公共秩序的活动，扩大社会统一执法活动，特别是在没有执法部队或需要执法部队的偏远地区；

（3）制定措施，预防和打击挪用俄罗斯联邦北极地区发展预算资金相关的犯罪活动；

（4）减少对公民生命和健康造成损害的交通事故数量，降低其后果的严重程度。

19. 保障俄罗斯联邦北极地区军事安全的主要任务：

（1）采取系列措施，防止外界对俄罗斯使用军事力量，保护其主权和领土完整；

（2）提高俄罗斯联邦武装部队、其他部队、军事编队和机构在俄罗斯联邦北极地区的通用部队的作战能力，并保持其作战潜力，确保成功击退对俄罗斯联邦及其盟国的侵略；

（3）完善俄罗斯联邦北极地区空中、水面和水下情况综合监测系统；

（4）完善军事基础设施并实行现代化，确保俄罗斯联邦武装部队、其他部队、军事编队和机构的通用部队的生活需要。

20. 保护俄罗斯联邦国家边界的主要任务：

（1）通过发展信息技术，提高国家对边境活动的管理质量，从而能够监测和分析海洋空间和海岸的情况，并制定协调一致的解决办法；

（2）发展与外国边防局（海岸警卫队）的合作；

（3）改善边境基础设施，在实施投资项目期限内设立俄罗斯联邦国家边境检查站；

（4）对边境机构进行技术改造，建设带有航空综合系统现代破冰船，并对飞机机队进行更新；

（5）加强侦察和控制俄罗斯联邦空域系统的能力；

（6）完成俄罗斯联邦领海宽度和俄罗斯联邦北极专属经济区基线系统的更新工作。

21. 完成本原则设定的任务，并在俄罗斯联邦法及国际法的框架内实现国家权力机构和带有经济实体及民间社会研究的地方自治机构。

四、俄罗斯联邦在北极地区实施国家政策的主要机制

22. 俄罗斯联邦在北极地区实施国家政策的主要机制：

（1）发布规范俄罗斯联邦北极地区经济和其他活动的规范性法律文件；

（2）完善与俄罗斯联邦北极地区发展有关的国家管理工作；

（3）制定和实施 2035 年前俄罗斯联邦北极地区发展和国家安全战略、俄罗斯联邦北极旅游业发展战略；

（4）制定带有目标、规划和程序的俄罗斯联邦、行政区及区域的战略规划文件，使其与本原则保持一致；

（5）建立统一的统计和信息分析系统，以监测俄罗斯联邦北极地区的社会经济发展并对其进行管理。

23. 俄罗斯联邦总统全面领导俄罗斯联邦在北极地区国家政策的实施。

24. 国家北极发展委员会负责协调联邦执行机构和俄罗斯联邦主体国家权力机构在执行俄罗斯联邦北极政策方面的活动，并监督其执行情况。

25. 本原则的实施应利用俄罗斯联邦预算系统的预算资金，包括为实施"俄罗斯联邦北极地区社会经济发展"国家方案提供的预算资金以及预算外资金。

五、俄罗斯联邦北极国家政策实施效率的主要指标

26. 俄罗斯联邦在北极地区有效执行国家政策的主要指标如下：

（1）俄罗斯联邦北极地区人口出生时的预期寿命；

（2）俄罗斯联邦北极地区人口的移民增长率；

（3）根据国际劳工组织的方法计算的俄罗斯联邦北极地区失业率；

（4）俄罗斯联邦北极地区新企业提供的就业机会；

（5）在俄罗斯联邦北极地区开展组织活动的雇员的平均工资；

（6）俄罗斯联邦北极地区拥有宽带互联网和电信网络的家庭比例；

（7）俄罗斯联邦北极地区的生产总值在俄罗斯联邦生产总值中的比例；

（8）在俄罗斯联邦北极地区进行的固定资产投资占俄罗斯联邦固

定资产投资总额的比例；

（9）高技术和知识密集型经济部门在俄罗斯联邦北极地区区域生产总值中所占比例；

（10）在俄罗斯联邦北极地区进行科研开发及组织创新的内部开支在俄罗斯联邦科研开发及组织创新内部支出中所占的比例；

（11）为保护和合理利用自然资源而进行的固定资产投资在俄罗斯联邦北极地区进行的固定资产投资总额中所占比例；

（12）俄罗斯联邦北极地区生产的原油（包括凝析油）和可燃天然气在俄罗斯联邦生产的原油（包括凝析油）和可燃天然气总量中所占比例；

（13）俄罗斯联邦北极地区液化天然气产量；

（14）北方海航道水域内货物运输量，包括过境运输量；

（15）俄罗斯联邦北极地区现代武器、军事和特种装备在武器、军事和特种装备总数中的比例。

27. 本原则中第 26 条规定的指标值将在《2035 年前俄罗斯联邦北极地区发展和国家安全保障战略》中确定。

28. 俄罗斯联邦北极国家政策的实施将确保：

（1）俄罗斯联邦北极地区的可持续发展；

（2）俄罗斯联邦北极地区包括属于少数民族在内居民的生活质量和收入的增长速度快于整个俄罗斯；

（3）俄罗斯联邦北极地区的区域生产总值的增长，创造新的就业机会；

（4）增加北海航线的国内和国际货物运输量；

（5）保护北极地区的环境，保护少数民族的原始栖息地和传统生活方式；

（6）与北极国家开展高级别合作，以维护北极作为和平、稳定和互利伙伴关系的领土；

（7）避免在北极地区对俄罗斯联邦采取军事行动。

附录二 《2035年前俄罗斯联邦北极地区发展及国家安全保障战略》[*]

一、总则

1. 本战略是保障俄罗斯联邦国家安全（以下简称国家安全）领域的战略规划文件，旨在实施2035年前俄罗斯联邦在北极地区的国家政策原则（以下简称北极地区国家政策原则）并确定措施。旨在完成北极地区发展和国家安全的主要任务，以及实施这些措施的阶段和预期结果。

2. 本战略的法律基础是《俄罗斯联邦宪法》、2014年6月28日起实施的172号联邦法律《关于俄罗斯联邦的战略规划》《俄罗斯联邦国家安全战略》《俄罗斯联邦外交政策构想》《俄罗斯联邦科技发展战略》《2025年前俄罗斯联邦区域发展国家政策原则》、2014年5月2日俄罗斯联邦第296号总统令《关于俄罗斯联邦北极地区陆地领土》、2018年5月7日第204号文件《关于2024年前俄罗斯联邦发展的国家目标和战略任务》以及2020年7月21日第474号《2030年前俄罗斯联邦国家发展目标》文件。

3. 本战略中使用的北极和俄罗斯联邦北极地区（以下简称北极地区）的概念与《北极地区国家政策原则》相同。

4. 北极地区的特点决定了对北极地区社会经济发展和国家安全需要采取特殊的办法，这些特点如下：

（1）极端的自然和气候条件，极低的人口密度、交通和社会基础设施水平；

（2）生态系统对外部影响的高度敏感性，特别是在俄罗斯联邦土著少数民族（以下简称少数民族）居住的地方；

（3）气候变化既带来新的经济机会，也带来经济和环境风险；

（4）北方海航道可持续的地理、历史和经济联系；

---

[*] 本文引自"Указ Президента Российской Федерации о Стратегии развития Арктической зоны Российской Федерации и обеспечения национальной безопасности на период до 2035 года," 26 октября 2020，http：//www.kremlin.ru/acts/news/64274，由作者翻译。

（5）北极地区某些地区的工业和经济发展不平衡，经济以自然资源开采为导向，向俄罗斯联邦工业主体输送和出口；

（6）经济活动和居民生活保障的资源密集程度高，依赖俄罗斯联邦各主体提供的燃料、食品和其他必需品；

（7）北极地区冲突潜力增长。

二、北极地区发展和国家安全保障现状评估

5. 北极地区对俄罗斯联邦社会经济发展和国家安全的重要性在于：

（1）北极地区生产俄罗斯联邦80%以上的可燃天然气和17%的石油（包括凝析油）；

（2）在北极地区实施最大的经济（投资）项目，确保对高科技和科学密集型产品的需求，并刺激俄罗斯联邦各主体此类产品的生产；

（3）据专家估计，俄罗斯联邦北极大陆架（以下简称大陆架）包含超过85.1万亿立方米的天然气和173亿吨石油（包括天然气凝析油），是俄罗斯联邦矿产原料基地发展的战略储备；

（4）北方海航道将作为具有全球意义的运输走廊，用于运输国内和国际货物的重要性将与日俱增；

（5）北极地区人为影响和（或）气候变化的不利环境可能对俄罗斯联邦和整个世界的经济体系、环境和安全构成全球风险；

（6）北极地区有19个少数民族，他们所拥有的历史文化遗产对世界历史文化具有重要意义；

（7）在北极地区部署战略威慑力量，以防止对俄罗斯联邦及其盟国的侵略。

6. 2020年前俄罗斯联邦北极地区发展和国家安全战略的实施效果：

（1）北极地区居民的预期寿命从2014年的70.65岁提高到2018年的72.39岁；

（2）2014—2018年北极地区人口外流减少了53%；

（3）失业率（根据国际劳工组织的方法计算）从2017年的5.6%降至2019年的4.6%；

（4）北极地区的区域生产总值在俄罗斯联邦各主体区域生产总值总额中所占比例从2014年的5%增加到2018年的6.2%；

（5）北极地区固定资产投资总额在俄罗斯联邦预算体系中的预算

比例从 2014 年的 5.5% 增加到 2019 年的 7.6%；

（6）北方海航道水域的货运量由 2014 年的 400 万吨增至 2019 年的 3150 万；

（7）北极地区接入信息和电视网络（以下简称网络）的家庭比例从 2016 年的 73.9% 增长到 2019 年的 81.3%；

（8）北极地区的武器、军事和特种装备的现代化比例从 2014 年的 41% 增加到 2019 年的 59%。

7. 北极地区发展和国家安全面临的主要危险、挑战和威胁：

（1）北极地区气候急剧变暖的速度是全球平均速度的 2—2.5 倍；

（2）人口自然增长减少，移民外流，从而人口减少；

（3）北极地区的生活质量指标落后于全俄或各俄罗斯联邦主体的平均值，包括出生时预期寿命、适龄劳动者死亡率、婴儿死亡率、符合标准要求的公共道路比例、应急住房基金比例、住房投产量、各种公共住房的保障比例；

（4）包括少数民族传统居住和经济活动地区的偏远地区居民点获得优质社会服务和良好住房的水平较低；

（5）由于受到有害和（或）危险生产因素、不利的气候条件的综合影响，职业病发生和加重的风险增加，从而导致职业风险水平高；

（6）缺乏向偏远地区居民点供应燃料、食品和其他生活必需品的国家扶持体系，无法保障居民和经济实体的生活物品价格；

（7）运输基础设施发展水平低，包括用于小型航空运营及全年航空运输在内，建立此类基础设施项目的成本高；

（8）企业竞争力低且代价大，包括为在北极地区及类似地区工作的人员提供担保和补偿；

（9）北极地区的中等职业和高等教育体系与技术及高技能人员的经济社会需求不相符；

（10）北方海航道基础设施的发展、应急救援船和辅助船的建设滞后于北极地区经济项目的实施；

（11）在北方海航道水域缺乏对船员的紧急疏散和医疗救助培训；

（12）信息和通信基础设施薄弱，电信领域缺乏竞争；

（13）燃烧效率低且污染性强的柴油发电占当地发电的比例高；

（14）高技术和知识密集型经济部门在北极地区生产总值中的附加

值比例下降，研发部门与实体经济部门的互动薄弱，无法形成创新循环周期；

（15）保护和合理利用自然资源的固定资本投资水平低；

（16）存在从境外输入剧毒和放射性物质以及高危传染病的可能；

（17）事故救援与公共安全基础设施的发展与北极地区经济活动的增多不相称；

（18）北极地区冲突潜力的增长，要求不断提高俄罗斯联邦武装部队、其他部队、军事编队和机构在北极地区的作战能力。

8. 2019 年，为了应对北极地区发展及保障国家安全挑战，国家治理体系进行了重组：批准了新国家北极发展委员会的组成并扩大了其职权，成立了俄罗斯联邦远东和北极发展部，将远东发展机构的权限范围扩大到北极地区。

三、实现北极地区发展及国家安全保障的战略实施目标及措施

9. 本战略的实施目标是确保俄罗斯联邦在北极地区的国家利益，并实现国家北极政策框架中的既定目标。

10. 北极地区发展和保障国家安全的主要方向和任务符合《俄罗斯联邦北极地区国家政策纲要》的基本方向及《北极地区国家政策原则》中北极地区发展的主要任务。

11. 实现北极地区社会发展主要任务的措施：

（1）初级保健现代化，包括向成人和儿童提供基本医疗保健帮助的医疗组织、独立的机构单位、中心及区域医院建立物质技术基地给予医疗帮助，并对这些组织进行设备更新用于给予医疗帮助；

（2）为提供基础卫生保健的医疗机构配备交通设施，以便将患者运送到医疗机构，将医务人员运送到患者所在地，并将药品运送到偏远地区的居民点，包括少数民族传统居住地；

（3）完善医疗救助的国家拨款机制以应对人口密度低和交通距离遥远的问题；

（4）优先向医疗机构提供网络服务，利用远程医疗技术提供医疗服务，并发展流动医疗服务，包括少数民族生活地区；

（5）确定向居住在远北地区的公民提供特定疾病的医疗援助标准，并为在远北地区和类似地区开展活动的医疗组织、分支机构或单位制定

标准，并根据疾病统计和医疗抢救次数设定医务人员人数和设备标准；

（6）组织北方海航道水域的医疗救助船只以及在北冰洋水域的固定和浮动的海上平台工作；

（7）发展高科技医疗援助；

（8）制定包括传染病在内的疾病预防措施，并实施系列措施培养公民进行健康的生活方式，包括健康饮食和减少烟酒；

（9）为医务人员提供社会支持，以解决人员短缺问题；

（10）制定社会基础设施的优化方案，包括非基础卫生保健机构、教育机构，提供文化、体育和运动团体，用以向居民提供适当的服务；这些服务需要考虑到人口和工作人员、交通便利性以及少数民族的特点以及社会基础设施的现代化；

（11）增加获得高质量普通教育的机会，为儿童进行辅助教育提供条件，包括在偏远地区和农村地区发展远程教育技术；

（12）完善教育领域的法律法规，为少数民族居民创造受教育的条件；

（13）与大中型企业合作发展职业教育网络，包括建立先进的职业培训中心，并按照世界标准配备现代化设备；

（14）支持联邦大学和其他高等教育机构的发展计划，以及科学组织和企业的整合；

（15）为北极地区制定确保居民健康和流行病学福利的特殊立法；

（16）消除人类经济活动和其他活动对环境的不利影响，消除气候变化对公众健康造成损害的风险，研究和评估这种变化对与之相关的传染病和寄生虫病的来源和传播途径的影响；

（17）保护和推广文化遗产，发展传统文化，保护和推广少数民族语言；

（18）采取国家支持措施，鼓励居住在偏远地区的儿童参加文化组织（包括儿童付费旅行），组织和举办艺术团体巡回演出和巡回展览；确保当地体育队伍参与地区和全俄体育活动，在北极地区举办全俄节日活动和创意项目，以及大型体育活动；

（19）为提高参与体育运动的专业居民比例提供条件，提高体育设施的保障水平，增加设施在同一时间的使用量；

（20）完善交通干线、区域间和地方（区域内）航空运输的补贴机制；

（21）在人类居住区形成现代城市环境，包括改善公共和室内空间，同时考虑到北极的自然和气候特点，采用先进的数字和工程解决方案；

（22）国家支持住房建设，包括少数民族传统居住和机构所在居民区的木质房屋及工程和社会基础设施，在这些居民点中设立了保障国家安全和（或）发展矿产原料中心，用以实现经济和（或）基础设施项目的企业；

（23）为离开远北地区和类似地区的公民提供住房补贴的费用提供资金；

（24）鼓励国有公司、国家参与公司和私人投资者参与社会、住房、公共和运输基础设施的建设和现代化，以及在少数民族传统居住地和传统经济活动中发展基础设施；

（25）确定向在北极地区工作和生活的俄罗斯联邦公民提供的社会保障制度；

（26）建立国家资助系统，向偏远地区的居民点提供燃料、食品和其他必需品。

12. 实现北极地区经济发展主要任务的措施：

（1）在北极地区实行特殊的经济制度，促进向闭环经济过渡，促进私人对勘探活动的投资，建立新的工业生产并实现现有工业生产的现代化，发展知识密集型和高科技生产，开发新的石油和天然气基地、固体矿床和难采碳氢化合物原料储量，增加石油深加工量，生产液化天然气和天然气化工产品；

（2）为投资者在运输、能源和工程基础设施方面提供国家投资支持，根据联邦法律和其他法律规定的程序或标准确定包括实施新投资项目所需的天然气、水、管道运输和通信基础设施的供应；

（3）制定和实施国家支持少数民族传统经济活动的方案；

（4）简化向公民提供土地的程序，以便其进行经济和其他合法活动；

（5）为使用森林和水产区的人开发数字服务；

（6）制定和实施北极地区地质研究方案；

（7）继续补充证明大陆架外部界限所需的材料；

（8）建立和发展实施大陆架经济项目的新模式，增加私人投资者对此类项目的参与，同时保持国家对项目实施的控制；

（9）为制造和发展油气田开发技术（包括大陆架上使用的技术）、生产液化天然气生产以及相关工业产品提供国家支持；

（10）鼓励在实施新经济项目时使用俄罗斯制造的工业产品；

（11）对建立和（或）现代化鱼类加工综合体、养鱼和温室企业、畜牧综合体项目提供国家支持；

（12）制定和执行预防非法开采和销售海洋生物资源的法律文件和制度措施，并鼓励合法开采并销售海洋生物资源；

（13）制定国家支持机制以加强植树造林、发展森林基础设施和森林资源深加工，发展森林防火航空保护系统；

（14）国家支持在俄罗斯联邦境内建造北极冰级游轮和旅游基础设施；

（15）通过联邦预算拨款、俄罗斯联邦主体预算、地方预算向位于北极地区的教育机构提供基本职业教育课程和数字接收控制体系，用以对技术及高技能人员的预测；

（16）向准备迁移到北极地区从事劳动的俄罗斯公民提供国家支持。

13. 实现北极地区基础设施发展主要任务的措施：

（1）北方海航道、巴伦支海、白海和伯朝拉海海域海港和海上航道基础设施的综合发展；

（2）设立海上作战司令部，负责管理整个北方海航道水域的航行；

（3）整合北方海航道水域的运输和物流服务，通过预期设定的无纸化数字平台实现对乘客和货物多式联运；

（4）建造至少5艘22220型核动力破冰船、3艘"领袖"级核动力破冰船、16艘不同功率的救援船和拖船、3艘水文测量船和2艘引航船；

（5）根据发展北方海航道的需要，发展职业教育和补充教育体系；

（6）制定并批准有关建造商业货船用于实施经济项目、建设客运船用于实现北极地区海洋与河流港口间的运输方案；

（7）建设枢纽港口并开设俄罗斯集装箱运营商，以确保北方海航道的国际和沿海运输；

（8）扩大白海—波罗的海运河、奥涅加河、北德维纳河、梅津河、伯朝拉河、鄂毕河、叶尼塞河、勒拿河、科雷马河和北极地区其他河流的航运能力，包括疏浚、港口和港口设施的开发；

（9）在北海航线水域的海上和河流运输中增加使用液化天然气，并为人类住区提供能源；

（10）制定发展规划，建设（重建）机场及俄罗斯联邦边境点，同时发展北方海航道基础设施，实现经济项目的运行；

（11）制定并实施工程技术解决方案，确保基础设施在气候变化条件下的可持续运行；

（12）修建并重建地区公路，包括边远地区的居民居住地；

（13）部署椭圆空间系统，用以获得极地区域的临时水文气象数据；

（14）在本国设备基础上建设并发展高椭圆轨道卫星，为北方海航线和北纬70度以北地区的用户提供卫星通信以及自动识别系统和地球遥感系统所需的质量和速度；

（15）建立跨北极海底光纤通信线路，将本地通信线路连接到北极地区的主要港口和居民点；

（16）确保水面舰艇和核动力船舶、核技术维护船和核热电浮动机组停靠和停泊海港时的辐射安全；

（17）制定和实施在偏远和难到达地区利用液化天然气、可再生能源和当地燃料提高发电效率项目的国家支持机制；

（18）向传统居住和经济活动地区的少数民族提供移动能源和通信。

14. 实现北极地区科学技术发展主要任务的措施：

（1）确定科学技术发展的优先领域，加强基础研究和应用研究，以促进北极的发展；

（2）开发和实施对北极地区开发至关重要的技术，包括确保开发在北极条件下开展经济活动所需的新功能和结构材料；开发在北极地区自然气候条件下工作的地面运输工具和航空设备，开发可加强北极地区居民健康和延长寿命的技术；

（3）在北冰洋进行综合考察研究（包括测深和重力测量、声学剖面分析）、开展水文研究以确保航行安全，以及包括深海地区的长期水文研究，从而对水下环境进行研究；

（4）制定关于北极生态系统和全球气候变化的国际科学研究（及

考察）计划；

（5）发展国家科研船队，包括建造漂流式自航平台和北极科研船只；

（6）在北极地区开发的基础和应用科研重点领域建立科教中心；

（7）对北极地区的科技发展进行监测、评估和预测。

15. 实现环境保护和生态安全领域主要任务的措施：

（1）建立特别保护区，实行特别保护制度，在国家不动产资源中进行登记；

（2）北极地区的经济发展和基础设施适应气候变化；

（3）确定、评估并统计已构成的环境破坏并组织对其处理；

（4）利用现代信息通信技术和通信系统，发展统一的国家生态监测系统（国家环境监测）；

（5）开展水文气象学工作，根据世界气象组织的建议提高观测网的密度和环境监测系统的技术设备；

（6）减少北极地区经济活动和其他活动向大气和水体排放污染物，并制定国家支持措施，旨在在北极地区经济活动和其他活动中采用最佳可用技术；

（7）防止自然资源开发对生态环境产生的负面影响；

（8）发展统一的国家紧急预防和应对系统，以应对石油和石油产品在北方海航道和其他海上运输走廊的泄漏；

（9）防止剧毒和放射性物质以及危险微生物输入北极地区；

（10）定期评估人类活动对北极地区环境的影响，包括来自北美、欧洲和亚洲国家的污染所造成的环境和社会经济影响；

（11）定期评估北极地区核设施对环境和人口的影响；

（12）合理利用油田气并减少其燃烧；

（13）国家在北极地区废物处理上给予支持，完善北极危险废物处理系统；

（14）建立国家机关和民众的信息通报系统，通报由于环境变化发生或增加的危险污染物和微生物产生有害影响的风险。

16. 实现国际合作主要任务的措施：

（1）开展多方外交活动，以维护北极作为和平、稳定和互利合作的地区；

（2）在已加入国际条约、协定和公约的基础上确保俄罗斯联邦与外国的双边和多边互利合作；

（3）制定大陆架外部界限的国际法，并继续与北极国家合作以保护国家利益，实现国际法框架内北极沿岸国家的国际权利，包括勘探和开发大陆架资源及划定大陆架外部界限；

（4）在与挪威及其他1920年2月9日签署《斯匹次卑尔根条约》的缔约国平等互利合作的条件下，保障俄罗斯在斯匹次卑尔根群岛的存在；

（5）努力推进北极国家建立统一的区域搜救系统，预防和消除人为灾害，协调救援力量，确保北极国家在北极海岸警卫队论坛中的协作；

（6）制定并实施俄罗斯联邦主体的北极陆地地区与北极国家地区进行经济和人道主义合作的计划；

（7）俄罗斯国家和非政府组织积极参与北极理事会和其他与北极问题有关的国际论坛；

（8）确保2021—2023年由俄罗斯联邦担任主席国时期北极理事会的有效运作，包括保障北极的稳定发展及保护少数民族的文化遗产；

（9）加强北极地区土著人民与北极地区其他国家土著人民之间的关系，推进相关国际论坛；

（10）通过与其他北极国家年轻人的教育、人文和文化交流，推动少数民族年轻人的全面发展；

（11）制定在北极地区实施外国投资的总体原则；

（12）吸引外国投资者参与北极地区经济（投资）项目；

（13）巩固北极理事会作为北极稳定发展核心论坛的地位；

（14）制定并实施俄罗斯组织与外国伙伴进行与发展和开发北极地区相关的基础与辅助专业教育；

（15）确保《加强北极国际科学合作协议》的实施；

（16）在互联网上建立并推进相关信息资源，用于北极地区及俄罗斯在北极活动的发展。

17. 保护北极地区居民和领土不受自然和人为危机影响的措施：

（1）确认并分析自然和人为危机的风险，制定此类情况的预防措施；

（2）发展技术，完善紧急救援和灭火的技术和装备，实现机队现代化，发展航空基础设施和航空救援技术，以确保对人口和领土的保护；根据任务和北极地区的自然气候条件，缩短对紧急情况的反应时间；

（3）完善保护居民及领土的方法、灭火手段，在出现自然和人为危机时利用航空手段并临时安置在北极地区居民和专业人员；

（4）提高关键和潜在危险设施的安全水平，保障它们在北极地区紧急情况下的功能稳定性；

（5）完善法律法规和技术规范基础，保护居民、领土、关键重要及潜在危险项目不受自然及人为危机威胁，注意计划在北极地区开展项目的消防安全；

（6）发展北极地区的环境监测和灾害预测系统，包括利用太空遥感数据；

（7）在国家统一预警和紧急处理系统框架内发展危机管理系统；

（8）发展北极综合紧急救援中心（考虑到关键任务和环境条件），包括扩大其预防和应对紧急情况的技术和战术能力，改进其结构、组成和后勤保障，扩建其基础设施；

（9）组织演习和训练，以检查国家的力量和资源是否准备好应对自然和人为的紧急情况，包括在实施重大经济和基础设施项目时出现的紧急情况，并参加此类演习和训练；

（10）制定应急救援设备和援助手段，保障北极地区发生辐射事故时的居民生命及健康；

（11）在收到自然和人为危机预警时，确保公民从定居点疏散（重新安置）。

18. 实现北极地区公共安全主要任务的措施：

（1）改进俄罗斯联邦内务机关和俄罗斯联邦国民警卫队的结构和人员配备；

（2）为部署在北极地区的俄罗斯联邦内务机关和俄罗斯联邦国民警卫队配备现代化武器及适应北极条件的弹药和其他后勤手段和设备；

（3）防范极端主义和恐怖主义活动；

（4）增加预防措施，并用不同形式和程度向未成年人提供社会援助和康复措施；

（5）为人民组织和其他执法协会、禁毒运动、社会禁毒协会和团体创造条件，形成区域系统，以对麻醉和精神药物使用者进行综合康复治疗及再社会化训练；

（6）预防在燃料和能源行业、住房和公共事业以及利用信息和通信技术实施的犯罪；

（7）实施、发展和维护"安全城市"软硬件综合体执法部门的系统运作；

（8）扩大（建立）康复和适应中心，为刑满释放人员提供全面的社会援助。

19. 保障俄罗斯联邦在北极地区的军事安全、保护及守卫国家边界主要任务的措施：

（1）改进俄罗斯联邦武装部队、其他部队、军事编队和北极地区机构的组成和结构；

（2）确保在北极地区建立有利的作战制度，包括根据俄罗斯联邦在北极地区面临的实际和预测的军事危险和军事威胁，维持俄罗斯联邦武装部队、其他部队、军事编队和机构的部队的战备水平；

（3）为部署在北极地区的俄罗斯联邦武装部队、其他部队、军事编队和机构配备适应北极条件的现代化武器、军事和特种装备；

（4）发展北极地区基地的基础设施，完善对遂行任务的北极地区部队和其他军事单位的物资保障体系；

（5）利用两用技术和基础设施执行北极地区的国防任务。

四、本战略在俄罗斯联邦主体和行政区的主要实施方向：

20. 摩尔曼斯克州实施本战略的主要方向是：

（1）综合发展摩尔曼斯克港——俄罗斯在北极地区唯一的非冻港口，发展摩尔曼斯克港，使之成为多式联运枢纽，在该港口建设新的码头和转运综合体；

（2）综合发展军事编队所在的封闭行政领土和居民定居点，包括基础设施的发展和两用设施的现代化；

（3）建立和发展船舶修理、供应和加油的海洋综合服务企业，发展海岸基地，为在北方海航道水域航行和在北极地区实施项目的公司提供竞争性服务；

（4）建立并发展生产、储存和运输液化天然气的大吨位海上设施建筑中心，建立和发展维修和维护海上能源矿床技术和设备的企业；

（5）延续科拉半岛矿物原料基地的地质研究，新建并发展现有的从事矿物开采和选矿的矿物原料中心；

（6）发展能源基础设施，包括使用其他能源设备取代燃料油设备；

（7）对机场进行现代化升级，包括摩尔曼斯克国际机场；

（8）发展摩尔曼斯克的会展和商务基础设施，以实现俄罗斯联邦在北极地区国际合作和商务旅游领域的竞争优势；

（9）发展渔业经济（在保护和开发渔业资源潜力情况下）对企业进行技术改造，包括建造船只，在现代技术和管理基础上引进新的水生物资源深加工，以及发展水产养殖；

（10）发展旅游休闲群，包括在基洛夫市、捷里别尔卡、科夫多尔、佩琴加及捷列克行政区。

21. 涅涅茨自治区实施本战略的主要方向：

（1）发展因迪加深水港和索斯诺戈尔斯克－因迪加铁路；

（2）发展交通基础设施，包括重建纳里扬马尔海港、纳里扬马尔机场、阿姆杰尔马机场，疏浚伯朝拉河，修建纳里杨马尔－乌辛斯克公路；

（3）发展瓦兰杰伊、科尔古耶夫、哈里亚—乌辛斯克和哈西里石油矿物原料中心；

（4）在涅涅茨自治区油田建立凝析油矿物原料中心，对科罗文斯基和库姆日斯基凝析气田、瓦内维斯和拉亚沃日凝析油田进行开发；

（5）为实现涅涅茨自治区经济多样化，对固体矿物原料基地进行地质研究和开发；

（6）建立农产工业园区，实施出口导向型项目，包括鹿肉深加工；

（7）发展旅游集群，包括文化、宗教和民族旅游基础设施。

22. 楚科奇自治区实施本战略的主要方向：

（1）发展佩韦克海港及其码头；

（2）在普罗维杰尼亚深水港建立运输和物流枢纽；

（3）实现恰翁—比利宾电力枢纽的现代化；

（4）扩建交通基础设施，包括建设科雷马—奥姆苏克昌—奥莫隆—阿纳德尔区域间公路；

（5）通过建立彼得罗巴甫洛夫斯克—堪察加—阿纳德尔海底光纤通信线路，将涅涅茨自治区并入俄罗斯联邦统一电信网；

（6）发展巴伊姆和帕尔卡凯－迈斯基贵金属和有色金属矿物原料中心；

（7）开发白令煤炭矿产资源中心，在阿里纳深水湖建设全年可作业码头；

（8）在佩韦克建立紧急救援部门和北极危机管理中心；

（9）发展北极游轮旅游业，形成民族生态旅游集群（阿纳德尔亚市、佩韦克市和普罗维杰尼亚）。

23. 在亚马尔—涅涅茨自治区实施本战略的主要方向：

（1）发展萨贝塔海洋港口及其运输码头以及鄂毕湾的海运通道；

（2）修建并发展铁路干线鄂毕湾—萨列哈尔德—纳德姆—潘戈德—新乌连戈伊—科罗恰耶沃及鄂毕湾—波瓦年科夫—萨贝塔；

（3）扩大亚马尔半岛和吉丹半岛的液化天然气生产；

（4）随着天然气输送管道系统的发展开发鄂毕湾气田；

（5）发展诺瓦伯尔托夫凝析油气田和波瓦年科夫凝析油矿物原料中心，开发坦别伊油田群并准备开发大陆架矿产资源；

（6）在萨贝塔镇、扬堡镇、新乌连戈伊市发展石油天然气化工业并形成天然气加工和石化相结合的工业技术综合体；

（7）维护和发展天然气管道和石油管道网络，发展与管道相连的纳德姆—普尔斯克和普尔—海亚哈油气地区的天然气和石油矿物原料中心，包括利用新技术开采和开采下层地层以及难以开采的石油储量；

（8）开发低气压天然气工业流通技术，包括压缩天然气技术；

（9）将居民点连接到统一电力系统，扩大集中供电区；

（10）在主要定居点建立工业区，发展石油和天然气服务；

（11）组织生产建筑材料以满足燃料和能源综合体以及住房建设需要；

（12）在萨贝塔镇建立应急和救援部门与北极危机管理中心；

（13）在萨列哈尔德市、拉贝特南吉市、哈尔普镇形成旅游集群。

24. 在卡累利阿共和国部分市政区实施本战略的主要方向：

（1）实现白海—波罗的海运河的现代化；

（2）在建筑石材矿床的基础上发展建筑材料工业，包括确保俄罗斯联邦邻近主体的建筑工程；

（3）建立和发展东卡累利阿铜金钼矿区的矿物原料中心；

（4）形成并发展木材深加工企业集群；

（5）发展渔业集群，包括水产养殖企业；

（6）发展文化、历史和生态旅游；

（7）在确定长期能源预期需求及其经济效益的情况下，建立小型水电站级联；

（8）在国内高速超密度解决方案的基础上建立数据处理和存储中心网络。

25. 在科米共和国独立行政区实现该战略的主要方向：

（1）经济多样化和对立行政机构——沃尔库特和因塔市的社会经济综合发展；

（2）在伯朝拉煤田发展煤炭矿物原料中心，并建立煤炭原料深加工、煤炭化学综合体；

（3）在季曼－伯朝拉油气省建立和发展油气矿物原料中心，包括进行油气加工；

（4）在独立区域内进行地质研究和固体矿物原料基地的开发；

（5）创建和开发垂直集成的采矿和冶金综合体，用于加工皮日马矿床的钛矿和石英（玻璃）砂；

（6）建立和发展帕尔诺克铁锰矿物原料中心；

（7）发展铁路基础设施以确保与正在建设和计划建设的铁路干线的连接，包括修建索斯诺戈尔斯克—因迪加铁路，重建科诺沙—科特拉斯—楚姆—拉比特南吉路段、改造米昆—文金加地区并研究文金加—卡尔波戈雷地区建设的可行性；

（8）发展运输基础设施，包括修建和改造瑟克特夫卡尔—乌赫塔—伯朝拉—乌辛斯克—纳里扬马尔公路段，以及在伯朝拉河上进行疏浚，该河为一些地区提供了无可替代的交通通道；

（9）机场网络的重建和现代化，包括沃尔库塔市的合用机场；

（10）发展旅游集群的民族文化和历史文化，形成活跃的自然旅游集群。

26. 在萨哈共和国（雅库特）行政区实施战略的主要方向：

（1）对阿纳巴尔河、勒拿河、亚纳河、因迪吉尔卡河、科雷马河进行疏浚；

（2）综合发展阿纳巴尔及勒拿河流域，发展矿物原料中心，包括世界上最大的托姆托尔稀土矿床，阿纳巴尔、布伦、奥列尼奥克地区的砂矿，上穆纳河金刚石矿，泰梅尔煤矿，西阿纳巴尔石油矿物原料中心；

（3）综合发展季克西镇，发展两用基础设施，包括重建季克西海港及码头；

（4）综合发展亚纳河流域，建设能源和交通基础设施，开发亚纳河流域固体矿产资源的矿物原料基地，如克犹楚斯金矿、普拉格诺斯银矿、杰普塔茨基锡矿及季列赫佳赫锡矿；

（5）综合发展因迪吉尔卡河流域，通过开发克拉斯诺列琴斯克煤矿、组织生产玄武岩和石矿，保障其能源安全及经济多样化；

（6）综合发展科雷马河域，泽廖内梅斯河港的现代化及济良斯科耶煤矿资源中心的发展；

（7）建立现代基础设施，保护和研究古生物学以实施"世界猛犸象中心"项目，同时发展科学、文化、民族志和探险旅游集群；

（8）建立贸易和物流中心网络，确保偏远地区居民点的燃料、食品和其他生活必需品的供给；

（9）在季克西建立紧急救援部和北极危机管理中心。

27. 在克拉斯诺亚尔斯克边疆区实施本战略的主要方向：

（1）综合发展诺里尔斯克市政区的社会经济；

（2）发展有色金属、铂类金属的开采和浓缩（加工）的诺里尔斯克市工业园区，引进高新技术，以确保该地区企业减少有害物质的排放；

（3）建设新开发矿井扎波利亚尔内并实现其现代化；

（4）在西泰梅尔油田建立和发展石油矿产中心，旨在通过北方海航道出口产品；

（5）建立西泰梅尔煤炭工业群，旨在通过北方海航道出口产品；

（6）在波皮盖钻石矿产基地建立矿产资源中心；

（7）开发泰梅尔—北爱尔兰金矿省的资源；

（8）发展季克森海港（包括新煤炭码头和石油码头）和杜金卡港；

（9）重建并进行机场网络的现代化更新，包括哈坦加机场；

（10）在诺里尔斯克设立房屋建筑技术和建筑监测科研中心；

（11）在迪克森建立紧急救援部和北极危机管理中心；

（12）在泰梅尔（多尔干—涅涅茨）行政区、诺里尔斯克市及杜金卡市发展旅游休闲集群。

28. 在阿尔汉格尔斯克行政区实施本战略的主要方向：

（1）提高阿尔汉格尔斯克海港的竞争力，包括对现有海港进行现代化改造、疏浚、建立新的深水区、生产和物流综合体以及进港基础设施、实施协调系统和运输枢纽的数字化管理；

（2）发展运输基础设施（铁路、水路和公路），将阿尔汉格尔斯克海港与俄罗斯西北部、乌拉尔和西伯利亚地区连接起来，包括建设卡尔波戈雷—温金加、米昆—索利卡姆斯克铁路段的可行性研究；

（3）发展阿尔汉格尔斯克国际机场；

（4）发展木材加工业和造纸工业，包括形成现代化的全周期木材加工综合体以及引进技术，从木材加工废料中提炼加工生物燃料；

（5）发展造船业和修船业，在此基础上确保建造和生产在大陆架上开采石油和天然气的设备；

（6）在新地岛开发铅锌矿资源中心；

（7）发展钻石矿物原料中心；

（8）建立和发展联邦北极医学中心；

（9）发展渔业集群，包括渔业船队的建设、现代化和维修，建立利用水生物资源生产鱼类和其他产品的企业，发展生物技术和水产养殖；

（10）在北极地区发展文化认知、民族志和生态旅游集群，在索洛韦茨基群岛发展海上游轮旅游。

五、战略实施阶段和预期成果

29. 本战略分为三个阶段。

30. 本战略第一阶段（2020—2024年）包括：

（1）建立加快北极地区经济和社会发展的机制，包括为北极地区特别经济制度的运作建立规范性法律原则；

（2）推进基础医疗保健现代化，对提供基础医疗服务的机构配备工具，配备公路和航空运输工具，包括为北方海航道海域的船员提供医护服务；

（3）为生活和工作在俄罗斯联邦北极地区的居民完善社会保障体系；

（4）批准国家支持少数民族传统经济活动的计划；

（5）使职业教育和补充教育体系符合北极地区经济和社会领域的预期人力资源需求，包括为教育机构配备现代技术和物资；

（6）实施综合发展试点项目，在居民点安排部门及企业，履行保障国家安全职能用以发展矿物原料中心，在北极实施经济基础设施项目并完善偏远地区居民点的燃料、食品和其他生活必需品进口企业项目；

（7）加快北方海航道的西部开发，建设 4 艘"22220 型"核动力破冰船，16 艘不同容量的搜救船及拖船、3 艘水文船和 2 艘领航船；

（8）提供 100—500 人规模居民区的网络服务；

（9）建立高椭圆轨道卫星群，为北极地区提供稳定且不间断的卫星通信；

（10）建立世界级科学教育中心，用于北极地区的研究和开发；

（11）开发保护北极地区居民健康和延长寿命的技术；

（12）设计并建造科研船，漂流式自航平台投入运行，以便在北冰洋高纬度地区进行综合科学研究；

（13）建立国家系统，监测和减少永冻土退化的负面影响；

（14）加强在北极地区发展问题上的国际经济、科学和人道主义合作；

（15）更新计算俄罗斯联邦领海宽度和北极专属经济区基线的系统。

31. 本战略的第二阶段（2025—2030 年）包括：

（1）根据北极地区的社会经济制度、投资需求及经济活动条件，提高北极地区经济领域的竞争力；

（2）保障北极居民教育组织、文化企业、体育运动文化的服务网络，包括少数民族在内；

（3）形成职业教育组织、职业培训中心及高等教育组织的竞争体系；

（4）全面实现居民点综合发展项目，设立部门及机构，履行保障国家安全及发展矿物原料中心的职能，实施北极经济及基础设施项目；

（5）保障北方海航道水域的全年通航，建造一艘 22220 型通用核动力破冰船、两艘"领袖"级破冰船，开始建设国际集装箱货物转运枢纽港；

（6）实施北极地区河运发展项目；

（7）实施北极地区旅游综合设施发展项目；

（8）建立跨北极海底光纤通信线路；

（9）建立高椭圆轨道卫星系统，为地球极地地区提供高时间分辨率水文气象数据；

（10）将利用创新材料制成的新技术模型投入商业使用，包括机器人、造船技术、无人运输系统和便携式能源；

（11）组建俄罗斯联邦科研船队，以便在北冰洋高纬度地区开展综合科学研究；

（12）完成对被核燃料和放射性废物影响设施所在地区的清理工作；

（13）提高北极地区国家统一紧急情况预警和处理系统运作的有效性。

32. 本战略的第三阶段（2031—2035年）包括：

（1）逐步提高在北极大陆架及陆地上生产液化天然气、气化产品、开采石油和其他矿物及自然资源的企业的能力；

（2）对城市环境和居民点的社会基础设施进行现代化升级，在居民点设立部门及组织，履行保障国家安全和（或）作为开发矿产资源中心、实施北极经济和（或）基础设施项目的职能；

（3）为少数民族提供高品质的服务，并且积极发展他们的传统经济活动；

（4）通过北方海航道形成俄罗斯联邦国家交通在世界市场上的竞争力，建设国际集装箱货物转运枢纽，以及建造一艘"领袖"号破冰船；

（5）用可再生能源、当地能源制成的液化天然气代替偏远地区的低效柴油发电；

（6）完成北极流域航运发展方案；

（7）组建在北冰洋高纬度地区进行综合科学研究所必需的俄罗斯联邦科研船队；

（8）减少和防止经济活动对环境的不利影响。

33. 本战略实施的目标值与俄罗斯联邦北极国家政策中的《北极地区国家政策原则》所实施的效率指标一致。本战略每个阶段的目标值见附件。

六、执行本战略的主要机制

34. 俄罗斯联邦政府应制定并批准统一的实施计划，以执行北极国家政策原则和本战略，该计划应反映本战略执行的所有阶段。

35. 本战略的实施由联邦国家权力机构、俄罗斯联邦主体行政权力机构、地方自治机构、国家科学院、其他科学教育组织、支持科技和创新活动的基金、社会组织、国有企业、国有公司、国有股份公司以及企业界一同协调保障。

36. 为了实施本战略，需要对俄罗斯联邦国家计划——《俄罗斯联邦北极地区的社会经济发展》《俄罗斯联邦其他国家计划》《俄罗斯联邦主体国家计划》以及《2035年前北方海航道基础设施发展计划》做出修改。

37. 战略中的军事安全和俄罗斯联邦国家边防的保护与捍卫任务需要通过实施《国家武器装备发展规划》来完成，包括国家国防预定及俄罗斯联邦国家计划。

38. 本战略的实施由俄罗斯联邦总统全面领导。

39. 国家权力部门、地方自治部门及实施本战略企业的任务、职能及相互协调由俄罗斯联邦法律确定。

40. 本战略的实施资金由俄罗斯联邦预算内资金和预算外来源共同提供，预算内资金包含实施国家计划《俄罗斯联邦北极地区社会经济发展》的部分。

图书在版编目（CIP）数据

俄罗斯新北极政策研究/张娜著.—北京：时事出版社，2024.8
ISBN 978-7-5195-0565-3

Ⅰ.①俄⋯ Ⅱ.①张⋯ Ⅲ.①北极—对外政策—研究—俄罗斯 Ⅳ.①D851.20

中国国家版本馆 CIP 数据核字（2024）第 112259 号

出 版 发 行：	时事出版社
地　　　址：	北京市海淀区彰化路 138 号西荣阁 B 座 G2 层
邮　　　编：	100097
发 行 热 线：	（010）88869831　88869832
传　　　真：	（010）88869875
电 子 邮 箱：	shishichubanshe@sina.com
印　　　刷：	北京良义印刷科技有限公司

开本：787×1092　1/16　印张：17.25　字数：270 千字
2024 年 8 月第 1 版　2024 年 8 月第 1 次印刷
定价：120.00 元

（如有印装质量问题，请与本社发行部联系调换）